Erhard Eppler · Links leben

ERHARD EPPLER

LINKS LEBEN

Erinnerungen eines
Wertkonservativen

PROPYLÄEN

Propyläen ist ein Verlag der Ullstein Buchverlage GmbH
www.propylaeen-verlag.de

ISBN 978-3-549-07465-7

Gesetzt aus der Arno Pro und Gill
Satz: LVD GmbH, Berlin
Druck und Bindearbeiten: GGP Media GmbH, Pößneck
Printed in Germany

INHALT

KINDHEIT IN SCHWABEN
Vorahnungen 7
Pimpf 13
Hitlerjugend – einmal anders 23
Drei Uniformen 32
Grimmelshausenwelt 45
Demokratie lernen 51

MEIN WEG ZUM POLITIKER
Angekommen in der Bundesrepublik 67
Ende der Harmonie 73
Von der GVP zur SPD 90
Bad Godesberg 96
Zwischen Beruf und Politik 106
Neuling im Bundestag 111

IN DER VERANTWORTUNG
Außenpolitik 119
Entwicklungspolitik 130
Zwei Kirchen, zwei Kanzler und die »Dritte Welt« 144
Kalkutta, Marokko, Oberhausen 161
Der Bruch mit Schmidt 168

POLARISIEREN UND INTEGRIEREN

In Filbingers Ländle 181
Kirchentag 194
Raketenstreit 201
Im Bonner Hofgarten 208
Die Grundwertekommission 213
Das neue Grundsatzprogramm 222
Das Geheimdokument 230

TRAUM UND WIRKLICHKEIT

Im Visier der Stasi 235
Gespräche mit der SED 237
Die Rede zum 17. Juni 1989 252
Ja, ich hatte Träume 256
Die marktradikale Wende 259
Von guter Nachbarschaft 274
Bin ich ein Intellektueller? 279

VERMÄCHTNIS

Wieder 1914? 293
Die Ukraine 296
Europa 308
Was soll aus Deutschland werden? 314
Und die Sozialdemokraten? 320

Personenregister 329
Bildnachweis 335
Quellen 335

KINDHEIT IN SCHWABEN

Vorahnungen

Mein Vater war ein Mann von Grundsätzen. Einer davon war, dass er erst nach seinem dreißigsten Geburtstag heiraten wollte. Den feierte er am 28. Juli 1914. An diesem Tag erklärte Österreich-Ungarn Serbien den Krieg. Der Erste Weltkrieg begann. Der Leutnant der Reserve in einem württembergischen Infanterieregiment bezog Stellung am Hartmannsweiler Kopf im Elsass. Einer seiner Offizierskollegen hieß Erwin Rommel. Mein Vater war ein treuer Diener seines Königs Wilhelm, nicht seines Kaisers, der denselben Namen trug. Vom Stuttgarter Wilhelm, dem letzten König von Württemberg, sagte der Sozialdemokrat Wilhelm Keil, falls das Ländle einmal Republik werde und einen Präsidenten brauche, käme dieser Wilhelm in Frage. Bis mein Vater wieder in seinem Beruf angekommen war – er war Mathematiklehrer und weitaus der beste, den ich als Schüler erlebt habe –, trat Wilhelm gerade in sein letztes Lebensjahr ein. Mein Vater feierte zu diesem Zeitpunkt seinen 36. Geburtstag. Meine Mutter, die er in diesem Jahr heiratete, war erst 22.

Als ich, das vierte von sieben Kindern, geboren wurde, war der Vater schon 42. Mit 46 Jahren, 1930, wurde er als Direktor eines Gymnasiums von Ulm nach Schwäbisch Hall versetzt. Damals vereinte dieses Gymnasium formell zwei Schulen, ein »Realgymnasium«, das mit Latein begann, und eine

»Oberrealschule«, die zuerst Französisch anbot und ihren Schwerpunkt in den Naturwissenschaften hatte. 1937, genau in dem Jahr, in dem ich die Grundschule hinter mir hatte, wurde sie, wie alle Gymnasien im NS-Reich, zur »Oberschule«, die mit Englisch begann.

Mein Vater war kein besonders gesprächiger Mensch. Wenn er gelegentlich mit einem oder zwei Kindern wandern ging, wollte er lieber singen. Aber ich wollte, dass er vom Krieg erzählt, auch vom Kaiser und vom König. Über die Monarchen gab er mir sehr kurz, aber erschöpfend Bescheid: Der württembergische König Wilhelm »war a reachter Maa«, aber der Kaiser Wilhelm »hat g'sponna«. Er hätte auch sagen können: Er war ein gefährlicher Narr. Nie hörte ich von meinem Vater ein gutes Wort über diesen letzten Kaiser. In den Augen eines nüchternen, soliden Schwaben war er ein eitler Angeber.

Mein Vater hatte im Krieg die meiste Zeit an der Westfront verbracht. Da musste er, das wusste ich schon als Fünfjähriger, auf die bösen Franzosen schießen. Ich wollte ihm immer Geschichten entlocken, in denen die Deutschen die Guten waren, die Franzosen die Bösen. Es gelang mir nie. Er ließ sich nicht hinreißen. Nein, die Franzosen seien tapfere, anständige Soldaten gewesen, hätten eben für ihr Land gekämpft wie er für seines. Und zudem habe er im Krieg auch sein Französisch aufpoliert. Später bemerkte ich, dass er, der Naturwissenschaftler, abends französische Romane las, im Original, nicht in der Übersetzung. Mein Vater hat mir nie gesagt, dass der Erste Weltkrieg eine sinnlose Katastrophe war. Er bekam sogar jeden Monat ein dünnes Blättchen von einem Verein ehemaliger Offiziere, das ich, wenn mein Vater es durchgelesen hatte, zu einem alten Oberstleutnant, der in der Nähe wohnte, brachte. Aber wenn die Franzosen doch anständige Leute waren wie wir auch, warum musste man dann auf sie schießen?

Mein Vater hat, wohl auch mit Blick auf seine Kinderschar, im Jahr 1933 einen Aufnahmeantrag in die NSDAP gestellt. Als er die Antwort bekam, jetzt könne er noch nicht aufgenommen werden, es gebe da eine Bewährungsfrist, zog er den Antrag mit der Bemerkung zurück, er sei kein Sträfling und brauche keine Bewährung. Eine solche Unbotmäßigkeit konnte er sich 1933 noch leisten, später hätte er sich dies zweimal überlegt. 1937 wurde er dann doch Mitglied, für Direktoren wohl die letzte Gelegenheit. Im April 1941 starb mein Vater an einer Lungenentzündung. Meine jüngste Schwester war noch keine drei Jahre alt, ich war gerade konfirmiert.

Erst später ist mir klargeworden, wie sehr mein Vater sich am Mittagstisch oder bei unseren Spaziergängen zurückhielt. Offenbar wollte er vermeiden, dass eines seiner sieben Kinder sich verplapperte. Ich habe von ihm nie ein böses Wort über Juden gehört, aber auch keine Entrüstung etwa über die Nürnberger Rassengesetze. Hitler hat er nie getadelt, aber auch nie gelobt. Er ließ seine Kinder plappern, auch wenn sie die örtlichen NS-Größen verspotteten, nur gelegentlich gebot er Einhalt: »Jetzt reicht's aber.«

War mein Vater der Enkel eines bettelarmen Albbauern, der, wie es auf der Schwäbischen Alb üblich war, seine Söhne nach der Konfirmation mit ein paar Pfennigen und guten Wünschen wegschickte, damit sie »drunten«, also in Balingen, Reutlingen, vielleicht sogar in Eßlingen oder Stuttgart, eine Arbeit suchten, so war meine Mutter eine von vier Pfarrerstöchtern. Ihr Mädchenname zeigt dem kundigen Schwaben, dass sie einer der zwei Dutzend Familien entstammte, die seit Jahrhunderten die Führungspositionen im Herzogtum Württemberg besetzten: in der Landeskirche, an der Tübinger Universität, nicht zuletzt in der Verwaltung. So bin ich jedes Mal, wenn ich durch die herrliche Platanenallee in Tübingen unten am Neckar gehe, ein bisschen stolz darauf, dass einer meiner Vorfahren sie hat pflanzen lassen.

Wenn es im alten Württemberg ein Leitbild für das richtige, kultivierte Familienleben gab, so war es das Pfarrhaus. Da wurde musiziert und gesungen, da gingen Gäste ein und aus, da gab es eine Bibliothek, die keineswegs nur Theologisches enthielt. Und da gab es die Pfarrfrau, die nicht nur Spätzle schaben konnte, sondern sich auch um die Kinderkirche kümmerte und wusste, wer im Dorf die Schwindsucht hatte oder vom Heuwagen gepurzelt war. Wer aus einem solchen Pfarrhaus kam, wusste sehr gewiss, was das richtige Leben ist, und neigte dazu, alle übrigen Lebensformen, etwa die von Kaufleuten oder Arbeitern, für unterentwickelt zu halten.

Der Vater meiner Mutter, zuletzt Pfarrer am Ulmer Münster, war ein politischer Mensch, ein Anhänger Friedrich Naumanns. Das galt in der Kirche als links. Er kümmerte sich um die Arbeiterfamilien, gründete Arbeitervereine, verlangte soziale Reformen. Das hinderte ihn nicht daran, im Ersten Weltkrieg Kriegspredigten zu halten, zu denen am Abend die Ulmer mit Klappsesselchen strömten, weil die Bänke im Münster nicht ausreichten. Glücklicherweise sind diese Predigten – dem Papiermangel sei Dank – nicht alle gedruckt worden. Ein einziges schmales Bändchen, das überlebt hat, preist einen Gott, der, schon ehe er die Welt erschuf, die deutsche Staatsbürgerschaft angenommen haben muss.

Friedrich Naumann hatte 1896, um sich von den Christlich-

Sozialen des antisemitischen Hofpredigers Adolf Stoecker abzugrenzen, einen »Nationalsozialen Verein« gegründet, dazu sogar so etwas wie einen Katechismus verfasst. Dass auch die Nationalsozialisten das Soziale mit dem Nationalen verbinden wollten, fand meine Mutter gut und richtig. So hat sie zeitweise in der NS-Frauenschaft mitgearbeitet. Aber impulsiv und mutig, wie sie war, sagte sie offen heraus, was ihr nicht passte: dass man gegen die Juden hetzte – wo sie doch auch jüdische Freundinnen hatte –, noch mehr, dass die Partei die Kirche gleichschalten wollte. Da meine Mutter vor allem bei den Frauen populär war, ließ sich die Partei erstaunlich viel gefallen.

Die Geduld der Partei war allerdings erschöpft, als die Mutter von sieben Kindern zusammen mit ein paar Freundinnen in ein lautes, lang anhaltendes Gelächter ausbrach, weil ein Parteiredner, der sich gerne die Kirchen vorknöpfte und das Alte Testament als »Judenbuch« verabscheute, den Propheten Mose auf gut Schwäbisch einen »Saudackel« genannt hatte. Nach dem Krieg wurde die Hilde Eppler als erste und lange Zeit auch einzige Frau in den Rat der Stadt gewählt.

Auf der Bühne – so nennen die Schwaben den Dachboden – fand ich dicke, unhandliche Bände, in denen die Jahrgänge der Naumann-Zeitschrift *Die Hilfe* gebunden waren. Später habe ich in Vorträgen und Aufsätzen über Naumann davon Gebrauch gemacht. Natürlich hatte ich inzwischen auch die wichtigsten Werke des Mannes gelesen. Sicher war Naumann ein Nationalist, allerdings kein Chauvinist, und ganz sicher wären die Nazis ihm zuwider gewesen. Was er zu den verschiedenen Formen des Liberalismus zu sagen hatte, sollten heute alle lesen, die sich über den Niedergang der FDP wundern. 1961, als ich zum ersten Mal für den Bundestag kandidierte, versuchte ich nachzuweisen, wie nah die Godesberger SPD dem war, was Naumann sich als demokratische Linke gewünscht hatte.

Dass Politik nicht nur mit Programmen und hehren Grundsätzen zu tun hat, dass es sich hier um ein gefährliches Geschäft handelt, erfuhr ich schon als Siebenjähriger. Ausgerechnet auf den 30. Juni 1934 hatte der Offiziersverein meines Vaters seinen Jahresausflug – selbstverständlich mit Damen – angesetzt. Ziel war das Schloss Stetten im Hohenlohischen. Da mein Vater – der übrigens, wie seine Kollegen, noch kein Auto hatte – Schloss Stetten am nächsten wohnte, oblag ihm die Vorbereitung. Dabei traf er eine Gruppe von österreichischen Offizieren, die offenbar auch dort gastieren wollten. Die Bundesgenossen aus dem Weltkrieg begrüßten sich freundlich und wechselten ein paar Worte.

Der 30. Juni war aber auch der Tag, an dem Hitler mit seinem Duzfreund Ernst Röhm und dessen Kumpanen von der SA abrechnete und nebenbei auch noch ein paar Konservative wie seinen Amtsvorgänger als Reichskanzler, den General Kurt von Schleicher, samt seiner Frau erschießen ließ. Zum ersten Mal wurde öffentlich vor aller Welt gemordet. Hatte Röhm den Aufstand geprobt? Und wenn, hatte das Treffen mit den Österreichern auf Schloss Stetten etwas damit zu tun? Kaum war mein Vater wieder zu Hause, wurde er auf die Kreisleitung zitiert und kam einfach nicht zurück. Für uns Kinder war das ein Schock. Unser Vater, ein unbescholtener Schulmeister, möglicherweise verhaftet? Wo würde er hingebracht? Was hatten sie vor mit ihm? Am Tag darauf schaltete sich der Kreisleiter der Partei ein. Natürlich kam rasch heraus, dass auf Schloss Stetten keine Umsturzpläne ausgeheckt worden waren und die Weltkriegsoffiziere mit ihren Damen weder vor noch nach dem

30. Juni etwas mit Röhm und seinen Rabauken im Schilde geführt hatten. Aber jetzt wusste ich: Politik ist keine ganz ungefährliche Sache.

Ein paar Wochen später, im August desselben Jahres, durfte ich, ja, ich allein, mit meinem Vater in Freudenstadt für 14 Tage in einem Hotel Urlaub machen, weil der Arzt meinte, eine Luftveränderung könne mir nicht schaden. Von diesen Ferien in der Stadt, in der ich 27 Jahre später für den Bundestag kandidieren sollte, weiß ich nur noch zweierlei: zum einen, dass ich dort auf meine Brötchen Butter und Honig bekam. Das war ein ungekannter Luxus. Wichtiger waren jedoch die Spaziergänge mit einem Cousin meines Vaters. Die beiden Alten gingen voraus und sprachen über das, was man inzwischen den Röhmputsch nannte, der Siebenjährige trottete hinterdrein. Er verstand wenig. Nur immer wieder das Wort »erschossen«. Wer da von wem erschossen wurde, verstand er nicht. Aber es wurde dauernd erschossen. Das hat mich so verstört, dass ich es heute noch weiß. Politik war offenbar nicht nur keine ganz ungefährliche, sie war vielmehr eine lebensgefährliche Angelegenheit.

Pimpf

Im Jahr 1937 kam der Zehnjährige nicht nur in die »Oberschule«, sondern auch ins Jungvolk. Das war damals schon gesetzlich geregelt, aber ich wäre auch dorthin gegangen, wenn es kein Gesetz gegeben hätte. Da wurde exerziert, als wären wir schon Soldaten. Da wurde Sport getrieben, da wurde gesungen, immer mehr laut als schön, und zwar alle Sorten von Liedern, Soldatenlieder, Studentenlieder, Landsknechtslieder, Heimatlieder, Liebeslieder und natürlich auch Nazilieder. Wir machten da kaum einen Unterschied. Da wir als Zehnjährige mit »Horch, was kommt von draußen rein, wird wohl mein fein's Liebchen sein …« noch kaum eigene Erfahrungen verbinden konnten, auch nicht mit »Fern bei Sedan wohl auf der Höhe, steht ein Krieger auf der Wacht …«, lernten wir auch das Horst-Wessel-Lied für feierliche Gelegenheiten, ohne es genau zu verstehen. Natürlich fragten wir auch an der Stelle »Kam'raden, die Rotfront und Reaktion erschossen, marschier'n im Geist in unser'n Reihen mit« nicht nach, was denn »Reaktion« und »Rotfront« bedeuten möge und ob die Kameraden denn die Reaktion erschossen hätten oder umgekehrt von ihr erschossen wurden. Daran, dass da wieder einmal erschossen wurde, hatte ich mich gewöhnt.

Wahrscheinlich war ich nie in meinem Leben wieder so ehrgeizig wie als Pimpf. Schon die kleinen Buben waren so gegliedert wie die Wehrmacht. Was dort die Kompanie war, war für die Pimpfe das »Fähnlein«. In Schwäbisch Hall gab es davon zwei, deren unendlicher, oft bösartiger Streit die Aktivitäten bestimmte. Man stahl sich die Wimpel, man konkurrierte im Sport, man prügelte sich in Geländespielen. So wie eine Kompanie drei oder vier Züge hatte, war das Fähnlein in drei oder vier Jungzüge eingeteilt, die bei uns nach den gotischen Helden aus Felix Dahns *Kampf um Rom* benannt waren. Und dann gab es die kleinste Gruppe, die »Jungenschaft«, deren Führer dem Unteroffizier entsprach. Jede Charge hatte ihre Abzeichen, eine kleine rotweiße oder eine große grüne oder gar grünweiße »Affenschaukel«. Seltsam, als ich es tatsächlich so weit gebracht hatte, dass ich eine grüne Schnur bekam, war ich des ganzen Betriebs so überdrüssig geworden, dass ich das Jungvolk verließ und mich in

14

jene Hitlerjugend-Spielschar verkroch, die bei den lokalen Parteigrößen in keinem guten Ruf stand.

Die Annahme, dass man schon im Jungvolk ideologisch gedrillt worden sei, ist selbst eine ideologische Vorstellung. Schließlich galt das Prinzip, Jugend solle durch Jugend geführt werden, so dass meist niemand da war, der indoktrinieren konnte. Es sollten zwar immer wieder »Heimabende« stattfinden, für das Jungvolk am Nachmittag, aber ich kann mich nur noch an einen erinnern. Unser Jungzugführer hatte für jeden ein Blatt mit einem Text des englischen Wahldeutschen und Rassenideologen Houston Stewart Chamberlain mitgebracht. Auf dem Blatt waren die Vornamen abgekürzt: H. St. Chamberlain. Auf die – nicht eben pädagogisch geschickte – Frage, von wem die bedeutenden Weisheiten des Textes stammten, gab der einzige Katholik unter uns Kleinen die Antwort: »Vom Heiligen Sankt Schamberlein!«

Obwohl das Jungvolk dazu nichts beitragen konnte, bin ich mit elf Jahren politisch erwacht. Das begann im März 1938, als wir im Radio hörten, die Wehrmacht sei in Österreich eingerückt und der »Führer« sei in Wien von einer begeisterten Menge empfangen worden. Einer unserer Lehrer hatte uns – wahrheitsgemäß – erklärt, dieses Österreich sei übrig geblieben, als nach 1918 das riesige Habsburgerreich aufgeteilt worden war. Schon 1848 habe man in der Frankfurter Paulskirche darüber gestritten, ob Österreich zu Deutschland gehöre. Das habe man Großdeutschland genannt, und so lebten wir von nun an in Großdeutschland.

Kaum war Österreich »heimgeholt«, da wurde am Ende jeder Nachrichtensendung der »Egerländer Marsch« gespielt, so dass die Platte im Spätsommer schon ziemlich krächzte. Jetzt ging es um die »Sudetendeutschen«, also die

Deutschen in der Tschechoslowakei, genauer im habsburgischen Böhmen und Mähren, in welchem die tschechische Mehrheit und die deutsche Minderheit über Jahrhunderte friedlich zusammengelebt hatten. Nun aber, so wurde uns eingehämmert, würden die Deutschen verfolgt, gequält und misshandelt, daher wollten auch sie »heim ins Reich«. Das konnte ich gut verstehen, nur die Politiker in England und Frankreich fanden das nicht so überzeugend. Im September erwarteten viele, dass nun die Wehrmacht auch diesen armen Leuten helfen werde. Mein Vater war sich da nicht so sicher. Er wusste, dass die Tschechen sich wehren würden und die beiden Westmächte dann verpflichtet wären, ihnen zu helfen. Das bedeute Krieg, und er wisse, was das heiße.

Ende September machte dann Benito Mussolini, der Duce des faschistischen Italien, den Vorschlag, die vier wichtigsten Staaten Europas sollten sich in München treffen und einen friedlichen Ausweg suchen. Gibt es Krieg? Mit dieser offenen Frage wurden wir Kinder ins Bett geschickt, während mein Vater bis spät in die Nacht aufblieb und schließlich meiner Mutter – wir Kinder schliefen – die Nachricht brachte: »Frieden.« Übrigens hatte der sparsame Vater kurz vorher einen teuren Radioapparat gekauft, einen »Blaupunkt« mit dem grünen »magischen Auge«. Damit konnten wir auch Straßburg, Luxemburg, Beromünster (Bern), ja sogar London einschalten. Von diesem Apparat machten die älteren Kinder, zu denen ich nun auch gehörte, mehr Gebrauch, als den Eltern lieb war.

In der Zeitung sah ich ein Bild vom britischen Premier, der, aus dem Flugzeug steigend, ein Papier in die Höhe hielt. Die Unterschrift hieß: »Peace for our time!«, und so freuten wir uns alle, dass die Sudetendeutschen auch heimgeholt waren, ganz ohne Krieg.

Ich wollte nun wissen, was unser genialer Führer dazu sagen würde. Und ich wurde nicht enttäuscht. Bei einer seiner vielen Reden sagte er den gewichtigen Satz:»Das Deutsche Reich hat nun keine territorialen Ansprüche mehr in Europa.« Wenn das so war, dann stand uns eine friedliche Zukunft bevor. Das glaubte nicht nur der kaum Zwölfjährige, das glaubte auch der britische Premier.

Es dauerte keine fünf Monate, da marschierten deutsche Regimenter in Prag ein. Die Tschechoslowakei löste sich auf. Der tschechische Teil wurde zum »Reichsprotektorat Böhmen und Mähren«, die Slowakei wurde ein formal unabhängiger Satellit des Reiches, geführt von einem katholischen Priester.

Was wir jetzt von Radio Straßburg oder Beromünster hörten, war eindeutig: Hitler hatte sein Wort gebrochen, er hatte die Welt belogen. Er war keineswegs damit zufrieden, alle Deutschen in seinem Reich zu vereinigen, er wollte auch andere Völker unterwerfen. Was immer er versprach, es war nichts mehr wert. Wenn er wirklich so weitermachen wollte, bedeutete dies Krieg mit den Westmächten.

Mit noch nicht ganz dreizehn Jahren stellten sich mir unbequeme Fragen: Hatte es doch seinen guten Grund, dass wir auch ein Lied gelernt hatten »In den Ostwind hebt die Fahnen, denn im Ostwind steh'n sie gut«? Warum stand in unseren neuen Geschichtsbüchern, die Kaiser des Mittelalters seien leider immer wieder gen Rom gezogen, statt im Osten neuen Lebensraum zu gewinnen? Jedenfalls war mir klar, was es bedeutete, dass nun plötzlich die Deutschen in Polen unterdrückt und misshandelt wurden und dass jetzt nach den Nachrichten ein »Marsch der Deutschen in Polen« abgespielt wurde. Als Hitler dann am 1. September 1939 vor dem

Jubelreichstag erklärte, seit 5 Uhr 45 werde zurückgeschossen, wusste ich, dass dies Krieg auch mit Großbritannien bedeutete. Als damals schon das Gerücht ging, die britische Kriegserklärung habe den »Führer« überrascht, wollte ich dies nicht glauben. Aber das Gerücht beruhte auf guten Quellen.

Knapp eine Woche zuvor war mir klargeworden, dass zwischen Propaganda und Politik ein Unterschied besteht. Die Ideologie des Nationalsozialismus hatte sich immer als leuchtende Alternative zum »jüdischen Bolschewismus« ausgegeben. Die Sowjetunion war ganz offiziell der »Weltfeind Nr. 1«. Unser Biologielehrer hatte uns gesagt, in der Sowjetunion gebe es »Menschenschlachthäuser, da fließt das Blut meterhoch«. Wir hatten zwar gekichert, aber dass Stalin ein Berserker war, glaubten wir gerne.

Im August 1939 war ich mit einem Kindertransport der NS-Volkswohlfahrt nach Zinnowitz auf Usedom gereist, wieder zur Luftveränderung. Wir landeten in einem kirchlichen Heim und durften vormittags erst an den Strand, wenn wir eine einstündige Morgenandacht überstanden hatten. Für mich, der ich durch meine Mutter einiges mitbekommen hatte vom »Kirchenkampf«, also dem Versuch der Nazis, vor allem die evangelischen Kirchen gleichzuschalten, war dies etwas überraschend. Zeitungen gab es für uns Kinder nicht, Radio erst recht nicht. Dabei war mir schon bei der Abreise klar, dass dieser Sommer noch spannend werden konnte.

Es war wohl der 23. August, an dem wir mit dem Bus zu einem Ausflug nach Swinemünde fahren durften. Dort gab es Kriegsschiffe zu sehen, und das fanden die kleinen Buben faszinierend, auch ich, der Schiffe bisher nur auf dem Neckar hatte bewundern können. In Swinemünde lag damals eine

Flottille von Zerstörern, übrigens dieselben, die ein Jahr darauf im Hafen des norwegischen Narvik von der britischen Flotte zu Schrott geschossen wurden. Aber kaum hatten wir die Zerstörer erblickt, da wurde meine Aufmerksamkeit abgelenkt durch einen Zeitungsverkäufer, der die neueste Nachricht so laut und anhaltend in die Gegend schmetterte, dass ich nicht mehr glauben konnte, hier erlaube sich jemand einen Scherz. »Nichtangriffspakt zwischen Deutschland und der Sowjetunion! Der Reichsaußenminister in Moskau!« Von Stalin und seiner Sowjetunion war lange wenig zu hören gewesen. In München hatten die vier Verhandlungsmächte so getan, als gebe es dieses Land gar nicht, als habe es mit dem, was in Europa geschehen sollte, gar nichts zu tun. Erst in letzter Zeit war von Bündnisverhandlungen der Sowjetunion mit den Westmächten die Rede. Und jetzt plötzlich dies! Joachim von Ribbentrop und Wjatscheslaw Molotow schüttelten sich lächelnd die Hände! Zu dem politischen Weltbild, das man uns beigebracht hatte, passte dies in etwa wie ein führender Nazi, der zum jüdischen Glauben konvertiert.

Die stolzen Kriegsschiffe wurden jetzt Nebensache. Aber es war niemand da, mit dem ich über die verrückte Nachricht hätte reden können. Die anderen Buben hatten dazu keine Lust, auch den Zeitungsverkäufer konnte ich nicht fragen, er war ausreichend beschäftigt. Auf der Rückfahrt ins Heim war ich müde, kam aber nicht zur Ruhe. Langsam dämmerte mir, dass der neue Pakt etwas mit Polen zu tun haben könnte. Hatten Josef Stalin und Adolf Hitler sich darauf verständigt, Polen untereinander aufzuteilen? Dann aber stand der Krieg unmittelbar bevor.

Nicht nur für mich roch es nach Krieg. Unser Herr Pastor

machte sich bereits Sorgen über unsere Heimfahrt. Denn in den letzten Augusttagen war der Fahrplan der Bahn außer Kraft gesetzt. Militärtransporte gingen vor. Und tatsächlich, unsere Reise endete erst einmal in Berlin am Anhalter Bahnhof. Da, wo heute ein Ruinenrest an diesen Bahnhof erinnert, saßen wir viele Stunden bis in die Nacht auf unseren Koffern und wussten nicht, ob wir da auch übernachten würden. Erst kurz vor Mitternacht pferchte man uns in ein paar Wagen eines Personenzugs, der uns langsam, mit vielen, in keinem Fahrplan vorgesehenen Zwischenhalten, Richtung Stuttgart brachte, das wir am Abend des nächsten Tages erreichten. Der letzte Zug nach Schwäbisch Hall, der um Mitternacht dort ankam und den wir den »Lumpensammler« nannten, brachte den Übermüdeten nach Hause. Mein Vater steckte mich noch in die Badewanne, die Mutter hatte eine Suppe gekocht. So endete die Sommerfrische.

Als ich am nächsten Morgen aufwachte, sagte mir die Mutter: »Es ist Krieg.« Es reichte gerade noch, im Radio die Rede Hitlers anzuhören. Als der »Führer« fertig war, herrschte Stille. Mein Vater schwieg, die Mutter auch. Und ich ging in den Garten und grub ein Stück Wiese um, damit ich im nächsten Frühjahr dort Kartoffeln stecken konnte. Krieg, das hatte vor allem die Mutter mir beigebracht, bedeutete Hunger. Erst im Rückblick wurde mir klar, dass der knapp Dreizehnjährige mit einem langen Krieg rechnete. Die belogene Welt würde sich wehren wollen.

Eine Lüge ist, wenn ich etwas sage, von dem ich bereits weiß, dass es nicht stimmt. Theoretisch war es auch möglich, dass Hitler in dem Augenblick, als er auf weitere Gebietsansprüche verzichtete, also im Herbst 1938, dies ernst gemeint hatte, aber später bereute. Praktisch blieb nur das Fazit: Da hat einer die übrige Welt bewusst getäuscht. Und nun konnte er sagen, was er wollte: Er war kein Gesprächspartner mehr. Das trieb mich um. Seither beschäftigt mich das Thema Lüge in der Politik.

Die eindeutige, nackte Lüge, der Versuch, andere durch eine Lüge zu täuschen, kommt in der Politik seltener vor als der Vorwurf, der Gegner bediene sich einer solchen Lüge. Ist die Lüge jedoch nachweisbar, kann sie eine Karriere beenden. Wo einem Politiker nachgewiesen wird, dass er bewusst die Unwahrheit gesagt hat, muss er meistens gehen. Denn verantwortliche Politik wird nur möglich, wenn jeder sich auf das Wort des anderen, auch auf das des Gegners, verlassen kann. Jeder kann sich irren, aber Irrtümer lassen sich korrigieren. Die nackte Lüge nicht.

Aber eben weil die eindeutige Lüge so verheerend wirkt, wird der Vorwurf der Lüge viel zu oft missbräuchlich erhoben. Wenn eine Partei die Kosten der Rente mit 63 sehr viel höher einschätzt als die andere, hat keine gelogen. Sie haben verschieden gerechnet, vielleicht hat sich auch einer verrechnet, aber gelogen hat niemand. Wenn jemand behauptet, Putin wolle die Ukraine annektieren, und dieser Putin macht dazu keinerlei Anstalten, dann hat noch niemand gelogen. Eine Vermutung hat sich als falsch erwiesen. Wenn jemand vor dem Mindestlohn warnt, weil er Hunderttausende neuer Arbeitsloser befürchtet, der Mindestlohn dann aber die Arbeitslosenquote nicht verändert, dann könnte einer gelogen haben, dann nämlich, wenn er gegen besseres Wissen Panik gemacht hätte. Da dies aber niemand beweisen kann, ist hier der Vorwurf der Lüge fehl am Platz.

Das Normale in der Politik, das lernte ich später, ist, wie im Leben überhaupt, der unterschiedliche Blick auf die Wirklichkeit. Kein Marktradikaler wird höhere Steuern auf sehr hohe Einkommen für richtig halten, denn für ihn sind Erfolg und Leistung dasselbe. Ein Sozialdemokrat sieht dies anders. Er will, was der Marktradikale ablehnt: sozialen Ausgleich. Aber lügen tut deshalb keiner. Kurz: Wenn in der parlamentarischen Auseinandersetzung der Vorwurf der Lüge erhoben wird, geschieht dies in 98 von 100 Fällen zu Unrecht. Gerade weil die eindeutige Lüge vernünftige Politik unmöglich macht, passt das Wort »Lüge« nicht zur täglichen Auseinandersetzung.

Übrigens kommt die Volksmeinung, in der Politik werde mehr gelogen als anderswo, genau daher: Wenn ein Politiker dem anderen vorwirft, er lüge, dann reagieren viele darauf: »Recht hat er, aber selbst ist er keinen Deut besser.«

Dass sich Hitlers Ankündigung, er habe nun keine territorialen Ansprüche mehr in Europa, schon fünf Monate danach als Lüge erwies, hat dazu geführt, dass es keinen Versuch mehr gab, den Krieg in letzter Minute noch zu verhindern. Sollte man sich wieder anlügen lassen? Das hat schon den Dreizehnjährigen veranlasst, über Wahrheit und Lüge in der Politik nachzudenken. Der 88-Jährige wagt die Behauptung: In mehr als sechs Jahrzehnten Politik habe ich mich oft getäuscht, verrechnet, Vermutungen ausgesprochen, die sich als falsch erwiesen, Wertungen gewagt, denen andere heftig widersprochen haben. Aber wenn mein Gedächtnis noch einigermaßen intakt ist: Ich habe nie gelogen, nie etwas behauptet, von dem ich bereits wusste, dass es nicht stimmt.

Hitlerjugend – einmal anders

In der Haller Hitlerjugend (HJ)-Spielschar war alles anders. Naive fragten manchmal: Bist du in der Hitlerjugend oder in der Spielschar? Zum HJ-Dienst erschien man in Uniform, dann wurde angetreten, stillgestanden, dem Gefolgschaftsführer gemeldet; zur Spielschar kamen wir in Zivil, immer in denselben Raum im »Claßgebäude«, in dem nach dem Dreißigjährigen Krieg die Haller ihr »Gymnasium illustre« eingerichtet hatten. Da wurde zu Beginn nicht »Heil Hitler« gebrüllt, nein, die Einzelnen begrüßten sich mit »Guten Abend«, dem schwäbischen »Grüß Gott«, oder etwas ironisch »Heil Kurtle«, »Heil Walter«. Manche Begrüßung hatte emotionale Qualität, denn hier, in der Spielschar, wurden Mädchen und Jungen in eine gemeinsame Gruppe gesteckt, während sonst die Erziehung der weiblichen Jugend zur Mutterschaft und der männlichen zu heldischem Soldatentum streng getrennt verlief. Daher wurde der Heimweg, zwischen zehn und elf Uhr, oft schon pärchenweise absolviert. Eines dieser Pärchen war meine spätere Frau und ich.

Die eigentliche Leiterin der Spielschar, die mit uns vierstimmig Lieder einübte, war eine Musiklehrerin, etwa doppelt so alt wie wir, die ansonsten keinerlei Parteicharge hatte. Wir waren eingeteilt in Sopran, Alt, Tenor und Bass. Mit »der Partei« waren wir ausreichend dadurch verbunden, dass wir bei Parteifeiern singen mussten, als Rahmenprogramm. Damals gab es schon ziemlich viele Feierlichkeiten unter Parteiregie: Parteitaufen, Parteihochzeiten, Parteibeerdigungen, Ordensverleihungen. Und dann all das, was auch die Demokratie kennt: Ein verdienter Kommunalpolitiker wird verabschiedet, ein anderer feierlich eingesetzt. Wir hatten für diesen Zweck ein recht begrenztes Repertoire. Dabei kam uns entgegen, dass die feierlichen NS-Lieder meist im Text so verquast und schwer verständlich waren, dass man dasselbe Lied sehr wohl bei einer Taufe und einer Beerdigung singen konnte. Im Kopf habe ich noch einen Text: »Wo immer das Leben erglommen, da will es als Flamme stehn, wir wissen, woher wir kommen, wir wissen, wohin wir gehn …« Obwohl uns dieses erstaunliche Wissen natürlich niemand beigebracht hatte, sangen wir derartiges sauber und brav. Gelegentlich übten wir uns auch als Schauspieler. Über Hans Sachs kamen wir allerdings nicht hinaus. »Wo bleibt denn unser Knecht, der Heinz, ich glaub' er holt den Wein von Mainz!« Dieser Vers gehört nicht zu den Höhepunkten der deutschen Dichtung, aber er kommt mir bis heute nicht aus dem Sinn.

Die Spielschar war, und darüber musste sich niemand wundern, eine Zuflucht für solche, die den üblichen Dienst beim Bund Deutscher Mädel (BDM) und der HJ für reichlich phantasielos und wenig ergiebig, also im besten Fall für Zeitverschwendung hielten. Das bedeutete nicht, dass sich hier ein Widerstandsnest gebildet hätte, wohl aber eine Gruppierung, schließlich sogar eine Gemeinschaft, in der Kritik und Spott zum guten Ton gehörten. Gegenstand des Spottes waren vor allem die örtlichen NS-Größen, deren immer gleiche Reden wir bald imitieren konnten. Dass bei uns die üblichen Witze über Hermann Göring und Joseph Goebbels kursierten, ist jedoch nicht als Anzeichen von Resistenz misszuverstehen: Die wurden sogar in der Partei kolportiert.

Auffällig war, dass die Spielschar eine Heimstatt für die vielen Pfarrerskinder wurde. In Hall hatten nur die Pfarrer die vielen Kinder, welche die Parteigrößen für nötig hielten, wozu sie selbst aber wenig beitrugen. Und diese Kinder, viele inzwischen zwischen 15 und 18 Jahre alt, hatten schon einiges von dem hinter sich, was ihre Eltern an Schikanen weiterhin auszuhalten hatten. So stand die Spielschar insgesamt, ganz im Gegensatz zur HJ, im Kirchenkampf eher auf der Seite der Kirchen. Auch für Katholiken wurde sie attraktiv. Wir haben in der Spielschar vieles gelernt: Madrigale, Volkslieder, NS-Choräle. Was wir nie ganz lernten, war, wie wir uns beherrschen konnten, wenn bei einer Parteifeier allzu pathetisch oder auch allzu einfältig dahergeredet wurde. Sobald auf der Bühne, wo wir meist zu sitzen hatten, unterdrücktes Kichern hörbar wurde, verfinsterten sich die Mienen der Herren – es waren immer Herren, keine Damen – in der ersten Reihe. Einmal bei einer Entlassfeier der Landwirtschaftsschule – offizielle Bezeichnung: »Freisprechung der Jungbauern« – waren die Reden so nahe an der Karikatur, dass wir kaum an uns halten konnten, und nach der Feier der Kreisleiter erboste Drohungen ausstieß, während wir uns, ohne dass jemand ein Signal dazu gegeben hätte, auf der Burgruine Limpurg, zwanzig Minuten vom Ort der Veranstaltung, wiedertrafen und nicht aufhören konnten zu lachen.

Das bedeutet aber auch, dass wir keine Angst hatten, ins KZ gesteckt zu werden. Der Haller Kreisleiter war weder dumm noch einfach machtbesessen – wie etwa sein Tübinger Kollege Rauschnabel, dessen Name von den einen Tübingern als Rau-Schnabel, von den anderen als Rausch-Nabel interpretiert wurde. Beides stimmte. Wie ich später erfuhr, war die Einschätzung des Haller Parteioberen: »Die Spielscharleute sind frech, kritisch und arrogant, aber ungefährlich.« Und damit hatte er aus seiner Sicht recht. Niemand von uns hatte eine klare Überzeugung. Keine liberale, keine konservative, keine sozialdemokratische. Die uns etwas Ähnliches hätten vermitteln können, haben geschwiegen. Sie wussten, was sie riskiert hätten. Und nur weil man wild gewordene Spießbürger komisch findet, wird man noch kein Widerstandskämpfer.

Wir waren in diesen Staat hineingewachsen. Er war für uns das Gegebene, Normale. Dass vieles abstoßend, anderes komisch war, haben wir begriffen. Aber was eine lebendige Demokratie ist, wussten wir nicht. Schließlich hatten auch wir selbst unsere guten und weniger guten Tage, unsere Stimmungen. Reinhold Kontzi, zwei Jahre älter als ich, später Professor der Romanistik, hat gelegentlich auch in der Öffentlichkeit behauptet, ich hätte ihn auf einem Nachtspaziergang nach dem »Dienst« über den Nazismus aufgeklärt. Das ist schwer möglich, denn darüber aufgeklärt war ich selbst nicht. Wahrscheinlich habe ich ihm etwas deutlicher als andere gesagt, dass wir unser Leben doch recht unfrei verbringen und dass ich kaum Hoffnung hatte, dass sich daran etwas ändern könnte. Wir hatten uns in der Spielschar einen kleinen Freiraum geschaffen und wussten sehr wohl, dass man uns den jederzeit nehmen konnte. Auch in der Berufswahl, so fand ich, waren wir nicht mehr frei. Ich hatte eine Neigung zum diplomatischen Dienst. Als ich erfuhr, dass davor künftig vier Jahre Waffen-SS abzuleisten waren, schlug ich mir dies aus dem Kopf. Aber das alles änderte nichts daran, dass auch ich den Krieg gewinnen wollte.

So ähnlich ging es auch anderen. Um der Form Genüge zu tun, hatten sowohl die Mädchen als auch die Jungen der Spielschar jemanden, der sie anführte und deutlich machte, dass sie doch ein Teil der HJ waren. Als ich mich in die Spielschar verkroch, war dies für die Jungen Frieder Rummelspacher, dessen Name in diesem Buch nicht fehlen darf. Er war knapp zwei Jahre älter als ich, ein kräftiger, dunkler Typ mit einer sehr tiefen Stimme, der die NS-Rassenlehre verspottete, indem er seine üppige Körperbehaarung mit einer rassischen Nähe zum Affen erklärte. Er kam aus einer christlichen, nicht pietistischen Familie und amüsierte sich über das nazistische Neuheidentum. Trotzdem wollte er als guter Deutscher den Krieg gewinnen. Er meldete sich freiwillig zu der Division, mit der das Heer der SS zeigen wollte, dass es selbst Eliteeinheiten aufbieten konnte. Das war die Division »Großdeutschland«. Noch ehe auch ich selbst Soldat des Heeres wurde, kam die Nachricht von seinem Tod.

Frieder und ich waren Freunde geworden. Natürlich hat unsere Gesellschaft durch jeden Gefallenen etwas Unersetzliches verloren. Aber mit Frieder hat sie etwas besonders Kostbares verloren: einen kräftigen, gesunden, humorvollen Mann, dem man die Sensibilität nicht ansah, der Ungerechtigkeit nicht durchgehen lassen wollte und doch lieber lachte als hasste, einen selbstkritischen, ganz uneitlen Menschen, in dessen Gegenwart die Zimmertemperatur um zwei Grad anstieg.

Als er einberufen wurde, bat er mich, seine Funktion zu übernehmen und den Freiheitsraum der Spielschar zu verteidigen. Das tat ich dann auch, wohl wissend, dass im Kreise der Parteioberen die Forderung laut wurde, die Spielschar aufzulösen. Dass dies bis dahin nicht geschehen war, hatte wohl zwei Gründe. Zum einen konnte man uns manchmal gut brauchen. Zum anderen neigte der Kreisleiter nicht zu radikalen Schritten, zumal nicht gegen junge Leute, die er wohl für pubertierende Lausbuben und überdrehte Mädchen hielt.

Nachträglich wird mir klar, dass meine Zeit in der Spielschar doch sehr begrenzt war. Noch nicht fünfzehnjährig war

27

ich beigetreten, mit sechzehn Jahren und neun Monaten wurde meine Schulklasse nach Karlsruhe in eine Kaserne der Luftwaffe einberufen. Wir wurden Flakhelfer. Es waren also nur zwei Jahre! Aber sie waren so erfüllt von Melodien, Freundschaften, von menschlichem Zusammenhalt und nicht zuletzt von Einblicken in die komische Seite der Partei, dass sie mir länger vorkommen als die gut vier Jahre im Jungvolk.

Am 6. September 1943 verabschiedeten sich die Flakhelfer von der Spielschar. Das ging nicht ganz ohne Tränen ab. Und als die Mädchen bereits nach Hause gehen durften, bat ich die Jungen, noch dazubleiben. Ich hatte einen Brief bekommen, der es in sich hatte. Ich weiß nicht mehr, ob der Absender die Kreisleitung oder die Banndienststelle der HJ war, aber sicher hatten sie sich untereinander abgesprochen. Der Inhalt war knapp. In der Hauptsache bestand er aus einer Liste, in die sich die Jungen – Mädchen spielten politisch ja keine Rolle – eintragen sollten, die, wenn sie einmal 18 Jahre alt sein würden, bereit wären, der NSDAP beizutreten.

Soweit in NS-Deutschland noch Gesetze galten, hätten wir die Liste zurückschicken können mit der Begründung, das Beitrittsalter zur Partei sei 18 Jahre, und die meisten von uns seien noch keine 17. Aber das hätte wohl zur Auflösung der Spielschar geführt. Denn eines war ganz offensichtlich: Dies war ein Ultimatum.

Nach einer nicht sehr lange andauernden Diskussion waren wir uns einig: Es ging um den Fortbestand der Spielschar. Mindestens drei mussten unterzeichnen. Ich trug mich in die Liste ein und unterschrieb als Erster.

Das hat die Auflösung der Spielschar leider nur aufschieben, nicht verhindern können. Im Folgejahr, als ich schon bei den Panzerjägern war, bekam ich Post: Die Spielschar war »wegen politischer und weltanschaulicher Unzuverlässigkeit« aufgelöst worden. Kurz zuvor hatte ich noch von einer grotesken Geschichte gehört, die in Hall kursierte und die mich ebenfalls per Feldpost erreichte: Die Spielschar hatte wieder einmal eine Parteibeerdigung mit ihren Liedern »umrahmen« müssen. Wieder einmal war es dasselbe Lied, das sie auch bei Parteihochzeiten darbot. Der letzte Vers klang aus mit den Worten: »Vom Ew'gen ward's genommen, ins Ew'ge wandelt's hinein«. Da der Mann, der seine letzte Ruhe finden sollte, reichlich verhasst war, sollen Tenor und Bass gesungen haben: »… ins Ew'ge mit Vollgas hinein«. Sollte die Geschichte stimmen, so zeigt sie, dass auch die Spielschar einer gewissen Verrohung nicht entging. Sollte sie erfunden sein, dann steht sie für den ohnmächtigen Groll der vielen, die 1944 zusehen mussten, wie noch Hunderttausende sterben mussten, nur um einen aussichtslosen Krieg zu verlängern.

Was damals geschah, hatte zwei Folgen, die bis heute nachwirken. Zum einen die, dass schon im Frühjahr 1946 die alten Freundinnen und Freunde der Spielschar von der amerikanischen Militärregierung die Erlaubnis bekamen, sich als »Jugendsingkreis« neu zu konstituieren. Dieser Jugendsingkreis, dessen überlebende Mitglieder selten unter achtzig Jahre alt sind, kommt immer noch jedes Jahr zusammen. Aber seine Tage sind gezählt.

Die zweite Folge ist, dass das Bundesarchiv – wahrheitsgemäß – der Presse mitteilte, ich sei durch eine Unterschrift vom 6. September 1943, also mit 16 Jahren und neun Monaten, Mitglied der NSDAP geworden. Ich habe mich nie dagegen gewehrt. Formal ist dies korrekt. Haben wir damals die

Unterschrift nicht ernst genug genommen? Das mag sein. Die Partei, das waren für uns Junge: der Ortsgruppenleiter, ein langweiliger Angestellter der Kreissparkasse, sichtlich bemüht, aber harmlos; der Kreisleiter, der sich vor 1933 als Chorleiter in der Singbewegung einen Namen gemacht hatte und, obwohl Schwabe, das »R« rollen konnte, als käme er aus Spanien. Und die Mitglieder? Uns schienen sie meist brave Bürger, die ihren Beitrag zahlten und jedes Jahr ein- oder zweimal zu Parteiversammlungen pilgerten.

Unser Problem war nicht »die Partei«, sondern die SS, genauer die Waffen-SS. Die Rolle, die der »Reichsführer SS« Heinrich Himmler als Chef der deutschen Polizei ausübte, bekamen auch wir zu spüren: Die – meist ziemlich unpolitischen – Polizisten der Kleinstadt bekamen eine Prämie für jeden jungen Mann, den sie für die Waffen-SS geworben hatten. So wurde ich, zusammen mit drei Klassenkameraden, auf die Polizeiwache bestellt, wo man uns eröffnete, unser Geburtsjahrgang komme geschlossen und zwangsweise zur Waffen-SS. Wenn wir uns schon vorher freiwillig meldeten, wären wir fein heraus. Wir antworteten, wir hätten in der HJ gelernt, mit Kameraden kameradschaftlich umzugehen, also wollten wir uns keine Vorteile erschleichen. In Wirklichkeit wussten wir sehr genau, dass die SS jeden Einzelnen dauerhaft in Beschlag nahm, von der neuheidnischen »Weltanschauung« über die »richtige« Ehefrau bis hin zur Bereitschaft, sich jederzeit für den »Führer« verheizen zu lassen. »Meine Ehre heißt Treue« war ein Wahlspruch, nach welchem auch das Morden, wenn es befohlen wurde, ehrenhaft blieb. Ich hatte als Fünfzehnjähriger ein Gespräch zwischen meiner Mutter und einem Onkel belauscht, der als Oberstabsarzt ein Lazarett hinter der Ostfront leitete. Er berichtete, bei ihm würden immer wieder blutjunge SS-Soldaten eingeliefert, die weder verletzt noch krank schienen, die aber zusammengebrochen waren, weil sie, wie einer ihm gestanden habe, jüdische Zivilisten, Männer, Frauen und Kinder erschießen müssten. Nein, die Ehre, die im unbedingten Gehorsam bestand, war nichts für mich.

In der Haller Gewerbeschule wurde ich einer besonders harten Werbung durch einen baumlangen SS-Offizier und einen zugereisten HJ-Führer unterzogen. Als die beiden endlich das Zimmer verlassen hatten, um sich kurz zu beraten, fasste ich rasch einen Entschluss: Ich sprang aus einem der offenen Fenster und rannte schnurstracks zum Wehrbezirkskommando, wo ich außer Atem ankam und schließlich einem älteren Major gegenüberstand. Er hatte ein wissendes und doch auch beruhigendes Lächeln im Gesicht und fragte, was ich wolle. Und sofort bekam ich einen kleinen schäbigen Zettel, schlechtes Papier, auf dem zu lesen stand, ich sei ein freiwilliger Offiziersbewerber des Heeres. Es war eines der kostbarsten Papiere meines Lebens, denn wo immer ich es den SS-Werbern unter die Nase hielt, ließen sie sofort von mir ab. Auch innerhalb einer perfekten Diktatur prallen Interessen aufeinander, und das verlangt nach Regeln. Wehrmacht und SS hatten sich darauf geeinigt, dass, wer auch immer sich bereits bei einer Stelle freiwillig gemeldet hatte, von der anderen in Ruhe gelassen werden musste. Übrigens bedeutete der Zettel, ohne den ich nicht mehr ausging, so ganz nebenbei, dass ich nun ein Kriegsfreiwilliger war. Kein Wunder, dass die Zahl der Kriegsfreiwilligen bis zum Schluss hoch blieb.

Drei Uniformen

Es waren immerhin noch zwanzig Monate, die zwischen dem 7. September 1943, der Fahrt in die Karlsruher Flakkaserne, und dem Ende des Krieges lagen. Ich verbrachte sie zuerst in der Uniform des Flakhelfers, dann der des »Arbeitsmanns« im Reichsarbeitsdienst und schließlich im Feldgrau des Heeres. Als Flakhelfer hatten wir eine Ausgehuniform, die, zumal durch ihre Hakenkreuz-Armbinde, an die HJ erinnerte, während wir im alltäglichen Dienst alte, abgenutzte, manchmal ein wenig zu große Kommissklamotten trugen. Vor allem die Stahlhelme waren vielen zu groß. Wir wurden aber rasch belehrt, dass nicht die Helme zu groß, sondern unsere Köpfe zu klein waren.

Wir waren eine eigenartige Mischung, halb Soldat und halb Gymnasiast. Zumindest sollten wir das sein. Unsere Lehrer, die wir nicht kannten, haben sich redlich, aber wenig erfolgreich um unsere Aufmerksamkeit bemüht. Deutlich erinnere ich mich nur an einen älteren Germanisten, der uns in die deutsche Literaturgeschichte einführen wollte, bei mir nicht ganz so erfolglos wie bei den meisten Kameraden.

Wie dies beim deutschen Kommiss üblich ist, wurden wir erst einmal »geschliffen«, meist von ziemlich wohlwollenden Unteroffizieren. Nur ein Gewehr bekamen wir noch nicht in die Hand. Unsere Waffe war die 2-cm-Kanone mit vier Läufen, die für das, was nun drohte – Bomben aus 10 000 Meter Höhe –, wenig hilfreich war. Mein Unteroffizier hieß Nalepinski, er unterrichtete uns über »Gas-wehr-ab-Mittel« und zeigte auch sonst ganz unbefangen, dass das Deutsche nicht seine Muttersprache war. Dafür hatte er Humor und war alt genug, uns als seine Lausbuben zu betrachten, denen man auch etwas nachsehen konnte.

Nach acht Wochen Ausbildung rückten wir in unsere Stellung am Karlsruher Gleisdreieck östlich des Hauptbahnhofs ein. Nun begann das Wacheschieben, Tag und Nacht. Ich fand das, zumal in einer ruhigen, sternklaren Nacht, gar nicht so übel. Man konnte ungestört nachdenken.

Eine politische Erfahrung aus dieser Zeit habe ich bis heute nicht vergessen: Etwa eine Viertelstunde Fußweg von unserer Stellung entfernt lag eine weitere, die auch von Flakhelfern besetzt war, die allerdings aus Mülhausen im Elsass gekommen waren. Ich fand, wir sollten Kontakt mit ihnen aufnehmen, und so spazierten wir eines Tages zu zweit zu ihnen. Sie sahen so aus wie wir, waren Pennäler wie wir, hatten für den normalen Dienst dieselben schäbigen Uniformen und sprachen, wenn sie denn wollten, neben Französisch und ihrem elsässischen Alemannisch auch Hochdeutsch. Aber sie ließen uns kühl abblitzen. Sie seien nicht freiwillig hier, ließen sie uns wissen. Das hätten wir von uns auch sagen können. Aber sie meinten etwas anderes, etwas, das zu sagen viel zu gefährlich war: Wir sind gezwungen worden, einem Land – und dazu noch einem Regime – zu dienen, das nicht das unsere ist. Daher seid ihr nicht unsere Kameraden, mit denen man plaudern, lachen, badischen Wein trinken und Witze machen kann. Nachdem in unserem Gespräch eine peinliche Pause entstanden war, trotteten wir zurück in unsere Stellung. Ich kannte damals schon Bismarcks realistische, wenn auch resignierte Bemerkung, die Elsässer seien »deutschsprechende Franzosen«. Sie pflegten ihre alemannische Tradition, aber sie fühlten sich politisch als *Citoyens* und *Citoyennes* der französischen Nation. Zur französischen Nation konnte gehören, wer dazugehören wollte, wer Teil von ihr sein wollte. Und die Elsässer, fast alle, wollten. Die neuen

Besatzer hatten dafür kein Organ. Wer Deutsch sprach, war eben ein Deutscher. Punkt. Und wer sich nicht so verhielt, für den gab es das Strafgesetz.

Als wir in unserer Stellung einen möglichst trockenen Bericht gaben, überwog schließlich der Respekt. Die gezwungenen Flakhelfer aus Mühlhausen hatten etwas riskiert, hatten Mut gezeigt. Und den wollten wir nicht auf die Probe stellen.

Den Beweis, dass man mit 2-cm-Kanonen keine Bomber aus 10 000 m Höhe herabholen kann, mussten wir glücklicherweise nicht antreten. Die Angriffe auf Karlsruhe erfolgten erst, als wir bereits die nächste Uniform trugen: die des Reichsarbeitsdienstes, des RAD. Sie war etwas grüner als die des Heeres, mit einer Hakenkreuz-Armbinde versehen. Als »Beitrag zum Endsieg«, von dem immer die Rede war, schienen mir die drei Monate beim RAD noch sinnloser als die sechs Monate bei der Flak. Gelernt habe ich dort vor allem, welches Potential zur reinen Menschenschinderei im Nazismus steckte.

Ort des Geschehens war das Waldviertel, von dem wir sofort erfuhren, dass es die Ahnen des »Führers« hervorgebracht habe. Die nächstgelegene Kleinstadt war Neubistritz. Heute liegt es in der tschechischen Republik, an der Grenze zwischen Böhmen und Mähren, nicht sehr weit von der Österreichs. Damals gehörte es zu den Gebieten, die schon im Münchner Abkommen Deutschland zugeschlagen worden waren.

Das Waldviertel, wie ich es kennenlernte, war ein hochgelegenes, dünn besiedeltes Gebiet, in welchem noch im März und April Schneestürme tobten, wie ich sie weder vorher noch nachher erlebt habe. Ein Weg, den wir in zwei mühsamen Stunden freigeschaufelt hatten, konnte in zehn Minuten wieder so gründlich zugeweht sein, als hätten wir nie eine Hand gerührt.

Tatsächlich bestand unsere Tätigkeit in den ersten Wochen vor allem darin, die Zugänge und Zufahrten zu unserem Lager freizuschaufeln. Dass dies nötig war, konnten wir einsehen. Aber warum gab man uns keine Mäntel und nur löchrige Handschuhe? Warum ließ man uns ausgerechnet da schuften, wo die Straße regelmäßig nach einer halben Stunde wieder unpassierbar war? Warum stellte man dort nicht einfach einen Windschutz auf?

Die Folge dieser ersten Wochen war, dass jeder Zehnte wegen Erfrierungen verschiedenen Grades ausfiel. Ich selbst bekam nach 14 Tagen hohes Fieber und wurde in die Heilstube verfrachtet. Einen Arzt gab es dort nicht, nur einen Heilgehilfen, der genau zwei Formen der Therapie beherrschte: Chinin zur Dämpfung des Fiebers und, wenn das nicht half, eine ominöse Spritze, über deren Inhalt niemand Auskunft gab. Ob ich damals eine Lungenentzündung hatte, weiß ich nicht. Irgendwann aber beschloss ich, das verabreichte Chinin nicht zu schlucken, sondern es heimlich zum Fenster hinauszuwerfen. Erst als meine Mutter mir ein Päckchen mit Hustenbonbons und den noch heute erhältlichen Wybert-Lakritzen schickte, machte ich endlich Fortschritte. Dass auch andere Kranke die Chinin-Therapie verweigerten, konnte man nach der Schneeschmelze daran erkennen, dass vor einigen Fenstern vielsagende weiße Flecken blieben.

Als die Straßen wieder frei waren und der Schneefall zurückging, begann das Exerzieren. Noch heute kann ich den Spaten präsentieren, der für den RAD das Gewehr ersetzen musste. Schlimm wurde es, wenn wir mit Gasmaske zu exerzieren hatten. Mir reichte einfach der Sauerstoff nicht. Wenn

35

das Kommando »Laufschritt, marsch, marsch!« kam, wusste ich, dass ich dies nicht lange aushalten würde, es sei denn, ich versuchte, irgendwie an Luft zu kommen, die nicht durch die Gasmaske ging. Das war streng verboten, und die Ausbilder umschwirrten uns, um alle herauszugreifen und zu bestrafen, die das versuchten. Mich haben sie nie erwischt. Aber hätte ich es nicht getan, ich wäre am Wegrand liegen geblieben. Musste man mit der Gasmaske rennen können? Beim Heer mussten wir das nicht.

Dass man bei einem Arbeitsdienst auch arbeiten sollte, fiel unseren Oberen erst im letzten Monat ein. Da es im Lager eigentlich nichts zu tun gab, wurde beschlossen, dass wir eine Straße des Lagers ausbauen sollten. Dazu waren Steine aus einem Steinbruch herbeizuschaffen, der etwa 700 Meter entfernt lag. Für eine solche Arbeit setzt man heute Traktoren oder Bagger ein, damals hatte man Schubkarren. Die gab es im Lager, aber wir durften sie nicht benutzen. Stattdessen mussten wir jeden einzelnen der ziemlich großen Steinbrocken auf der Schulter tragen. Wenn jemand auch nur andeutete, dass es doch wohl effizientere Methoden gab, kam das Kommando: »Laufschritt, marsch, marsch!« Nicht wenige von uns hatten nachher blutige Schultern.

Eines haben solche Methoden bewirkt: dass wir frühmorgens die Stunde der »politischen Schulung« sehr gerne annahmen. Schließlich konnten wir sitzen, während der Lagerleiter irgendeine haarsträubende Geschichte erzählte von Bestechung, Betrug oder Mord, in der auch Juden vorkamen. Am Schluss stand immer die Frage: »Und wer ist schuld daran?« Dann musste in den ersten Bankreihen einer aufstehen und rufen: »Der Jude!« Der Erfolg dieser Schulungsmethode wurde erkennbar, wenn einer von uns beim Heraustreten vergeblich nach seinem Käppi suchte. Dann stellte ein anderer die Frage: »Und wer ist schuld daran?« Die ganze Stube antwortete unter Gelächter: »Der Jude!«

Der RAD war ursprünglich vorwiegend für das Arbeiten da, auch noch, als er per Gesetz für alle jungen Männer zur Pflicht wurde. Auch der Sohn des Millionärs, so hieß es, sollte mit Spaten und Schaufel umgehen können. Und natürlich war eine penetrante NS-Schulung vorgesehen. Je wichtiger allerdings die Wehrmacht – und auch die Waffen-SS – wurde, desto schwerer tat sich der RAD, geeignetes Führungspersonal zu finden.

In unserem Fall, dem Lager bei Neubistritz, kam noch etwas dazu: Alle unsere niederen und mittleren Chargen, mit denen wir täglich zu tun hatten, kamen, wie ihr Dialekt sofort verriet, aus Wien. Es handelte sich um frühe österreichische Nazis, die 1938, nach dem Anschluss, etwas haben wollten für ihr verdienstvolles Vorleben. Da sie aber kaum etwas gelernt hatten – Karl Marx hätte sie in der Nähe des »Lumpenproletariats« angesiedelt –, wollte niemand sie haben: die Wehrmacht nicht und damals, 1938, auch die SS nicht, die inzwischen allerdings weniger wählerisch war. So blieb ihnen nur der – parteinahe – Reichsarbeitsdienst. Und auch dort machten nur wenige Karriere.

Die Grundstimmung im Lager war von diesem Umstand geprägt. Unsere »Vormänner« waren durchweg Leute, die sich als diskriminierte »alte Kämpfer« fühlten, zumal uns gegenüber, ihren neunmalklugen Untergebenen. Denn wir waren – ich weiß nicht, warum – durchweg Gymnasiasten, alle aus Schwaben, meist ehemalige Flakhelfer, viele unter uns Offiziersbewerber. Denen wollten die frustrierten Urnazis zeigen, was eine Harke ist.

37

So gab es beispielsweise die strenge Vorschrift, dass wir uns morgens mit entblößtem Oberkörper zu waschen hatten. Mir fiel das nicht schwer. Eines Morgens, ich hatte, vorbildlich gewaschen, mein Unterhemd gerade wieder angezogen, schüttete einer der Vormänner mir eine Schüssel kaltes Wasser über den Unterkörper. Hose und Unterhose waren klatschnass, in den Knobelbechern staute sich das Wasser. Ich war so verblüfft, dass ich außer einem Schrei nichts herausbrachte. Aber zwei Kameraden begehrten auf: Ich sei ja fertig mit dem Waschen gewesen, und das hätte ich streng nach Vorschrift gemacht. Die einzige Reaktion des Vormanns war, dass er den beiden Kameraden riet, den Mund zu halten, sie hätten hier nichts zu sagen. Dann verschwand er grinsend. Und ich verbrachte den Tag in nassen Hosen und Stiefeln.

Sogar beim deutschen Kommiss hätte der Gefreite wenigstens ein Wort der Entschuldigung gefunden: Er habe sich geirrt. Und ich hätte mich sogar beschweren können. Das aber hätte hier nur zu zusätzlichen Schikanen geführt. Das Lager war im Grunde ein rechtsfreier Raum.

Nach dem RAD habe ich noch eine Rekrutenzeit hinter mich gebracht. Sie war hart, und unser Kompaniechef, der ein Auge verloren hatte und dessen Glasauge uns immer anzublicken schien, war ein »Zwölfender«, ein Unteroffizier der alten Reichswehr, der die Chance genutzt hatte, nach zwölf Jahren Offizier zu werden. Er hatte seine Feldwebel-Allüren noch nicht abgelegt. Aber er war eben nicht nur streng, er war auch ein Mensch. Ich war nicht das, was man einen guten Soldaten nannte. Nicht, weil ich nicht gewollt hätte. Aber mir fehlte die technische Geschicklichkeit, die bei einer modernen Armee unentbehrlich ist. Um das Schloss eines Gewehrs oder gar einer Panzerabwehrkanone auseinanderzunehmen, zu säubern und wieder zusammenzusetzen, brauchte ich weit länger als die Kameraden, die eine Automechanikerlehre hinter sich hatten. Und so hatte mich der Chef schon zweimal angeraunzt.

Besonders gern hielt dieser Oberleutnant sich allerdings am Schießstand auf. Er wollte sehen, ob seine Leute auch schießen konnten. Das wiederum konnte ich tatsächlich besser als andere. Und als ich wieder einmal einen Zwölfer, also volle Punktzahl, geschossen hatte, sagte er zu mir: »Schießen können Sie. Keiner kann alles!« Ja, so war es, keiner kann alles. Das habe ich mir bis heute gemerkt. Und mit dem Chef kam ich von da an zurecht.

Beim RAD gab es keine solchen Zeichen der Menschlichkeit. Dort herrschte eine lähmende Kälte. Wir fühlten uns nur als Objekte, an denen verschrobene Burschen ihr Mütchen kühlten. Ich frage mich oft, wie wohl die frühen Anfänge der Konzentrationslager ausgesehen haben mögen. Sicher, Vergleiche haben oft etwas Unsinniges an sich, und 1944 waren die Konzentrationslager etwas ganz anderes. Uns trachtete niemand nach dem Leben. Aber vielleicht habe ich damals einen Hauch der unfassbaren menschenfernen Kälte, auch der Demütigung, der gewollten Entwürdigung mitbekommen.

Nach den schlimmen Erfahrungen beim RAD stand mir die dritte und wichtigste Uniform bevor, das bereits erwähnte Feldgrau des Heeres. Ich trug diese Uniform noch elf Monate, ehe ich sie mitten in der Nacht auf einem niedersächsischen Bauernhof gegen schmutzige »Zivilkleider« eintauschen sollte, die man, weil sie mehr aus Löchern denn aus dem Stoff dazwischen bestanden, auch dem letzten Knecht nicht mehr zumuten konnte.

Am 13. Juni 1944, wieder in Karlsruhe, begann ich also meinen Dienst bei den Panzerjägern. Die Invasion der Alliierten in der Normandie war gerade seit einer Woche im Gange, und sie gelang offenbar. Nun gab es drei Fronten, die Ostfront, die Italienfront, wo der amerikanische Druck wuchs, und die neue, breite, bereits wankende Westfront. Was denkt da ein Siebzehnjähriger, wenn er zum dritten Mal schwören muss, als tapferer und treuer Soldat dem Führer unbedingten Gehorsam zu leisten und das eigene Leben für ihn einzusetzen? Wenn ich mich nicht nachträglich täusche, ging in meinem Kopf einiges durcheinander: Einsicht, Trotz, Wurstigkeit, geistige Fluchtversuche. Natürlich mied ich das Gerede vom unausweichlichen »Endsieg«. Aber ich konnte mir auch nicht vorstellen, wie ein so gewaltiger Militärapparat wie der, in dem ich ein winziges Rädchen war, zu besiegen wäre. Was ich mir auch nicht vorstellen konnte – oder wollte –, war ein Deutschland, auch ein schwäbisches Hall, besetzt von fremden Soldaten. Ich wusste sehr wohl, dass die andere Seite nur noch eine bedingungslose Kapitulation annehmen wollte. Aber vielleicht bekamen die Briten doch noch Angst vor Stalin und überredeten die Amerikaner zu einem Separatfrieden? Ganz praktisch gesehen wehrte ich mich wohl auch einfach gegen die Einsicht, dass, wozu ich nun ausgebildet wurde, von den militärischen Fakten längst eingeholt worden war und dass ich bloß, wie viele andere auch, sinnlos verheizt würde.

Niemand interessiert sich heute brennend für die dritte Rekrutenzeit eines damals Siebzehnjährigen. Aber vielleicht dafür, wie dieser junge Soldat den 20. Juli 1944, das Attentat auf Hitler, erlebt hat. An diesem Tag – wir waren inzwischen nach Böblingen verlegt worden – wurde plötzlich der Dienstplan geändert, wir erhielten scharfe Munition, durften auf unsere Buden gehen, uns sogar in voller Montur, das Koppel mit den Patronentaschen angeschnallt, auf die Betten legen. Ein Gerücht jagte das andere: Feindliche Fallschirmjäger seien im Rheinland oder gar bei Nürnberg abgesprungen. Kein Offizier sagte uns, warum wir im Alarmzustand waren. Und so, wie man uns in diesen Zustand versetzt hatte, entließ man uns am späten Abend wieder daraus, ohne jede Begründung. So weiß ich bis heute nicht, für oder gegen wen wir möglicherweise aufgeboten worden wären.

Zwei Monate später, Ende September, ging die Schnellbleiche zum Panzerabwehrschützen zu Ende. Nun sollte ich zum Offizierskurs, denn ich hatte mich ja in meiner Not als Offiziersbewerber gemeldet. Aber da tat ich etwas, was sogar meinen Kompaniechef wunderte: Ich überreichte ihm einen Antrag, sofort an die Front abgestellt zu werden. Und er genehmigte ihn.

Was nach kindischem Heroismus aussehen mag, hatte tatsächlich gut erwogene Gründe. Mein wachsender Überdruss an militärischem Schliff war dabei weniger ausschlaggebend. Wichtiger war: Ich wollte keinesfalls als Unteroffizier – als solcher kam man aus dem Offizierskurs – zum ersten Mal Pulver riechen. Ich wollte nicht als Grünling Befehle geben an erfahrene Soldaten, ich wollte, wenn es knallt, einfach tun, was die Alten taten. Dass ich mir durch meinen Antrag wahrscheinlich das Leben gerettet habe, konnte ich damals natürlich nicht wissen. Mein Offizierskurs kam zwar nicht mehr an die Front, aber die Front kam zu ihm. Und da mussten die angehenden Offiziere zeigen, dass sie Vorbild, Eliteeinheit waren. Zwei Drittel kamen um, mitten in Deutschland.

Im Oktober wurden wir, wie es damals hieß, abgestellt:

Die einen als Ersatz für die 78. Sturmdivision, die Division meines gefallenen Bruders, die nun in Ungarn kämpfte; die anderen – und dabei war auch ich – waren für die Westfront bestimmt.

14 Tage im Güterwagen brauchten wir, bis wir trotz Luftangriffen schließlich an der holländischen Front, an der Waal, ankamen. Große Heldentaten habe ich nicht zu vermelden, weder hier noch später im April in der Lüneburger Heide. Aber ich weiß jetzt, wie man sich unter Beschuss fühlt.

In meinem ganzen Leben habe ich genau 14 Tage lang geraucht. Es waren die zwei Wochen nach der Feuertaufe. Dann habe ich meine Zigarettenration wieder gegen Käse eingetauscht oder einfach verschenkt.

Wichtig und prägend für mich wurde, dass ich noch ein halbes Jahr unter alten Landsern verbrachte. Da waren Oberschlesier, die auf Polnisch fluchten – was ich mir zeitweise auch angewöhnte –, da waren Kumpel aus dem Ruhrpott, die ihr Platt sprachen, und südbadische Arbeiter und Handwerker, die miteinander fast so schön Alemannisch sprachen wie die elsässischen Flakhelfer. Die meisten hatten einige Jahre Russland hinter sich. Da werde man »stur«, sagten sie. Das bedeutete vor allem ein dickes Fell. Sie regten sich nicht mehr über Unteroffiziere auf, die sich wiederum durchaus über sie ärgerten. Aber dieses dicke Fell galt auch für das, was Recht oder Unrecht war. Die meisten hatten getan, was man im Osten üblicherweise getan hatte, schließlich auf beiden Seiten. Und wenn sie davon redeten, meist erst abends nach ein paar Flaschen Bier, dann scheinbar ungerührt und ohne Gewissensbisse. Russen wurden eben »umgelegt«, manchmal auch, obwohl sie sich ergeben hatten, weil man nicht wusste, wo man sie abliefern sollte. Die Altgedienten hatten Abwehrschlachten und Rückzüge hinter sich, und gerne persiflierten sie den prahlenden Hitler, der einmal gesagt hatte: »Wo der deutsche Soldat steht, kommt kein anderer hin«, mit dem Eingeständnis: »Wenn der deutsche Soldat einmal läuft, kommt keiner ihm nach.«

Wenn sie nach Hause kämen – und auch sie konnten sich ein Zuhause mit fremden Besatzungssoldaten nicht vorstellen –, wollten sie erst einmal die »Goldfasanen« zum Teufel jagen. Damit meinten sie die Parteioberen, deren Uniformen immer schöner wurden. Nicht mehr das blasse, schmutzige Braun der SA war Mode, sondern ein leuchtendes Braun, das sich dem Gold näherte. Was nach der Vertreibung der »Goldfasanen« geschehen sollte, wussten sie auch nicht. Vielleicht eine Militärdiktatur. Keiner war in der Lage, ein plausibles Bild von Nachkriegsdeutschland zu entwerfen. Und wer es vielleicht doch gekonnt hätte, schwieg.

Als die Briten die Waaldämme bombardiert hatten, soffen unsere Kanonen ab. Wir konnten uns retten und trafen uns in einer kleinen Stadt in der Nähe von Utrecht wieder. Dort schliefen wir auf dem Fußboden beschlagnahmter Zimmer und mussten jeden Morgen antreten. Wenn wir uns sammelten, ehe der Unteroffizier vom Dienst dem Spieß und der Spieß dann dem Oberleutnant meldete, trat ein Obergefreiter aus Villingen vor die Front und persiflierte Hitler: »Ich habe mich nunmehr entschlossen, die Schwangerschaft der deutschen Frau von neun auf sechs, wenn notwendig, auf drei Monate herabzusetzen!«

Obwohl er dies immer wieder tat, kam er nie vor ein Kriegsgericht. Niemand hat ihn verpfiffen. Die meisten lachten, auch die Unteroffiziere. Nicht das Kriminelle an Hitler haben die meisten Landser zuerst bemerkt und verurteilt, sondern sein gestörtes Verhältnis zur Wirklichkeit, seine Unterschätzung simpler Fakten, seinen Glauben an sich selbst und seine Sendung. Für dieses Wahnhafte hatte der ethisch wenig anspruchsvolle Realismus des Landsers ein feines Gespür.

Wahrscheinlich dachte ich ähnlich. Nichts ist schwieriger, vielleicht auch gefährlicher, als aus der Wirrnis in meinem Kopf nachträglich eine verstehbare Ordnung zu machen. Ja, manchmal klangen die hohen Töne vom »Endsieg« jenen verzweifelt ähnlich, welche die Schwangerschaftsverkürzung der deutschen Frau verkündigten. Und doch war da noch etwas übrig aus den Tagen der deutschen Siege: Kann man uns einfach in Gefangenenlager stecken? Wir sind doch auch noch da! Und die anderen haben Respekt vor uns! Wahrscheinlich habe ich immer aufgehört nachzudenken, wenn ich nicht mehr weiterkam. Und das bedeutete: abwarten, gehorchen, sich durchschlagen, hoffen. Aber schließlich bezog sich die Hoffnung nur noch darauf, den Krieg zu überleben.

Nachträglich weiß ich, dass ich dieses Überleben dem Scheitern der letzten großen deutschen Offensive zu verdanken habe, der Ardennenoffensive im Dezember 1944. Hätte sie Erfolg gehabt, so wäre meine Kompanie – wir hatten unsere Kanonen noch – unter jenen gewesen, die am zweiten Weihnachtsfeiertag 1944 von Norden über die Rheinarme in Richtung Antwerpen hätten vorstoßen sollen. Ich war sogar kurz vor Weihnachten noch zu einem Minenräumkurs abkommandiert worden: Wir sollten auch deutsche Minen wegräumen, die noch im Wege lagen. Am 25. Dezember kam ich zurück. Man sagte mir, am nächsten Tag, früh um fünf Uhr, gehe es los. Und obwohl ich mir lebhaft vorstellte, wie beängstigend leicht die deutschen Kähne und Schlauchboote auf der breiten Wasserfläche aus der Luft und vom Boden her zu versenken wären, schlief ich schließlich tief und fest ein und wachte erst um sieben Uhr auf: Der Angriff war im letzten Moment abgesagt worden. Die Ardennenoffensive war nicht weit genug gekommen.

Grimmelshausenwelt

Wenn eine alte Ordnung zerfällt, zumal wenn es eine so unerbittliche wie die der NS-Herrschaft ist, noch ehe eine neue Ordnung sich durchsetzen kann, geschieht unablässig in ständigem Wechsel Brutal-Schauriges und Grotesk-Komisches. Grimmelshausen hat im Dreißigjährigen Krieg eine solche Welt aus der Sicht eines staunenden Jungen meisterhaft geschildert. Wenn ich an die letzten Kriegsmonate 1945 zurückdenke, tauche ich immer wieder ein in diese Grimmelshausenwelt, die mir erst in der Lüneburger Heide begegnete und dann, vom 23. April bis zum 10. Mai auf dem Fußweg von dort nach dem schwäbischen Hall. Vor zwanzig Jahren habe ich ein paar Kostproben dieser Erinnerungen für meine Enkelin Lisa zu ihrer Konfirmation aufgeschrieben. Ich will hier nicht noch einmal von dem alten Hauptmann erzählen, der zwei Weltkriege in Schreibstuben verbracht hatte und nun vor Torschluss noch Heldentaten vollbringen wollte, oder wie es kam, dass ich aus Versehen einen verirrten und verwirrten Amerikaner gefangen nahm, was mir den gerechten Zorn meines Kompaniechefs einbrachte.

Eine Episode muss ich allerdings doch aufgreifen, weil es sich um eine Erfahrung handelt, die mich bis heute verfolgt. Alle meine Versuche, sie hier nur anzudeuten oder anders, knapper, vielleicht sogar angemessener zu schildern, sind gescheitert. Ich finde beim besten Willen keine anderen Worte. Daher muss es bei der Fassung bleiben, die inzwischen zwanzig Jahre alt ist:

Meine Kompanie, Panzerjäger des Heeres, hatte in Holland ihre Geschütze verloren und sollte auf dem Truppenübungsplatz Soltau-Munsterlager neu ausgerüstet werden. Man schrieb Februar 1945. Ich war gerade 18 Jahre alt.

Von der Ostfront, die längst mitten durch Deutschland ging, kamen immer neue Transporte mit Schwerverwundeten auf der Verladerampe Bergen-Belsen an. Kasernen wurden zu Notlazaretten. Fast täglich wurden Teile unserer Kompanie zum Ausladen kommandiert. Einmal kam die Reihe auch an mich. Wer einmal einen Zug von erbarmungslos zusammengeschossenen Menschenleibern entladen hat, könnte meinen, menschliches Elend lasse sich darüber hinaus nicht mehr steigern: In einem infernalischen Gestank von Eiter und Exkrementen verlöschende Menschen mit herabhängenden Kiefern, aufgerissenen, notdürftig verbundenen Bäuchen, viele dabei, ohne ein gutes Wort, ohne ein Gebet, ohne irgendeine menschliche Zuwendung zu verröcheln.

Aber es gab noch eine Steigerung. Da fuhr auf derselben Verladerampe ein Zug ein, es hieß, er komme aus Ungarn. Es war ein offener Güterzug, offen gegen Regen und Schnee. Die Menschen, in der Mehrzahl Frauen, Jüdinnen, wurden, übrigens ebenfalls meist von Frauen in SS-Uniform, mit der Reitpeitsche aus den Waggons getrieben. Wer sich noch bewegen konnte, musste sich in einem langen Zug im Laufschritt, wieder mit der Reitpeitsche angetrieben, nach dem KZ schleppen. Dies hatten wir wahrgenommen, während wir mit unseren wimmernden, stöhnenden Kameraden beschäftigt waren. Nun waren wir fertig und sollten – der Unteroffizier drängte – rasch zurück in die Kaserne.

Aber da geschah noch etwas: Die Wachmannschaften der SS, diesmal Männer, gingen in die Waggons und zerrten heraus, was da liegen geblieben war. Menschliche Körper wurden, immer von zwei Männern, an Händen und Füßen gepackt und auf einen Lastwagen geschleudert. Die meisten waren tot. Aber eben: nicht alle. Wir standen wie versteinert, bis ein älterer Obergefreiter etwas murmelte von Schweinerei. Die Antwort war ein winziges Sätzchen: »Willst du auch mit?«

Wir trollten uns. Wir hätten uns wohl auch verdrückt, wenn auch wir, wie die SS, Waffen bei uns gehabt hätten. Während wir auf unseren Wagen stiegen, hörten wir lautes Schimpfen und Fluchen: Einer der Lastwagen, auf denen Sterbende unter Toten erstickten, hatte einen Motorschaden. Und dieser technische Defekt führte zu einer ungeheuren Erregung bei denen, die vorher tote und sterbende Menschen wie Weizensäcke verladen hatten. Jetzt, als die Tötungsmaschinerie nicht funktionierte, wurden die Emotionen wach.

Von diesem Tage an musste mir niemand mehr sagen, wozu der NS-Staat fähig war. Und unter die wirren Gedanken über das mögliche Ende mischte sich die Furcht vor einer Rache der Opfer und ihrer überlebenden Freunde.

Am 23. April abends, in den Schützengräben des Truppenübungsplatzes, eröffnete uns der Kompaniechef, wir seien eingekesselt, daher werde am nächsten Tag kapituliert. Wer versuchen wolle, der Gefangenschaft zu entgehen, könne in der Nacht, auf die Gefahr hin, den Amerikanern in die Hände zu laufen, versuchen, auf Schusters Rappen nach Hause zu kommen. In einer Gruppe von vier Soldaten – ich war natürlich wieder der weitaus Jüngste – entschlossen wir uns zur Flucht. Aber schon in der Nacht, als amerikanische Posten Leuchtraketen aufsteigen ließen, verloren wir, ein Oberschlesier und ich, den Kontakt zu den anderen beiden, die ohnehin in Richtung Ruhr unterwegs waren. Und eine Woche danach, wir hatten längst unsere Uniformen gegen das erwähnte zerfetzte Zivil getauscht, konnten mein Kumpel und ich uns an einer Wegegabel partout nicht einigen, welcher Weg der richtige sei. Hartnäckig ging jeder für einige Hundert Meter den Weg, den er für besser hielt, bis ich klein beigeben wollte. Aber da war es schon zu spät. So wanderte ich die letzte Woche alleine.

Das ist wichtig, denn hier geht es mir nicht um die Abenteuer auf dem Weg nach Süden, sondern um das, was sich auf den endlosen Pfaden, nur vom Kompass geleitet, im Kopf des Achtzehnjährigen abspielte. Es ist mir auch nach siebzig Jahren noch gegenwärtig.

Da war zuerst das dankbare Staunen darüber, dass die Natur, der Frühling, die Wiesen und Wälder, sich überhaupt nicht darum kümmerten, dass in diesen Momenten, zusammen mit einem Regime, das die halbe Welt herausgefordert hatte, das Deutsche Reich zu Bruch ging. Sich nicht darum kümmerten, dass Millionen Landser sich durch die Wälder schlugen, die einen von Wien nach Bremen, die anderen von Magdeburg nach Konstanz. Dass Millionen Flüchtlinge, Frauen und Kinder aus Schlesien oder Böhmen nicht wussten, wo ihre Flucht wohl enden würde. Nein, die Fichtenäste hatten wieder ihre hellgrünen Spitzen, der Hahnenfuß seine gelben Blüten wie jedes Jahr, und die Bussarde kreisten, als ob es keine Jagdbomber gäbe. Das war erstaunlich, aber auch beruhigend. Vielleicht nahmen wir Menschen uns zu ernst. Was wir gemacht hatten, fiel in sich zusammen. Was wir nicht gemacht hatten, wovon wir aber lebten, schien gar nicht berührt.

Aber dann kam doch die Angst vor der Zukunft. Ja, ich würde es schaffen, nach Hause zu kommen. Die Mutter und die kleinen Schwestern würden sich freuen. Aber dann? Würden die Sieger den Deutschen noch einmal eine Chance geben? Was ich selbst gesehen hatte, waren starke Argumente dagegen. Gab es für die Sieger auch solche dafür? Ich konnte damals nicht wissen, nur ahnen, dass die Frage nach unserer Zukunft auch andernorts gestellt wurde. Auch in den in dieser Sache letztlich federführenden USA wurde genau dies diskutiert: Sollen die Deutschen noch eine Chance bekommen? Selbst in Regierungskreisen war diese Frage ja noch unbeantwortet, und das blieb sie ziemlich lange, nämlich bis zum September 1946.

Ich verstand, dass wir Deutschen es jetzt mit Fragen zu tun hatten, die sich nicht jeder Generation stellten: Kann ein Volk durch die Politik, die es zulässt und bis zuletzt mitträgt, seine Existenz verspielen? Und wenn ein dichtbesiedeltes Industrieland wieder zum Agrarland gemacht wird, müssen dann nicht große Teile der Bevölkerung zumindest verarmen oder sich zum Auswandern gezwungen sehen?

Damit wurde mir klar: Die Entscheidung darüber, ob wir Deutschen noch eine gedeihliche Zukunft vor uns hatten, fiel in der Politik – jetzt eher der amerikanischen, aber sie war auch vorher in der Politik gefallen, und zwar in der deutschen. Sonst wären wir nicht da angekommen, wo wir waren. Politik entschied über die Zukunft.

Nicht sicher bin ich, ob ein anderer Gedanke sich bei mir schon damals festsetzte oder erst später: Wenn falsche Politik so verheerende Folgen haben kann, kann gute Politik nicht auch gute Folgen haben? Wenn man durch nationalistischen – und dazu noch rassistischen – Wahn die nackte Existenz ganzer Völker gefährden kann, muss man dann nicht auch durch vernünftige, überlegte, dienende Politik das Leben der Menschen leichter, weniger mühsam machen können?

In dieser Zeit muss in mir die Vorstellung entstanden sein, dass, wenn Entscheidungen nun einmal in der Politik und nirgends sonst fallen, ich daran vielleicht auch mitwirken könnte. Und als ich 25 Jahre später die geistreichen Theorien mancher Soziologen hörte, wonach das »politische System« nur um sich selbst kreise und auf die anderen, ebenso autonomen Systeme nicht ernsthaft einwirken könne, da erinnerte ich mich an das Jahr 1945: Alles lag in Trümmern, die Fabriken, die Universitäten, die Brücken für die Eisenbahn und für den Autoverkehr, dazu fast alle Großstädte. Dass dies 1970 nicht mehr so war, hatte auch mit Politik, demokratischer Politik zu tun.

Ich will niemanden mit den Schwierigkeiten langweilen, mit denen sich damals alle Heimkehrer herumschlugen. Nur als Anmerkung: Noch im Sommer 1945 kam ein Brief aus Chile, in welchem ein Onkel uns wissen ließ: Wenn ihr gar keine Chancen mehr in Deutschland seht, kommt zu mir. Daraufhin fing ich an, Spanisch zu lernen – mit einer Zähigkeit, die mich selbst überraschte. Sogar in der Pappfabrik, in der ich für 52 Reichspfennige (damaliger Wert: ein halber Schweizer Rappen) die Stunde arbeitete, damit ich Lebensmittelkarten bekam, hatte ich an meinem Arbeitsplatz immer einen Zettel mit spanischen Vokabeln aufgehängt.

Als dann im September 1946, ausgerechnet in Stuttgart, der amerikanische Außenminister James F. Byrnes in seiner »Rede der Hoffnung« ohne Umschweife ankündigte, dass Deutschland seine Chance bekomme, konnte ich schon so viel Spanisch, dass ich 25 Jahre später als Minister einer Bundesrepublik Deutschland in Lima oder Bogotá meine Gastgeber mit spanischen Tischreden erfreuen konnte.

Demokratie lernen

Meine Generation, und das bewies die aufmüpfige HJ-Spielschar, war keineswegs unkritisch, aber sie war insofern harmlos, als sie im NS-System aufgewachsen war und ihre Kritik daher innerhalb der Fakten gefangen blieb, welche die Nazis geschaffen hatten. Sie kannte keine demokratische Alternative.

Als wir nach der Kapitulation die ganze Wahrheit über den Holocaust erfuhren, war ich nicht mehr überrascht, denn die unzähligen Vergasten fügten dem, was ich gesehen hatte, wenig hinzu, sie entsprachen der Mentalität derer, die da Tote und Erschöpfte wie Kartoffelsäcke auf den Lastwagen geworfen hatten.

Dass Hitler kaum vorstellbares Unheil angerichtet hatte, davon musste man mich nicht mehr überzeugen. Aber deshalb war ich noch lange kein Demokrat. »Demokratie lernen« stand jetzt auf dem täglichen Stundenplan. Was die Amerikaner jedoch als *reeducation* praktizierten, erinnerte mich eher an Schulungen unseligen Angedenkens. Da gab es wieder Leute, die wir nicht kannten und die uns die endgültige Wahrheit beibringen wollten. Wir brauchten Menschen, die durch ihr Leben überzeugten.

Nicht wenige meiner Generation, zumal jene, die später in der Politik mitmischten, verdanken ihre Einführung in die Demokratie trotzdem den Vereinigten Staaten. Nicht ihren Vorträgen und Filmen als »Umerzieher« vor Ort. Stark und nachhaltig haben die längeren Aufenthalte in den Vereinigten Staaten gewirkt. Tatsächlich hat ein beträchtlicher Teil meiner Generation Demokratie in den USA gelernt. Dabei war die Theorie zweitrangig. Ausschlaggebend war die demokratische Praxis, die wir dort erlebten, und die Menschen, für die diese Praxis Alltag war, übernommen von ihren Eltern und Großeltern. Tatsächlich begegneten wir auf unseren Reisen durch die »Staaten«, meist auf sechs Wochen angesetzt, beeindruckenden Frauen und Männern, die sachkundig und gern mit Humor die demokratische Diskussion führten, in den Gemeinden, den Einzelstaaten und im Gesamtstaat.

Fanatiker waren damals im Grunde nicht zu finden. Eine Tea Party hätte auch nur schwerlich in ein Amerika gepasst, das noch geprägt war von Roosevelts New Deal. Republikaner und Demokraten stritten sich und einigten sich auf ihre Kompromisse, und innerhalb der Parteien gab es Rivalen, die gegeneinander stichelten, aber auch genau wussten, welcher Ausdruck noch akzeptabel war und wo die Gürtellinie überschritten wurde. Manchmal konnte man sogar Szenen erleben, die in Deutschland kaum denkbar gewesen wären. Mir widerfuhr eine solche allerdings erst 1962, als ich, schon als Abgeordneter des Bundestags, an Henry Kissingers Summer School, dem Harvard International Seminar, teilnehmen konnte.

Das Seminar durfte den Wahlkampf um einen Senatssitz in Massachusetts beobachten zwischen dem Bruder John F. Kennedys, Ted Kennedy, und George Cabot-Lodge, also zwischen zwei der großen politischen Familien in den USA. In einem Dorf sprach der damals noch junge Ted Kennedy von einem Brettergerüst herunter zu zwei oder drei Dutzend älteren Zuhörern, wohl Bauern und Arbeiter oder Rentner. Als er fertig war, meldete sich ein stämmiger älterer Herr zu

Wort: »Ted«, sprach er den Kandidaten an, »es heißt immer, du hättest zeit deines Lebens noch nie wirklich gearbeitet. Sollte das stimmen, dann kann ich nur sagen (kurze Pause): You did not miss anything! – Versäumt hast du nichts!« Diese Art umwerfenden Humors hat die deutsche Politik wahrscheinlich nicht zu bieten. Kein Wunder also, dass nicht wenige von denen, die den Krieg überlebt hatten, Demokratie in den USA gelernt haben. Für uns schuf das auch eine emotionale Bindung, oft entstanden persönliche Freundschaften.

Kissinger, der damals schon einen Namen als Sicherheitsexperte hatte, war noch nicht an die Republikaner gebunden und pflegte gute Kontakte ins Weiße Haus. Den etwa dreißig Teilnehmern am Seminar konnte er daher auch einen Besuch bei John F. Kennedy bieten. Der Präsident hielt uns eine kleine Ansprache, deren Thema mich überraschte: Die Hilflosigkeit eines amerikanischen Präsidenten, der mit einer Verfassung aus dem 18. Jahrhundert regieren musste. Wer aus Kannada, England oder Deutschland komme, so Kennedy, sei es gewohnt, dass der Regierungschef auch über eine gesetzgebende Mehrheit verfüge. Das sei in den USA anders. Auch er habe diese Mehrheit im Kongress nicht und könne daher nur sehr wenig von dem durchsetzen, was er für nötig halte. Da hatten wir also die Gelegenheit, den mächtigsten Mann der Erde zu treffen – und er beschrieb uns seine Ohnmacht. Dabei waren die Republikaner von 1962 wesentlich weniger streitsüchtig und ideologisiert als die von 2015. Wie muss sich erst Barack Obama fühlen? Ich habe Kennedy bewundert und lange betrauert.

Später, in den frühen siebziger Jahren als Minister, lernte ich den Weltbankpräsidenten Robert McNamara kennen und schätzen. Für die radikale Linke in Europa war er als US-Verteidigungsminister der Schlächter von Vietnam. Ich hingegen lernte einen liebenswürdigen, bescheidenen und klugen Politiker kennen, mit dem ich sogar zusammenspielte, um mich gegen den Wirtschaftsminister Karl Schiller, von dem noch die Rede sein wird, durchzusetzen. Mir gegenüber konnte der blitzgescheite und keinesfalls gefühlslose Robert sogar andeuten, dass er einiges gutzumachen habe für das, was sein Land, aber auch er persönlich in Vietnam angerichtet hatten. McNamara war gerade nicht, was man gewöhnlich von einem amerikanischen Politiker erwartet: sendungsbewusst, ohne Selbstkritik. Keinem anderen amerikanischen Politiker habe ich mich menschlich so nah gefühlt.

Ich bin immer gerne nach Amerika geflogen. Da gab es stets Neues zu lernen, interessante Menschen, Gastfreundschaft. Aber ich bin auch immer gerne zurückgeflogen nach Europa, nach Deutschland, nach Schwaben. Da gehörte ich hin. Da war ich zu Hause. Mein Englisch nahm nie die geringste Andeutung eines amerikanischen Akzents an.

Ich bestreite nicht, dass es so etwas wie den »Westen« gibt. Aber ich empfinde keine Wertegemeinschaft mit der Tea Party oder auch den amerikanischen Neokonservativen. Die USA konnte ich manchmal bewundern, aber dort leben wollte ich nie. Schon während des Kalten Krieges war mir klar, dass es europäische Interessen gibt, die denen der USA widersprechen – ganz einfach, weil die Welt, von Washington aus betrachtet, anders aussieht als von Berlin oder Stuttgart. Daher bestand ich von Anfang an darauf, dass die USA im Ukrainekonflikt von ganz anderen Interessen geleitet werden als Deutschland oder Frankreich.

Das hängt wohl auch damit zusammen, dass ich nicht in Amerika Demokratie gelernt habe, sondern da, wo wohl ihre europäische Wiege steht: in der Schweiz. Und dies nicht erst nach 1949, der Gründung der Bundesrepublik Deutschland, sondern schon in den Jahren 1947 bis 1949 in der Hauptstadt Bern. Allerdings mit einem Vorspiel in meiner Heimatstadt Hall.

Dieses Vorspiel begann im Herbst 1945, als die drei Viertel meiner Schulklasse, die noch übrig waren, wieder auf der Schulbank saßen, weil das Abitur, das man uns nachgeworfen hatte, nichts mehr wert war. Von den acht Monaten, in denen wir uns auf ein wirkliches Abitur vorbereiten sollten, sind mir nur noch die Latein- und Deutschstunden in Erinnerung. Der Lehrer war der später berühmte Gerhard Storz, damals 47 Jahre alt. Er war eigentlich ein Mann des Theaters und daher der einzige unserer Lehrer, der korrektes Bühnendeutsch sprach. Nach seinen Examina als Altphilologe war er 1923 zum Theater gegangen, erst als Schauspieler, dann als Regisseur. Für die Nazis hatte er eine tiefe Verachtung, und als ihm 1935 der Boden beim Mannheimer Nationaltheater schließlich zu heiß wurde, fragte er im Stuttgarter Kultusministerium nach, ob eine Stelle in seinem erlernten Beruf frei sei. Für die höheren Schulen war in Stuttgart immer noch Dr. Theodor Bracher zuständig, der Vater jenes Historikers Karl-Dietrich Bracher, dem wir ein Standardwerk über die Weimarer Republik verdanken. Die Nazis hatten das linksliberale DDP-Mitglied mehr oder weniger in Ruhe gelassen und ihm nur einen Aufpasser zugeteilt. Bracher verstand sehr rasch, was Storz zu ihm gebracht hatte, und schickte ihn nach Schwäbisch Hall, das damals den Ruf hatte, man könne dort als Nicht-Nazi etwas besser überleben als anderswo. Seit der gemeinsamen Studentenzeit war Bracher mit meinem Vater befreundet, und so erfuhr der Haller Direktor aus erster Hand, was bei diesem Gerhard Storz zu beachten sei.

Das Verhältnis meines Vaters zu Storz hat uns Kinder immer wieder belustigt. Storz, der Mann von Welt, großzügig bis zur Schlamperei, sein Chef, der 700 Schüler im Zaum halten musste, ordnungsliebend bis zur Pedanterie. Wenn Storz ein Gedicht vortrug, erübrigte sich eine Interpretation. Wenn mein Vater Mathematik lehrte, dann mit einer wohldurchdachten, erfolgreichen Didaktik. Storz konnte immer wieder eine Deutschstunde vergessen, und doch blieb von einer einzigen seiner Stunden mehr hängen als bei anderen Lehrern von fünf. Nur wenn der Hausmeister von einer lärmenden Klasse die Auskunft bekam, sie warte auf Storz, und der empörte Hausmeister dies dem Chef meldete, dann konnte mein Vater sich eine ernste Mahnung nicht verkneifen.

Und doch stellten interne Sachkundige bald fest, dass Storz erstaunlich häufig in den Klassen tätig war, in denen eines der Kinder des Direktors saß. Ein Jahr bevor mein Vater starb, 1940, übernahm Storz, der sonst nur in der Oberstufe tätig war, den Deutschunterricht bei den Dreizehnjährigen, in meiner Klasse. Und als die deutsche Infanterie in Paris paradierte und der nationale Stolz kaum Grenzen kannte, was las Storz mit uns? Gottfried Keller, *Spiegel das Kätzchen*. Und uns machte es sogar Spaß.

Am Mittagstisch, wo Politisches rasch am Desinteresse meines Vaters scheiterte, war oft von »Sto« die Rede – so seine Abkürzung im Klassenbuch –, meist Rühmendes, Originelles. Was die vier älteren Kinder erzählten, fand in der Tendenz, wohl geglättet, Eingang in die Berichte an das Stuttgarter Ministerium.

Was die Politik angeht, so hat Storz in seinen Erinnerungen berichtet, habe ihm sein Direktor bei der ersten Begegnung geraten, im Lehrerzimmer vorsichtig zu sein. Das war er dann offenbar auch, vorsichtiger als im Klassenzimmer, wo er immer wieder auf seine Weise deutlich machte, was er von der nazistischen Obrigkeit hielt. Etwa, wenn er hereinkam und sehr lange brauchte, bis er den vorgeschriebenen Hitlergruß schließlich mit einer undefinierbaren Handbewegung andeutete und dazu mit seiner tiefen, aber warmen Stimme »Guten Morgen« sagte. Nie hat ihn jemand verpfiffen, obwohl alle seine Schüler in der HJ waren.

Dieser Gerhard Storz, später Präsident der Deutschen Akademie für Sprache und Dichtung und Kultusminister von Baden-Württemberg, konnte nun, fünf Jahre später, den Davongekommenen sagen, was er ihnen gerne früher gesagt hätte. Und ihm glaubten wir, wenn er sagte, in der Diktatur seien die Menschen für den Staat da. Das hatten wir ja erfahren. Dass in der Demokratie hingegen der Staat für die Menschen da war, das glaubte ich ihm, auch wenn eine Militärregierung offenkundig nicht dazu geeignet war, dies zu beweisen. Storz hat in Hall im März 1946 den Kreis- und Ortsverband der CDU gegründet, und ich überlegte mir ernsthaft, ob ich ihm helfen sollte. Dass ich es schließlich nicht tat, hat mir wohl manchen Ärger erspart. Und ihm auch. Wenn ich nach meinem Ausscheiden aus der aktiven Politik ein Buch über die Sprache der Politik verfasste mit dem etwas eigentümlichen Titel *Kavalleriepferde beim Hornsignal*, so war dies eine späte Nachwirkung des Deutschunterrichts von Gerhard Storz. Er hatte uns, die Kriegsheimkehrer, wissen lassen, dass er an jenem sprachkritischen *Wörterbuch des Unmenschen* arbeitete, das er gemeinsam mit dem Politologen Dolf Sternberger und dem Autor Wilhelm Emanuel Süskind herausbrachte. Viele Beiträge in diesem Buch, nicht alle, haben mich fasziniert. Natürlich las ich später auch, welche

Kritik Sprachwissenschaftler dagegen vorzubringen hatten. So war mein Ansatz, ein halbes Jahrhundert später, ein etwas anderer: Mich interessierte weniger das Unmenschliche in der Sprache der Politik als vielmehr das Inhaltslose, Nichtige, die aufwendigen, abstrakten Floskeln, mit denen nichts ausgesagt wird.

In Bern hatte sich während des Krieges ein Kreis hochkarätiger Intellektueller gebildet, der über den Widerstand im Falle eines deutschen Einmarsches nachdachte. Als sich dies erübrigt hatte, wollte dieser Kreis etwas für die deutsche Demokratie tun und lud ein Dutzend deutscher Studenten, Anwärter auf ein Lehramt, für zwei Semester nach Bern ein. Dass ich einer von ihnen war, geschah wohl nicht ganz ohne das Wirken von Gerhard Storz, der, möglicherweise schon ziemlich lange, mit einigen der Berner befreundet war.

So kam ich im Herbst 1947 in die Hauptstadt der Eidgenossen, nach zwei Semestern in Frankfurt, in denen ich so gehungert und im Wintersemester so gefroren hatte, dass ich mich an wissenschaftliche Erkenntnisse aus dieser Zeit kaum erinnern kann. Im unzerstörten historischen Bern, wo ich in meinen klobigen Kommissstiefeln ankam und von meinen Gönnern ein Paar wunderbare Halbschuhe verpasst bekam, fühlte ich mich dem Paradies ziemlich nahe. In den historischen Arkaden, den »Lauben«, lag aus, was ich seit vielen Jahren nicht mehr gesehen hatte: Datteln, Feigen, alle Arten von Nüssen, Mandarinen und jede nur denkbare Köstlichkeit der Schweizer Confiserie. Wir Stipendiaten hatten ein Lokal, das »Bärenstübli«, wo wir essen konnten. Bald bestellte ich dort ein »Ankenrösti«, als ob ich immer schon gewusst hätte, dass Butter in Bern »Anken« ist. Erst als mein Körper durch eine Gelbsucht signalisierte, auf wie karge Kost er geeicht war, wurde mir ganz klar, dass ich bloß auf einer heilen Insel im ansonsten zerstörten Europa angekommen war.

Natürlich gab es in den Nachkriegsjahren nicht wenige Schweizer, die den Deutschen, die damals dort leben durften, rasch zu erkennen gaben, was sie von den »Chaibe-Schwoba« hielten, die ihnen so lange Angst gemacht hatten. Aber bald wurden wir von unseren Gastgebern beruhigt: Das seien die Leute, die, als es darauf ankam, zu viel Verständnis für die Nazis gehabt hätten. Die müssten nun etwas nachholen.

In Bern habe ich einen Typus von Intellektuellen kennengelernt, der in Deutschland eher selten war: den politisch hellwachen, kompetenten, engagierten Intellektuellen. Die Familien der Professoren oder Gymnasialrektoren, in die wir nun regelmäßig eingeladen wurden, unterschieden sich kaum von deutschen Professorenfamilien, was Aufwand und Lebensstil angeht. Aber da wurde kenntnisreich über Politik gesprochen, über das, was in der Stadt Bern zu entscheiden war, im großen Kanton Bern, der damals noch überwiegend agrarisch geprägt war, über die einzelnen Bundesräte, also die Schweizer Regierung. Hanna Näf, die Frau des Historikers Werner Näf, kämpfte – damals noch ziemlich hoffnungslos – für das Frauenstimmrecht. Ihr Mann unterstützte ihre Position, hatte aber andere Sorgen. Der herausragende Schweizer Historiker Hans von Greyerz, von einer Kinderlähmung gezeichnet, konnte mir alles erklären, was in der Eidgenossenschaft ablief, er war ein durch und durch politischer Mensch. Seinen Beruf des »Schweizerhistorikers« schilderte er so: Zuerst verenge er das Blickfeld, dann verderbe er den Charakter. Das Erste habe er inzwischen hinter sich, im Zweiten mache er Fortschritte. Er war ein besonders kluger, bescheidener, humorvoller Mensch.

Was mir in diesen Kreisen kaum begegnete, war elitäre Arroganz. Über den berühmten Bundesrat für das Militärdepartement (zu Deutsch: Verteidigungsminister) Rudi Minger, der direkt von seinem Bauernhof in die Regierung gekommen war, kursierten in der Schweiz unzählige Witze, die seinen Mangel an Bildung zum Thema hatten. Meine Gesprächspartner fanden, dies sei ein tüchtiger Mann, der das Wichtige vom Unwichtigen zu unterscheiden wisse und, wo es nötig sei, auch entscheiden könne.

Besonders wichtig wurde für mich der altkatholische Kirchenhistoriker Arnold Gilg, dessen Frau mich, als das Stipendium abgelaufen war, für ein weiteres Semester in ihre Familie einlud. Gilgs Veranstaltungen fanden immer in den dafür völlig ausreichenden kleinen Hörsälen statt, nicht weil er langweilig gewesen wäre, sondern weil es eben in der Schweiz nur wenige Altkatholiken gab. Jeden Samstag von zehn bis zwölf hielt er Vorlesungen für »Hörer aller Fakultäten« über Pascal, Augustin, Søren Kierkegaard, Friedrich Schleiermacher. Dabei hörte er sich so druckreif an, als lese er alles vom Blatt ab. Tatsächlich hatte er nie ein Fetzchen Papier bei sich! Stattdessen war er in der Regel frühmorgens, gegen fünf Uhr, aufgestanden und hatte noch einmal einiges nachgelesen, um nach dem Frühstück am Bärengraben und Zytglockenturm vorbei, quer durch die Berner Altstadt, zur Universität zu gehen und dort seinen druckreifen Vortrag zu halten.

Wenn er am Sonntag, nach dem Mittagessen, seine Zigarre anzündete und seine Frau schwarzen Kaffee brachte und sich zu uns setzte, dann konnte ich lernen, was ein kluger, gebildeter Demokrat ist. Wenn er erzählte, wie der Katholik Theodor Häcker sich mit Thomas Mann angelegt hatte, dann blieb der Angegriffene, bei all seiner Eitelkeit, immer noch der große

Literat. Wenn er von seinem Freund und damals bedeutendsten evangelischen Theologen, dem Baseler Systematiker Karl Barth – damals Ordinarius in Basel – berichtete, dann blieb da neben der Bewunderung immer auch ein augenzwinkernder Hauch von Kritik. Nein, die Einteilung der Menschen in Gut und Böse war weder eine theologische Notwendigkeit noch eine demokratische Tugend. Menschen hatten eben verschiedene Gaben, Neigungen, Interessen, Biographien. Auch Arnold Gilg. Er wusste immer, dass andere anders werteten, vielleicht nicht mit derselben Trennschärfe, aber mit demselben Recht.

Ein ganz und gar europäisches Haus war das des Münsterorganisten Kurt Wolfgang Senn und seiner Frau Gertrud. Dort traf ich oft Gäste an, meist Musiker aus Italien, Frankreich, Holland, Dänemark, England, der Tschechoslowakei oder Ungarn. Sie saßen, wie ich, am großen Mittagstisch, unterhielten sich mit der Hausfrau auf Deutsch oder Italienisch, mit dem Hausherrn gern auf Französisch, wobei die Osteuropäer meist Deutsch sprachen. Nicht immer ging es um Musik, wenn die Gäste erzählten, und so erfuhr ich, der ich aus der deutschen Nachkriegsmisere kam und glücklich war, wenn ich irgendwo für zwei Franken die Stunde einen Garten umgraben durfte, um etwas Margarine oder Zucker nach Hause zu schicken, dass man auch in den Ländern, die deutsche Besatzer gehabt hatten, noch sehr bescheiden lebte. Als die Gastgeberin herausbekam, dass ich gelernt hatte, mit jüngeren Geschwistern umzugehen, wurde ich auch zum Kinderhüten eingesetzt, und so entstanden Beziehungen, die bis heute bestehen. Jeder und jede bekam einen Vorschuss an Vertrauen, und ich habe nie erlebt, dass es enttäuscht wurde. Würden Europäer einmal so zusammenleben können?

Natürlich beobachtete ich auch politische Kontroversen. Nicht alles entsprach dem demokratischen Lehrbuch, auch Eidgenossen wussten ihre Interessen zu verteidigen und verwechselten sie gelegentlich mit dem Gemeinwohl. Aber es gab doch eine Grenze, nicht da, wo ein Arnold Gilg oder Hans von Greyertz sie gezogen hätte, aber es gab sie, anders als in Frankfurt, wo die Wut über einen Politiker (den für Wirtschaft Zuständigen) bereits wieder in den Schrei mündete: »Schlange-Schöningen an den Galgen!«

Ende 1948 begann in der Schweiz eine Kontroverse, die im Grunde ein europäisches Thema hatte: Wie soll sich die Kirche – gemeint war die protestantische – im aufkommenden Ost-West-Konflikt verhalten? Für Katholiken hatte Pius XII. entschieden: Wir stehen auf der Seite des »christlichen Abendlandes« gegen den atheistischen Bolschewismus. Für Karl Barth war dies nicht so klar. Er hatte nach dem Ersten Weltkrieg mit seinem Kommentar zum Römerbrief eine theologische Revolution eingeleitet. Wo später in der evangelischen Kirche Widerstand gegen die NS-Ideologie geleistet wurde, waren meist »Barthianer« am Werk. Kein Wunder, fand ich, als mir, zwanzigjährig, in Bern der überarbeitete Römerbriefkommentar in die Hand fiel.

So war ich einer von denen, die am 6. Februar 1949 im überfüllten Berner Münster jenen berühmten Vortrag hörten, der in ganz Europa, vor allem aber in Deutschland, zu einer leidenschaftlichen Kontroverse führte. Damit jeder sofort wusste, was Barth anders sah, hieß schon das Thema des Berner Vortrags: »Die Kirche *zwischen* Ost und West.« Wirklich zwischen? Für die katholische Position, in Deutschland auch die der CDU, auch der Protestanten in dieser CDU, gab es kein »zwischen«. Da gab es nur ein klares Ja zum Westen, einschließlich der USA, und ein ebenso klares Nein zum Sowjetimperium. Was aber sollte dieses »Zwischen« bedeuten? Mich überzeugte Barth an diesem Abend nicht. Aber auch mir ging der Antikommunismus mancher Eidgenossen auf die Nerven, die militärische Neutralität kompensieren wollten mit deutlich mehr als hundert Prozent ideologischer Parteinahme.

Ein Ort, an dem ich ganz praktisch Demokratie lernen konnte, ja musste, war die evangelische Studentengemeinde. Das war ein munteres Häuflein, in dem gesungen, musiziert, gefeiert und diskutiert wurde. Auch die Meinung des deutschen Gastes war manchmal gefragt. Zu Beginn kam sie wohl etwas schroff daher, erst langsam lernte ich von den anderen, auf den Vorredner einzugehen, auszuloten, ob ich ihn verstanden hatte, und dann zu sagen, wo ich ihm folgen konnte und wo nicht. Was ich in der Studentengemeinde lernte, kam mir zugute, wenn einer der Professoren oder auch die Rektoren Moser und Müri zu einem Gesprächsabend einluden. So haben mich die anderthalb Jahre Schweiz auch in dieser Form geprägt.

Was aber bedeutet diese Schweizer Prägung für die immerhin 65 Jahre, die seither vergangen sind? Natürlich habe ich ohnehin nie in den Chor derer eingestimmt, die meist nördlich des Mains zu Hause sind und die Eidgenossen von oben herab als kleingeistige, geldgierige Provinzler verspotten. Aber für mich wurde insbesondere das Gefühl europäischer Zusammengehörigkeit wichtig, das ich von Bern mitbrachte. Heute weiß ich, dass auch mein Verhältnis zu Amerika damit zu tun hat. Nicht, dass ich in der Schweiz Antiamerikanismus hätte lernen können. Den gab es damals dort nicht, und heute wohl auch nicht. Aber die Vereinigten Staaten waren für mich nie das demokratische Vorbild. Das war für mich die Schweiz, allenfalls noch England.

Politisch hatte das natürlich Konsequenzen: Ich stellte nüchtern fest, wo die amerikanische Politik dem Frieden diente und wo nicht. Fassungslos beobachtete ich, wie der jüngere Bush allen Ernstes glaubte, man könne in einem Land wie dem Irak den Diktator entmachten und aufhängen, Armee und Polizei auflösen und dann auf der so geschaffenen *Tabula rasa* eine weithin leuchtende Musterdemokratie erbauen. Das amerikanische Sendungsbewusstsein beobachtete ich immer mit verwundertem Kopfschütteln. Dass ein solches Sendungsbewusstsein, wo auch immer es wirksam wird, eher gefährlich ist, habe ich wohl in einem kleinen Land gelernt, das über die Jahrhunderte seine Art zu leben verteidigt hat, aber nie in Versuchung kam, anderen, größeren Ländern Vorschriften zu machen: Die Schweizer wussten zwar auch sehr genau, was für sie gut war, was sie erreichen wollten und was nicht, sie konnten zuweilen sogar Ratschläge geben, aber kopiert werden wollten sie nicht, dazu waren sie zu bescheiden und zu selbstkritisch. Und was mein eigenes Land anging: Dass am deutschen Wesen die Welt genesen würde, hatte ich nicht einmal in der HJ oder als Soldat geglaubt.

Die meisten Menschen, mit denen ich in Bern zusammenkam, waren Christen, entweder solche der liberalen Art, die in der protestantischen Schweiz eine lange Tradition hatte, oder solche, die ihren Mitbürger Karl Barth als Erneuerer der evangelischen Kirchen respektierten oder gar feierten. So hatte etwa das Berner Münster drei Prediger, von denen zwei auch in Deutschland bekannt waren, Walter Lüthi und Albert Schädelin. Beide waren Barthianer. Der dritte, dessen Namen ich vergessen habe, gehörte zur liberalen Fraktion innerhalb der bernischen Kirche. Man kann nicht sagen, die drei hätten gegeneinander gepredigt, aber der aufmerksame Zuhörer konnte sehr wohl bemerken, wenn die beiden Barthianer mit ein paar Sätzen ihren liberalen Kollegen belehrten oder wenn dieser Fragen stellte, die der dialektischen Theologie der Barthianer galten.

Prägender für mich wurde, was ich an christlicher Praxis erlebte. Ich begegnete hier keinem engen, pietistischen Christentum – davon hatte ich schon in Schwaben genug mitbekommen –, sondern einem fröhlichen, einladenden, neugierigen, dem Nächsten zugewandten Glauben, ganz gleich ob dieser Nächste Katholik oder Agnostiker war.

Ich habe in Bern viel Kierkegaard gelesen, auch Karl Barth. Am wichtigsten allerdings war das Neue Testament, von dem ich meinte, ich kenne es schon. Ich weiß, dass es bisher immer misslungen ist, aus den vier Evangelien so etwas wie eine Biographie des Jesus von Nazareth abzuleiten. Die Evangelisten waren Prediger, keine wissenschaftlich geschulten Biographen. Und doch trat aus diesen vier großen Predigten ein Mensch hervor, der mich faszinierte. Zuerst staunte ich über die Geschichte von der Ehebrecherin, die gesteinigt werden soll. In ihr ist sogar die Körpersprache Jesu geschildert, und sie kulminiert in dem berühmten Satz: »Wer von euch ohne Sünde ist, werfe den ersten Stein!« Ich fragte die Theologen, warum diese Geschichte ausgerechnet im Johannesevangelium stehe, wo sie gar nicht hinpasse. Die Antwort: weil man lange gestritten hat, ob sie überhaupt in die kanonischen Schriften aufgenommen werden könne.

Offenbar war in dieser Botschaft vieles, was die Verwalter der Religion erschreckte. Dann die Geschichte vom verlorenen Sohn. Sie könnte sich heute noch auf einem Bauernhof im Allgäu abspielen. Und sie will von Gott reden, vom väterlichen Gott, der sich freuen kann, wenn er vergeben darf.

Kurz: Ich fand im Neuen Testament einen jüdischen Wanderprediger, der einen väterlichen Gott predigte. (Ein mütterlicher konnte es noch nicht sein, das entsprach nicht der damaligen Vorstellung von der Autorität der Frauen.) Und dieser Wanderprediger, so spürte ich, ohne es beweisen zu können, hatte schon sehr früh begriffen, dass er diese befreiende Botschaft mit dem Leben bezahlen musste. Er hat sie trotzdem ausgerichtet. Und er hat auf seine Anhängerinnen und Anhänger einen solchen Eindruck gemacht, dass sie sich auch nach seinem Tod noch mit ihm beschäftigen. Hätte sie, die nach der Kreuzigung verängstigte und versprengte Gefolgschaft, nicht Gemeinden gebildet, aus denen dann eine Weltkirche entstand, wüssten wir heute nichts mehr von ihm. Aber es ist gut, dass wir von ihm wissen.

Solange es Menschen gibt, die sich an ihn erinnern, werden sie über die Deutung seiner Person streiten. Wie die Kirche ihn gedeutet hat, steht im apostolischen Glaubensbekenntnis in der Sprache und den Bildern des dritten Jahrhunderts. Wie diese Bilder in die ganz und gar andere Welt, in der wir heute leben, zu übersetzen sind, bleibt strittig. Daher werden sie meist gar nicht übersetzt.

So gehörte ich damals als junger Mensch in Bern wie heute als alter Mann zu den Christen, die das Glaubensbekenntnis mit Unterbrechungen sprechen. Trotzdem bin ich froh darüber, dass die Europäer in diesem Jesus von Nazareth etwas Göttliches gesehen haben. Es hat ihnen gutgetan, auch wenn sie dem, was sie lehrten, selten gewachsen waren. Und es wird ihnen guttun, auch und gerade wenn diese Stimme im Tumult der Marktschreier kaum mehr zu hören ist.

MEIN WEG ZUM POLITIKER

Angekommen in der Bundesrepublik

Über Jahrhunderte gab es in Württemberg nur eine Universität: die Eberhard Karls Universität in Tübingen. Sie war das geistige Zentrum des Landes. Noch bis ins 20. Jahrhundert dominierten die philosophische und die theologische Fakultät, die natürlich evangelisch war wie die Landeskirche. Erst als Napoleons Diplomaten das Ländle fast doppelt so groß und sogar zum Königreich gemacht hatten, war jeder dritte Einwohner ein Katholik. Also gab es in Tübingen auch eine katholische Fakultät.

Tübingen blieb eine Kleinstadt, in der Professoren und Weingärtner – die man »Gôgen« nannte – streng getrennt voneinander lebten, die Gôgen in der Unterstadt, zu der man tatsächlich hinuntergehen musste, die Professoren an jenem Südhang des Neckartals, an dem auch der Wein gedieh, über dessen Qualität man sich mit den Reutlingern – auch seit Jahrhunderten – stritt. Bis heute sind in Tübingen die Verbindungshäuser zu bewundern, die meist zwischen 1871 und 1914 der Bedeutung ihrer – schlagenden oder nicht-schlagenden – Verbindungen gerecht werden wollten. Dort wurden dann die berühmten »Gôgenwitze« erzählt, die bis heute zur Tübinger Lokalkultur gehören.

Wer in Württemberg in den Schuldienst wollte, tat gut daran, sein Studium in Tübingen abzuschließen. Das galt auch 1949, als die kleine Universitätsstadt zudem die Ehre hatte, als Hauptstadt jenes französisch besetzten Bundeslandes »Südwürttemberg-Hohenzollern« zu firmieren, das Carlo Schmid, in dessen Haus in der Goethestraße ich häufig zu Gast war, sein »Zaunkönigreich« nannte. Die Professoren der Germanistik oder Anglistik waren 1949 zum guten Teil noch dieselben wie vor 1945. Und ihre Vorlesungen über den Minnesang oder die deutsche Romantik waren auch noch dieselben: nicht anstößig, solide, aber auch nicht mitreißend. Dass zwischen 1933 und 1949 einiges geschehen war, ließ sich allenfalls aus den Vorlesungen des Politologen Theodor Eschenburg oder manchmal aus denen des Philosophen und Pädagogen Eduard Spranger entnehmen. Der Einzige, der jedoch wirklich darauf einging, war ein Gastprofessor italienischer Herkunft, Romano Guardini, ein katholischer Theologe.

Hier ist nicht der Ort, über ein Studentenleben zu berichten, in welchem entlassene Soldaten und Offiziere dominierten, auch nicht über die Vorbereitung auf die Examina oder die Dissertation im Fach Anglistik, deren Originalität zugleich ihre Stärke und ihre Schwäche war. Wichtiger ist mein Einstand in die neu entstehende Bundesrepublik, die 1949 geboren wurde. Und wichtig ist das, was mich dann so gründlich vom Studium abgelenkt hat, dass ich heute nicht mehr so richtig weiß, wie ich trotzdem durch die Examina kam.

Im Herbst 1949 begann der neue Bundespräsident Theodor Heuss seine Besuche in den Hauptstädten der Bundesländer. Wahrscheinlich hat er mit Tübingen begonnen, denn das war für ihn ein Heimspiel. Ich gehörte zu den nicht ganz wenigen Studenten, die ihn kennenlernen wollten. Mir hatte schon während des Krieges meine Ulmer Großmutter von den Heussens erzählt, die der Großvater im Kreis der Naumannfreunde kennengelernt hatte. Allerdings hatte die Großmutter vor allem von Elisabeth »Elly« Heuss-Knapp geschwärmt, einer sehr frühen Feministin, die sie für bedeutender als ihren Gatten hielt. 1949 war in Deutschland eine Bundespräsidentin noch nicht denkbar. Man hatte sich mit dem Ehemann begnügt. Wer war dieser Heuss, dem die Deutschen nördlich des Mains sein Pfarrhausschwäbisch lächelnd oder spottend durchgehen ließen, der also aus einem ähnlichen Stall kam wie ich?

Wahrscheinlich hat er an diesem warmen Herbsttag irgendwo eine lange Rede gehalten, zu der nur die Honoratioren eingeladen waren. Ich sah ihn erst, als wir Studenten am Nachmittag versuchten, ihn, der im Rathaus vom Oberbürgermeister gebührend empfangen wurde, immer wieder herauszulocken auf die kleine Empore, von der aus die Stadtväter sich an Festtagen an ihre Bürgerinnen und Bürger wandten. Unsere Sprechchöre blieben nicht ungehört. Er kam schließlich heraus, sagte uns ein paar freundliche Worte – und verschwand wieder. Das reichte uns nicht, so dass er seinen Auftritt mehrmals wiederholen und endlich sogar ein paar Worte über die neue Republik sagen musste. Schließlich begann es dunkel zu werden. Noch einmal kam der neue Präsident auf die Empore hinaus, und in unsere erwartungsvolle Gespanntheit hinein sagte er: »So, Leut, jetz isch gnuag. Jetz ganget ihr hoim!«

Das sind die einzigen Präsidentenworte, die ich bis heute nicht vergessen habe: Sie kamen langsam, wie alles bei Heuss. Dazu die tiefe Stimme, der väterliche Rat im heimeligen Dialekt, das ganz und gar Unpathetische. Gab es einen schöneren Kontrast zu dem marktschreierischen Pathos der Nazis?

War ich in Bern, wenn man so will, intellektuell zum

Demokraten geworden, so wurde ich es an jenem Abend nicht nur im Kopf, sondern auch emotional, im Bauch: Ich wurde zum *bewussten* Bürger der Bundesrepublik Deutschland, zum deutschen Demokraten.

Weniger heimelig ging es zu bei Carlo Schmid. Der Sohn eines schwäbischen Vaters und einer französischen Mutter, der die Sprache seiner Mutter nicht weniger beherrschte als das Deutsche, lud damals immer wieder Studenten zu sich ein. War Theodor Heuss zu diesem Zeitpunkt noch gertenschlank wie die meisten Deutschen, so glich Carlo körperlich einem Koloss. Stark war auch seine Stimme. Er konnte zwar gut ins Schwäbische umschalten, aber meist sprach er ein perfektes Bühnendeutsch. Was ihn mir sympathisch machte, war nicht so sehr seine Bildung – er war wohl der letzte Politiker, der über Hölderlin oder Ovid genauso reden konnte wie über die Philosophen des 17. Jahrhunderts oder die moderne französische Literatur. Interessanter noch als der brillante Carlo wurde für mich der selbstkritische. Er war gleich nach dem Krieg der SPD beigetreten, weil er, der Starjurist und bürgerliche Intellektuelle – zu seiner Zeit keine unübliche Haltung –, sich in der Weimarer Republik zu fein gewesen war für das Geschäft der Politik. Hätten er und seinesgleichen sich um das kräftezehrende Geschäft demokratischer Politik gekümmert, so meinte er, wäre nicht nur Deutschland einiges erspart geblieben. Und nun war er Sozialdemokrat geworden. Meines Respekts konnte er sich sicher sein.

Gut verstand ich mich auch mit Carlos damaliger Frau. Wenn ich mein Fahrrad die stark ansteigende Goethestraße hinaufschob – Gangschaltungen waren damals unbekannt –, konnte sie mich aus dem Küchenfenster heraus einladen zu einem Schwatz am Küchentisch. Meine ersten Einblicke in die Innereien der Sozialdemokratie verdanke ich ihr. Da war ich noch gar nicht Mitglied.

Carlo Schmid gehörte bis zu seinem Tod 1979 zu den Politikern, die meinen Weg wohlwollend begleiteten. Immer wieder Vizepräsident des Bundestages, war er wohl der einzige aktive Politiker, dem man rasch anspürte, dass Politik zwar seine Pflicht als demokratischer Staatsbürger, nicht aber seine Leidenschaft war, politisches Gezänk und parteipolitische Enge nervten ihn. Zuerst war er Wissenschaftler, Rechtsgelehrter, dann war er Ästhet, in allen Künsten bewandert, besonders in der Literatur. Dabei war er Europäer, gewissermaßen von Geburt, in der französischen Geistesgeschichte nicht weniger zu Hause als in der deutschen.

Als Gustav Heinemann, den ich übrigens 1948 kennengelernt hatte, mir im Wahljahr 1953 einmal auftragen sollte, Carlo Schmid etwas auszurichten, was ich für bedeutsam hielt, fühlte ich mich ziemlich wichtig. Als ich an seiner Haustür klingelte, war Carlo gerade im Aufbruch zum Vortrag eines Hölderlinforschers. Ich könne ihn ja dorthin begleiten. Das tat ich gerne. Aber ich kam gar nicht zu Wort. Er war schon ganz bei Hölderlin und hielt mir seinerseits einen Vortrag über die späten Jahre des kranken Dichters in seinem Turm am Neckarufer. Erst unter der Tür zum Versammlungslokal wurde ich meine Botschaft los, die er ziemlich ungerührt zur Kenntnis nahm: Er hielt nichts von Heinemanns Partei. Sie war nicht notwendig. Und nur was politisch absolut notwendig war, rechtfertigte politisches Engagement.

Wahrscheinlich war auch sein politischer Ehrgeiz begrenzt. Während manche Bildungsbürger von einem Bundeskanzler Carlo Schmid träumten, schien Carlo denen in der Partei nicht allzu böse, die fanden, er eigne sich zwar für repräsentative Ämter wie die des Bundestagspräsidenten oder gar des Bundespräsidenten, nicht aber für die 80-Stunden-Woche eines Bundeskanzlers. Gegen einen Bundespräsidenten Schmid sprach damals allerdings etwas, das wir heute kaum noch verstehen. Während Präsident Gauck auch bei offiziellen Anlässen von seiner »Lebensgefährtin« begleitet wird, war vor einem halben Jahrhundert ein geschiedener Bundespräsident nicht denkbar. Und Carlo hatte sich von seiner Jugendliebe Lydia scheiden lassen.

1968 und im Folgejahr saßen wir beide, Carlo Schmid und ich, um den ovalen Tisch des Palais Schaumburg in der Regierung der ersten Großen Koalition und lauschten der *tour d'horizon* des Kanzlers Kurt Georg Kiesinger, mit der jede Sitzung begann. Für Carlo hatte man ein selbständiges Bundesratsministerium erfunden, weil die Sozialdemokraten nicht gut ohne ihren populären Bildungsbürger in eine Regierung gehen konnten. Für die Arbeit hatte man ihm einen fleißigen Staatssekretär mitgegeben, den Tübinger Abgeordneten Fritz Schäfer. Denn Carlo war vollauf beschäftigt mit einer Malraux-Übersetzung, von der er auch auf der Regierungsbank nicht abließ. Kein Wunder, dass der 72-Jährige manchmal einnickte. Es sprach für die Große Koalition, dass es damals eine informelle, aber stabile Übereinkunft zwischen den beiden Parteien gab: Carlo wird nicht geweckt. Wir warteten einfach, bis er wieder wach war.

Meinen letzten Kontakt mit Carlo habe ich noch sehr gut in Erinnerung, auch wenn er nicht den geistsprühenden Mann von Welt zeigt. Die SPD hatte ihren Bundesparteitag vom 3. bis 7. Dezember 1979 in den scheußlichen Berliner Panzerkreuzer zu Lande verlegt, das Internationale Congress Centrum (ICC). Carlo hatte sich, schwer krebskrank, noch einmal nach Berlin geschleppt. Ich sah ihn allein an einem Tischchen sitzen und setzte mich zu ihm. Und worüber sprach er? Über die Leute, die dieses Zentrum gebaut und nicht gemerkt hatten, dass für »uns alte kranke Menschen« die Wege zu den Toiletten viel zu weit waren. Zwei Wochen danach hatte ich als Landesvorsitzender der SPD auf seiner Beerdigung zu sprechen. Kritiker meinten, ich sei dabei ungewohnt emotional geworden.

Ende der Harmonie

Mein entspanntes Einvernehmen mit der neuen Republik dauerte nur ein knappes Jahr, nämlich bis zu jenem frühen Septembertag 1950, an dem ich in der Zeitung las, der Bundesinnenminister Dr. Gustav Heinemann sei zurückgetreten. Das traf mich deshalb besonders hart und beschäftigte mich mehr als die Vorlesungen in der Universität, weil ich Heinemann bei unserer ersten Begegnung 1948 in Bern schätzen gelernt hatte. Dort hielt er, wohl noch vor der Währungsreform im Juni, in der Heilig-Geist-Kirche einen Vortrag. Von Freunden eingeladen, sprach er über das Nachkriegsdeutschland am Beispiel des Ruhrgebiets. Heinemann war damals Oberbürgermeister von Essen. Er gab einen nüchternen Sachbericht, präzise, mit Einzelbeispielen, aber ohne jenes Selbstmitleid, zu dem die Nachkriegsdeutschen eine fatale Neigung hatten. Da war von den Trümmerfrauen die Rede, von harter Arbeit und gegenseitiger Hilfe bei dürftiger Ernährung, von Wahlen, an denen sich erstaunlich viele beteiligten. Kurz: von einem Deutschland, das sich an seine demokratischen Traditionen erinnerte und beim Wiederaufbau Fortschritte machte.

Für mich, der nicht anders konnte, als Reden und Redner noch immer mit dem hysterischen Pathos der Naziansprachen zu vergleichen, verkörperte dieser Heinemann genau die Art von Politiker, welche die neue Republik brauchte: solide, sachlich, bescheiden. Ich hatte mich gefreut, als er von Konrad Adenauer ein so wichtiges Ressort wie das Innenministerium bekam. Und nun dies!

Die Begründung für den Rücktritt erregte mich insbesondere. Hatte Adenauer wirklich ohne das Kabinett, ja ohne seinen für die Sicherheit zuständigen Innenminister zu fragen, den Alliierten deutsche Soldaten angeboten? Bereits fünf Jahre nach der bedingungslosen Kapitulation? Ich war fassungslos.

Die Alliierten, besonders eifrig die amerikanischen, hatten sich vorgenommen, nicht nur den Nazismus, sondern auch den Militarismus mit Stumpf und Stiel auszurotten. Sogar Universitäten hatten für die Zulassung der Studienanwärter Punktesysteme erfunden, bei denen unter anderem eine politische Unbedenklichkeit abgefragt wurde. Ein bei der Wehrmacht erlangter Offiziersrang brachte Minuspunkte ein. Jedenfalls habe ich dies in Frankfurt erlebt, wo der Rektor Walter Hallstein hieß. Der war inzwischen in Adenauers Dienste getreten.

Wenn der Westen deutsche Soldaten mobilisierte, musste dann der Osten nicht nachziehen? Sollten wir etwa eines Tages auf unsere Kumpel aus Magdeburg oder Jena schießen? Und was würde dann aus der deutschen Einheit werden, die sich alle Parteien zum Ziel gesetzt hatten?

Was ich zuerst kaum glauben wollte, erwies sich in den folgenden Monaten als wohlüberlegte, langfristig angelegte Politik des Bundeskanzlers und, nach einigem Zögern, auch seiner gesamten Regierung.

War dies der Preis dafür, dass die Deutschen wieder einen eigenen Staat bekommen hatten? Bald waren es zwei Staaten, wobei der andere Staat für uns gar nicht existierte. Hatte der Kalte Krieg dazu geführt, dass man uns doch noch brauchen konnte, aber eben nur gegeneinander? Das veränderte meine Haltung zur neuen Republik. Sicher, das war eine föderale Demokratie, in der man leben konnte. Papa Heuss gab es immer noch. Aber wenn die Amerikaner, die ja erstaunlich lange an ihrem Fraternisierungsverbot festgehalten hatten und da, wo sie als Besatzer blieben, ihr Klein-Amerika aufbauten ohne Beziehung zu den Besiegten, wenn diese Amerikaner jetzt, wenige Jahre nach der Kapitulation, deutsche Soldaten sehen wollten, dann war dies kein Beweis der Freundschaft, sondern einer der eiskalten Kalkulation, und zwar einer amerikanischen, keiner deutschen.

So gehörte ich, als die Diskussion auch die Universitäten erreichte, zu denen, die öffentlich widersprachen und die sich darüber wunderten, dass ausgerechnet ein bekannter Theologe, Helmut Thielecke, damals Universitätsrektor in Tübingen, Adenauer unterstützte.

An der Universität bildete sich ein kleiner, aber eifriger Kreis, der mit dem zurückgetretenen Innenminister Kontakt aufnahm. Und so lernte ich Gustav Heinemann persönlich kennen. Er stellte knappe Fragen und erwartete knappe Antworten. Wo er öffentlich auftrat, argumentierte er ziemlich trocken, stellte seine Fragen an Adenauer, ohne ihn direkt oder gar persönlich anzugreifen. Sein wichtigstes Argument: Wer jetzt die neue Bundesrepublik in ein Militärbündnis mit dem Westen einbringt, sollte von deutscher Einheit nicht mehr reden – was Adenauer fast täglich tat. Heinemann hatte übrigens durchaus Humor, auch wenn er ihn eher selten zeigte, etwa wenn er meinte, bei den Politikern sei es eben wie beim Salat: Entweder es werde ein Kopf daraus oder er schieße.

Die Parteien der Bundesrepublik, auch die mit einer langen Tradition, waren allesamt Neugründungen. Das galt besonders für die inzwischen schon stärkste unter ihnen, die Christlich Demokratische Union mit ihrem bayerischen Ableger. Zwar hatten Landtagswahlen und dann die Bundestagswahl 1949 schon gezeigt, dass mit zwei großen und einigen kleineren Parteien zu rechnen war. Aber musste das so bleiben? Zumal nun doch Entscheidungen fällig waren, mit denen noch 1949 niemand gerechnet hatte?

Die Sozialdemokraten hatten ihre Organisation ohne große Schwierigkeiten wieder aufbauen können. Viele Mitglieder von einst hatten die zwölf Jahre in der Privatwirtschaft überlebt, wenn sie aus dem Dienst der Kommunen oder Länder entlassen worden waren. Sie hatten meist keinen Widerstand geleistet, aber doch versucht, durch eine »unpolitische« Existenz dem Unterdrückungsapparat zu entkommen und dabei ihrer Überzeugung treu zu bleiben. So fehlte es den Sozialdemokraten bald nicht an Mitgliedern, zumal aus der jüngeren Generation viele neue hinzukamen.

Die prägende Gestalt der SPD war Kurt Schumacher. Äußerlich ein Sinnbild seines versehrten, amputierten Landes, sprach aus ihm die Leidenschaft, die Glut, die sich über zwölf Jahre des Leidens in ihm aufgestaut hatte. Was immer er nun aussprechen konnte, hatte jahrelang in ihm gearbeitet, jetzt durfte, musste er es sagen, damit sein Land, das geteilte, amputierte Deutschland, noch einen guten Weg in die Zukunft finden konnte.

So verständlich und so glaubwürdig der leidenschaftliche,

agitatorische Stil seiner Rede war, die Mehrheit der Deutschen – und ich gehörte dazu – wurde von ihm eher abgeschreckt. Politische Leidenschaft, die agitatorisch wirkt – davon hatte es in der Weimarer Republik mehr als genug gegeben, gegen ihr Ende immer mehr. Jetzt zählten die ruhige Solidität, die Erfahrung eines langen Lebens, das einleuchtende Argument, vielleicht sogar der väterliche – oder gar großväterliche – Zuspruch. Und das fanden viele bei Konrad Adenauer.

An Adenauer störte mich, wie er mit Gegnern umging – und zu denen gehörte ich ja –, vor allem aber, wie er an den Antikommunismus der Nazis anknüpfte. Was mich so empörte, war die Attitude moralischer Überlegenheit. Aus dem, was die erfahrenen Obergefreiten aus meiner Kompanie vom Russlandfeldzug erzählten, hatte ich mir ein Bild davon machen können, was dieser Kampf für die Menschen dort bedeutete, für die mit und ohne Uniform. Das war ein Vernichtungs- und Versklavungskrieg weit jenseits der Haager Landkriegsordnung. Und nun sollten wir wieder die heiligen Güter des Abendlandes gegen die bolschewistischen Horden verteidigen, die nur auf den Marschbefehl aus Moskau warteten, um auch in Westdeutschland ihre Gewaltherrschaft zu errichten.

Keine Frage, wer fünf Jahre nach der Kapitulation der deutschen Wehrmacht schon wieder Soldaten haben wollte, musste die drohende Gefahr aus dem Osten in den grellsten Farben malen. Nur wenn die Deutschen sich glaubhaft vorstellen konnten, dass die T-34-Panzer der »Soffjetunion« schon morgen in Fulda und übermorgen in Frankfurt einrollen konnten, waren sie bereit, der totalen Entmilitarisierung die Ent-Entmilitarisierung folgen zu lassen.

Ich habe zu keiner Zeit mit diesem Überfall gerechnet. Die

einzige Macht, die gestärkt statt geschwächt aus dem Krieg hervorgegangen war, waren die Vereinigten Staaten: ein gänzlich unzerstörtes Land mit einer industriellen Kraft, der kein anderes Staatsgebilde Gleichwertiges entgegensetzen konnte. Die Sowjetunion war auf weite Strecken eine Trümmerwüste. Sie hatte im Krieg weit mehr Menschen verloren als alle ihre Alliierten zusammengenommen: Von insgesamt etwa 50 Millionen Kriegstoten entfielen auf die Sowjetunion allein geschätzte 25 Millionen Tote, die westlichen Alliierten verzeichneten jeweils Verluste im Hunderttausenderbereich. Auch ein Stalin konnte die Überlebenden des »Großen Vaterländischen Krieges« nicht mehr zum Angriff auf Europa motivieren. Sicher, wer nicht innerhalb der amerikanischen Einflusssphäre lag, musste sich eine stalinistische Herrschaft überstülpen lassen, man denke nur an den Februarumsturz 1948 in der Tschechoslowakei. Aber wo immer die USA ihre Macht demonstrierten – zuerst mit der Berliner Luftbrücke –, wurde klar, wer der Stärkere war.

Meine Überzeugung, dass die Sowjetunion mit dem Kalten Krieg überfordert war, dass sie selbst genau wusste, wer der Stärkere war, hat sich übrigens im Lauf der Jahre gefestigt, schon während der Kubakrise 1962, dann in der Raketenkrise Ende der siebziger Jahre und schließlich in den Ausläufern der achtziger Jahre. Ich hielt die zweite Weltmacht damals längst nicht für so schwach, wie sie sich dann 1990 erweisen sollte, aber eben doch für deutlich schwächer als den Westen.

Zurück in die frühen fünfziger Jahre: Auch die Sozialdemokraten fanden keinen Geschmack an Adenauers Wunsch, so rasch wie möglich im Kalten Krieg aktiv mitzumischen und damit wieder Bedeutung zu erlangen, ja aus den Besatzern Verbündete zu machen. Schumacher verwies auf die Gefahr der dauernden Spaltung. Was er nicht konnte – weil niemand es konnte –, war, Adenauer eine realisierbare Alternative entgegenzusetzen. Für die deutsche Einheit waren alle, aber wenn die östliche Weltmacht nicht wollte? Wenn sie ihre Satelliten-DDR nicht preisgeben wollte? Oder vielleicht doch?

Als am 10. März 1952, also knapp ein Jahr vor Stalins Tod, bei den drei Westalliierten, nicht in Bonn, die sogenannte Stalinnote ankam, hat sie mich vollends so politisiert, dass ich der Politik nie mehr entkam. Der Kern der Note – unter der Bedingung, dass ein vereinigtes Deutschland keinem Militärbündnis gegen die Sowjetunion angehören wird, sind wir bereit, die Einheit zuzulassen – war neu. Und natürlich wunderte auch ich mich wie alle anderen: Ist das ernst gemeint? Die erste Rückfrage erfolgte prompt und formulierte, woran alle dachten: Und wie steht es mit freien Wahlen? Die Antwort vom 9. April: Ja, wenn man sich über den militärischen Status Gesamtdeutschlands verständigen kann, dann auch freie Wahlen, allerdings unter Viermächtekontrolle. Das ließ für mich zwei Möglichkeiten der Deutung zu: Entweder entsprach dieses Angebot den Interessen Stalins, der die NATO nicht auch noch durch die Bundesrepublik verstärkt sehen wollte. Oder das Ganze war Propaganda, nicht ernst gemeint. Umso verblüffter war ich über Adenauers Reaktion: Ja, das entspricht den Interessen des Kreml. Aber ernst gemeint ist es auch nicht. Wo war da die Logik?

Die eigentliche Frage war daher: Wollen wir darüber verhandeln? Wollen wir Stalin zwingen, am Verhandlungstisch Farbe zu bekennen? Der Politiker in Deutschland, der diese Forderung am klarsten stellte, war Gustav Heinemann.

Schließlich gab es unter den drei Westalliierten – denn an sie waren die Noten gerichtet – eine gewisse Neigung, Stalin auf die Probe zu stellen. Adenauer winkte ab. Es widersprach seiner Politik der militärischen Westbindung. So wurde nie darüber verhandelt.

Inzwischen haben Historiker Zugang zu den Akten des sowjetischen Außenministeriums bekommen. Das Ergebnis ist nicht eben überraschend: Die Diplomaten in Moskau hatten von Anfang an erhebliche Zweifel daran, dass der Westen zu Verhandlungen bereit sei. Ende April, also gut sechs Wochen nach Absendung der Note, waren sie sich ziemlich einig, dass daraus nichts mehr würde. Die Reaktionen des Westens waren zu eindeutig. Aber sie nahmen die Note nicht aus dem Schaufenster. Für Propagandazwecke war sie immer noch brauchbar. Das war nicht weiter verwunderlich, so etwa hatte ich mir die Diskussion in Moskau vorgestellt. Natürlich mussten realistische Diplomaten mit der westlichen Ablehnung rechnen.

Die einzig wichtige Frage bleibt jedoch ungeklärt: Was hätte die Sowjetregierung getan, wenn der Westen doch verhandelt hätte? Hätte sie gerufen: »April! April! War nicht ernst gemeint!« – und damit ihr Gesicht verloren? Oder hätte sie zu ihrem Angebot gestanden? Diese Frage, die einzige, die mich interessiert hat, ist heute noch so offen, wie sie 1952 blieb.

Was Stalin in der Substanz damals angeboten hatte, war ein militärisch neutrales Gesamtdeutschland, das auf allen anderen Gebieten, etwa der Wirtschaft, der Kultur, auch der politischen Kultur, frei gewesen wäre. Frei, mit seinen westeuropäischen Nachbarn Gemeinsamkeiten auszuloten und zu pflegen. Daher fand ich es unfair, dass für Adenauer – und seine Wortwahl wurde meist auch die der Medien – jeder, der auf der Prüfung der Stalinnote bestand, ein »Neutralist« war. »Neutralismus« aber wurde als eine Geisteshaltung unsicherer Kantonisten verstanden, die nicht so recht wussten, ob sie für eine Demokratie westlichen Zuschnitts oder eher für eine Volksdemokratie sein sollten, wie Stalin sie seinen Satelliten verordnet hatte. Für Heinemann, der das Grundgesetz der Bundesrepublik als »das große Angebot« an die Deutschen verstand, galt dies nicht. Für mich auch nicht. Darum habe ich mich immer gegen dieses Etikett gewehrt.

Auch die Sozialdemokraten fanden, man solle über die Stalinnote verhandeln. Wurden sie dann gefragt, ob sie denn ein militärisch neutrales Gesamtdeutschland wollten, fielen die Antworten unterschiedlich, auch weniger klar aus. Es war wohl im Frühsommer 1952, als ich mit Carlo Schmid darüber sprach. Ende September werde ein Bundesparteitag so entscheiden, wie er und ich es für richtig hielten, versprach er mir. Auch ich versprach etwas: dann der SPD beizutreten.

Am 20. August 1952 starb Kurt Schumacher. Die SPD hatte andere Sorgen. Was Carlo erwartet hatte, fand nicht statt. Dafür kamen die Vorbereitungen für eine Heinemann-Partei in Gang.

Es war nicht Gustav Heinemann, der sie betrieb. Sein Sinn für Realitäten hielt ihn zurück. Im Juni fand in Frankfurt eine Zusammenkunft von Heinemannfreunden statt, die nicht eben ermutigend verlief. Die knapp hundert Teilnehmer boten ein buntgemischtes Bild: Vom dogmatischen Pazifisten über die Schwundgeldgläubigen Silvio Gesells bis zu dem eher rechten Liberalen, der die deutsche Geschichte logisch fortschreiten sah, »von Dr. Gustav Stresemann zu Dr. Gustav Heinemann«, war so gut wie alles und jeder vertreten. Als ich mich von Heinemann verabschiedete, sagte ich zu ihm: »Sie werden doch mit diesen Leuten keine Partei gründen wollen?!« Ein verständnisvolles Lächeln war die Antwort.

Der Mann, der dann trotzdem eine Partei auf die Beine stellte, saß als Wirtschaftsberater in Wuppertal, obwohl er in Schwaben aufgewachsen war. Er hieß Adolf Scheu. Er war unermüdlich, immer gut gelaunt, stets den Menschen zugewandt, mit denen er zu tun hatte. Er war verbunden mit der »Moralischen Aufrüstung«, die im Schweizerischen Caux ihr Zentrum hatte. Die Damen und Herren von Caux hatten offenbar viel amerikanisches Geld, machten häufig von sich reden, waren nach allen Seiten offen – nur nicht zu der der Kommunisten. Mich störten an ihnen eine etwas einfältige Theologie und ein Antikommunismus, wie er im Kalten Krieg üblich war. Eine *anima candida* wie Adolf Scheu konnte sich von dort sehr wohl inspirieren lassen, ohne Schaden zu nehmen. Und er fand dann doch die Leute zusammen, mit denen man aus Gustav Heinemann einen Parteivorsitzenden machen konnte, der sich redlich Mühe gab, seiner Verantwortung gerecht zu werden, der aber nie so ins Gewinnen verliebt war, dass man in ihm den kommenden Mann gesehen und seiner Partei eine Chance gegeben hätte.

Als sich dann am 29. November 1952 in dem Frankfurter Lokal »Feste Burg« etwa 140 Personen – auf Einladung von Adolf Scheu – zusammenfanden, war ich nicht dabei. Ich hatte zwischen dem ersten und dem zweiten Staatsexamen eine Aushilfsstelle in Sigmaringen, in jenem Teil des deutschen Südwestens, der sich »Hohenzollern« nannte, weil in Sigmaringen und Hechingen Verwandte der preußischen Könige regiert hatten. Sie waren, anders als die Berliner, streng katholisch, so dass sich hier, besonders schön in den fünfziger

Jahren, preußische Disziplin und katholischer Konformismus gegenseitig stützten. So war mein Direktor ein aktiver CDU-Mann. Warum sollte er mir einen Tag Urlaub geben, damit ich das christliche Abendland gefährden konnte? Ich hielt brav meinen Unterricht, während in Frankfurt erst lange über den Namen der Partei gestritten und dann ein Vorstand für die »Gesamtdeutsche Volkspartei« (GVP) gewählt werden musste. Dabei geschah etwas, was in keinem Parteiengesetz vorgesehen war. Gustav Heinemann berichtet den Delegierten, im fernen Südwesten gebe es einen jungen Mann – ich war damals 26 –, den er gerne im Bundesvorstand haben wolle. Und tatsächlich, sie wählten mich, auch die Mehrheit, die mich nicht kannte.

Nun war die GVP keine Massenpartei, bei den Bundestagswahlen 1953 kam sie auf klägliche 1,2 Prozent der Wähler. Dennoch, auch im Vorstand einer kleinen, deswegen aber nicht weniger seriösen Partei gilt es Entscheidungen zu treffen, die politischen Sachverstand, manchmal sogar so etwas wie politischen Instinkt verlangen. So war ich nun plötzlich nicht nur dafür verantwortlich, dass auch im Südwesten Plakate geklebt wurden, sondern auch dafür, an wen sich die kleine Partei anlehnte, mit wem sie Bündnisse schloss, wie sie ihren Wahlkampf anlegte, wie ihr Programm aussehen sollte. Kurz: Ich war mitten im politischen Betrieb. Oder trieb die Politik mich um? Jedenfalls hat sie mich nie mehr losgelassen.

Die Sitzungen des Bundesvorstands fanden etwa alle vier Wochen statt, meist irgendwo in der Mitte der Republik. Geld für die Bahn hatte weder die Partei noch ich selbst. Mein Gefährt war ein Motorrad, die NSU-Quick, 98 Kubikzentimeter, Höchstgeschwindigkeit 55 km/h. Ich werde nie vergessen, wie ich, auf der Autobahn unterwegs nach Kassel, bei strömendem Regen, nass bis auf die Haut, bereits in Darmstadt aufgeben musste. Glücklicherweise kannte ich die Telefonnummer eines hessischen Vorstandsmitglieds, das ein Auto besaß und mich noch mitnehmen konnte. Aber auch den späteren Rückweg von Darmstadt aus musste ich mit der NSU-Quick wieder im Regen hinter mich bringen. Ich gewöhnte mich daran. Als der Wahlkampf in Gang kam, muss ich mit meinem Fahrzeug oberhalb von Karlsruhe auf glitschiger Autobahn ausgerutscht sein. Jedenfalls wachte ich bei freundlichen katholischen Schwestern in einem Karlsruher Krankenhaus wieder auf.

Drei Wochen darauf war ich schon wieder unterwegs, natürlich gegen ärztlichen Rat. Manchmal hatte ich Begleitung. Wer mit mir kommen wollte, hatte es nicht leicht: Man nahm auf dem Rücksitz der Quick Platz und stieg, sobald eine deutliche Steigung kam, ab und überwand den Hang mit Muskelkraft. Ich wartete oben. Kein Wunder, dass sich selten jemand zu dieser Art Begleitung bereit fand. Natürlich hatte uns niemand gezwungen, zu tun, was wir nicht lassen konnten. Aber die populäre Vorstellung, in die Politik werde man durch materielle Vorteile gelockt, ist sicher nicht die ganze Wahrheit.

Was mich 1953 noch mehr beschwerte als ein amateurhafter Wahlkampf ohne die nötigen Mittel, waren die Verdächtigungen, mit denen nicht nur die politischen Gegner, sondern auch ein Teil der Medien auf die Gründung der Heinemann-Partei reagierte. Wenn man sich kein Bahnticket leisten kann und doch hören muss, man sei »von Moskau bezahlt«, dann tut das weh. Wer eine Note Stalins ernst nahm, musste entweder selbst ein Kommunist sein, mindestens ein unsicherer Kantonist, wenn nicht sogar ein Agent. Der Direktor meiner Schule in Schwenningen, an der ich von 1953 bis 1961 tätig war, wurde unverblümt zur Rede gestellt: Wie können Sie einen solchen Menschen auf Ihre Schüler loslassen?! Mein Chef, Dr. Max Frommer – sein Name soll hier nicht fehlen –, ließ sich jedoch nicht erschrecken. Er fragte einfach: »Haben Sie an seinem Unterricht etwas auszusetzen?« Wenn dann nichts mehr kam – und das war die Regel –, war das Gespräch beendet. Unmittelbar nach der Bundestagswahl 1953 überantwortete Frommer mir, der ich gerade das zweite Examen hinter mir hatte, eine Klasse von 17-Jährigen, die ich in drei, später vier Fächern zum Abitur führen sollte. Politisch war ich erst einmal gescheitert. Also stürzte ich mich in die berufliche Arbeit. Die Schulklasse, die mir Max Frommer übergab, bestand 1956 ihr Abitur, ohne dass jemand scheiterte, und bis heute, also beinahe sechzig Jahre danach, lädt sie mich noch zu ihren Klassentreffen ein. Jetzt spielt der Altersunterschied von zehn Jahren kaum mehr eine Rolle.

Dass man Heinemann und seine – viel zu wenigen – Anhänger zu Unrecht als Werkzeuge Stalins abstempeln wollte, beweist noch nicht, dass es solche gar nicht gegeben hätte. Natürlich hatte die DDR ihre Kontakte in die Bundesrepublik, die sie in den sogenannten »Tarnorganisationen« bündelte. Ich kannte mich schließlich in diesen Gruppen ziemlich gut aus und wusste, womit ich zu tun hatte.

Im Frühjahr 1953 entdeckte ich das untrügliche Merkmal solcher Gruppen: Sie mussten, ja sie durften sogar nicht alles sagen, was zum Kanon der SED-Propaganda gehörte. Hingegen war ihnen Kritik an der Führung in Ostberlin oder Moskau untersagt. Sie hatten sich streng auf das zu konzentrieren, was ihnen aufgetragen war.

Der »Bund der Deutschen« (BdD) erfüllte genau diese

Bedingungen, obwohl er mit dem Namen des einstigen Reichskanzlers Joseph Wirth werben konnte. Der BdD plädierte, wie die GVP, für ein bündnisfreies Gesamtdeutschland, vereinigt durch freie Wahlen. Aber Kritik äußerte der BdD nur in Richtung Westen, dies allerdings ausgiebig. Daher war ich entsetzt, als plötzlich im Vorfeld der Bundestagswahl ein Wahlbündnis der GVP mit dem BdD zur Diskussion stand. Propagiert wurde es seitens der GVP von den Vorstandsmitgliedern, die, wie der Darmstädter Studentenpfarrer Herbert Mochalski, den Anti-Antikommunismus zu ihrer allzu schlichten Devise gemacht hatten.

Im Südwesten war die Ablehnung einhellig, und so drohte ich bei der entscheidenden Vorstandssitzung, der Landesverband Baden-Württemberg könne sich auflösen, wenn es zum Bündnis komme. Darauf replizierte Herbert Mochalski prompt: Wenn das Bündnis scheitere, müsse Heinemann auf den Landesverband Hessen verzichten. Nun ging es mit einem Mal um den Fortbestand der GVP, und ich scheute davor zurück, das rasche Ende dieses Versuchs auf meine jungen Schultern zu laden. Ich bestand nicht länger auf meiner Forderung. Schließlich kam es in Mannheim zu letzten Verhandlungen mit dem BdD. Jede Seite hatte acht Vertreter benannt. Ich, der 26-jährige Referendar, war auf Bitten Heinemanns in die GVP-Delegation gewählt worden. Zum einen, das war mir klar, sollte ich eingebunden werden, zum anderen ermutigte mich Heinemann, mit Forderungen nicht zimperlich zu sein.

So wagte ich in Mannheim manches zu verlangen, was, so meinte ich, der anderen Seite kaum zumutbar erschien. Aber dann machte ich eine Erfahrung, die ich nie wieder vergaß: Wenn eine schwierige Entscheidung fällig war, richteten sich die Blicke der BdD-Oberen nicht auf ihren Vorsitzenden Wilhelm Elfers, sondern auf einen Mann, den ich bis dahin nicht gekannt hatte. Es war der Oberst a. D. Josef Weber. Wenn er nickte, so bedeutete dies Zustimmung. Keiner widersprach. Weber, das wurde mir rasch klar, war der Verbindungsmann nach »drüben«. Und als solcher hat sich Weber dann noch mehr als dreißig Jahre lang betätigt. Wo immer unter diskreter Anleitung der SED für den Frieden gekämpft wurde, war der Name des pensionierten Obristen unvermeidlich. Und als ich, dreißig Jahre später, auf dem Umschlag, in dem mir der »Krefelder Appell« zugesandt wurde, den Namen Josef Weber entdeckte, wusste ich, dass ich diesen Appell gegen die Nachrüstung auch dann nicht unterschreiben würde, wenn viele meiner Parteifreunde sich dazu überreden ließen.

Das Wahlbündnis mit dem BdD – der sich später in »Deutsche Friedensunion« umbenannte – stand mit der Wahlniederlage nicht länger zur Debatte. Für mich war es einer der Gründe dafür, unmittelbar nach der Wahl im Bundesvorstand das Experiment GVP für gescheitert zu erklären und auf Gespräche mit der SPD zu dringen. Die GVP war offenbar zu klein, um im Kraftfeld des Ost-West-Konflikts unabhängige Politik zu machen. Wer aus Mangel an Masse ein solch anrüchiges Bündnis meinte eingehen zu müssen, hatte keine Chance neben den großen Parteien.

Wenn ich im Wahlkampf 1953 gefragt wurde – und das geschah fast überall, wo ich auftrat –, warum ich die eine Note des Tyrannen und Massenschlächters Stalin so ernst nehme, tat ich etwas, was ich dann ein langes Leben lang getan habe, wenn es um Außenpolitik ging. Ich analysierte Interessen: Welches Interesse hat die Sowjetunion, ganz gleich, wer sie regiert? Welches Interesse haben die Vereinigten Staaten, ob der Präsident Harry S. Truman oder Dwight D. Eisenhower heißt? Und welches Interesse haben wir, die geteilten Deutschen? Wo sind unsere Interessen nahe bei den amerikanischen, wo bei den russischen? Um die Interessen eines Staates zu verstehen, muss man sich in seine Lage versetzen. Wie stellt sich die Welt dar von jenem Moskau aus, das den Sieg über Hitlerdeutschland enthusiastisch gefeiert hatte und trotzdem Hauptstadt eines ausgebluteten, weithin zerstörten, armen Landes geblieben ist? Dass Stalin viel Blut an den Händen hatte, dass er zudem unter seinen eigenen Gefolgsleuten unbarmherzig aufgeräumt hatte, konnte jeder wissen. Aber ich weigerte mich, deshalb alles schon als eine Ausgeburt des Bösen von mir zu weisen, was von ihm kam.

Auch Wladimir Putin ist nicht der Mensch, der andere durch seinen Charme gewinnen kann. Ihn, den Mann aus dem Geheimdienst, umweht eine Atmosphäre des Geheimnisses, des Unheimlichen. Was hat er jetzt wieder im Sinn? Wer ihn zum Schreckgespenst, zum schlechthin Bösen machen will, hat es ziemlich leicht. Ist er wirklich ein Neo-Imperialist? Muss wirklich die ganze Welt zusammenstehen, damit man ihn in Schranken halten kann? Sicher ist nur, dass er als Nachfolger des meistens betrunkenen Boris Jelzin vor der Aufgabe stand, das riesige Russland davor zu bewahren, ein gescheiterter Staat, ein *failed state* zu werden. Dass er dies tatsächlich geleistet hat, dankt ihm die Mehrheit der Russen. Dass es dabei nicht so »lupenrein« demokratisch zuging, wie wir es im Westen es gewohnt sind, lässt sich kaum bestreiten. Trotzdem haben die uferlosen Spekulationen über seine – natürlich bösen – Absichten wenig Sinn. Wichtig ist, wo sie den unseren entgegenkommen. Wenn mich deshalb manche einen Putinversteher nennen, so nehme ich dies als Kompliment. Wie will jemand verantwortliche Politik machen, wenn er sich nicht die Mühe macht, das Gegenüber zu verstehen, seine Ängste, seine Verletzlichkeiten, seine Hoffnungen und vor allem seine Interessen?

Natürlich gibt es zwischen der »gelenkten Demokratie« in Russland und der unseren beträchtliche Unterschiede. Aber solche Unterschiede, was die innere Ordnung angeht, hat es zwischen Deutschland und Russland immer gegeben. Die Zarenherrschaft war immer absoluter und härter als die der preußischen oder bayerischen Könige. Ist es nicht sinnvoller, einen russischen Präsidenten mit russischen Herrschern zu vergleichen? Und ist nicht Putins Russland, verglichen mit der Herrschaft Stalins, sogar ein Rechtsstaat? Es war ja nicht irgendwann im Mittelalter, sondern in den dreißiger Jahren des 20. Jahrhunderts, als ein Haken hinter einem Namen, wenn Stalin ihn gemacht hatte, den sicheren Tod bedeutete. Putin hat seinen härtesten Gegner schließlich aus dem Gefängnis entlassen, in das er nicht hätte kommen dürfen. Im Übrigen: Wenn in Russland Oppositionelle umgebracht werden, dann weiß Putin, dass man ihn verdächtigt, obwohl es bisher in Russland keine Opposition gibt, die er zu fürchten hätte. Aber auch er hat keine Macht über nationalistische Fanatiker, selbst wenn sie sich auf ihn berufen.

Man hat mich oft einen Moralisten genannt. Mir war das immer peinlich. Ich habe mich stets dagegen gewehrt, wenn jemand versuchte, Politik schlicht durch Moral zu ersetzen. Was moralisch zu Stalin zu sagen war, darüber hätte ich mich mit Adenauer rasch einigen können. Aber das konnte noch lange nicht bedeuten, dass seine Interessen und unsere ein für alle Mal nicht miteinander verhandelbar waren. Natürlich konnte Adenauer mit emotionaler Zustimmung rechnen, wenn er strikt alles ablehnte, was vom Gewaltherrscher Stalin kam. Ich hielt es für meine Pflicht, einer solchen allzu simplen Außenpolitik zu widersprechen. Und was mich in die Politik hineingezogen hatte, hindert mich sechzig Jahre danach, die Ruhe zu finden, die einem zusteht, wenn man auf die neunzig zugeht.

Von der GVP zur SPD

Nachdem mir im Herbst 1953 klargeworden war, dass die Heinemann-Partei keine Zukunft hatte, erklärte mir Heinemann, der eine Schwäche für die Schwaben hatte: »reifa lassa«. Und dagegen war kaum etwas einzuwenden. Jetzt eilte es nicht.

Das Thema, um dessentwillen die Partei gegründet worden war, hatte sich ja noch nicht erledigt. Die Note vom 10. März 1952 war zwar abgehakt, aber die Bundesrepublik war noch nicht Mitglied der NATO, auch nicht der »Europäischen Verteidigungsgemeinschaft« (EVG), ein Projekt, das schließlich 1954 an der französischen Nationalversammlung scheiterte – und aus heutiger Sicht dem direkten NATO-Beitritt vorzuziehen gewesen wäre, denn es hätte die europäische Position innerhalb der NATO gestärkt. Die deutschen Sozialdemokraten wehrten sich nach wie vor gegen die militärische Westbindung mit dem Argument, sie rücke die deutsche Einheit in weite Ferne. Und innerhalb der SPD gewann jener Fritz Erler an Einfluss und Profil, der für mich – nach Heinemann und vor Willy Brandt – der Mensch wurde, dem ich vertraute und an dem ich mich orientierte. Erst im Mai 1955 wurde die Bundesrepublik rechtskräftig Mitglied der NATO.

Damit war der Konflikt, der mich in die Politik getrieben hatte, beendet und erledigt. Ich lebte nun in einem Staat, der

Mitglied der NATO war und es wohl auch bleiben würde, auch wenn Adenauer nicht mehr regierte. Sollte ich jetzt, beleidigt, oder auch befreit, sagen: »Das war's. Pech gehabt!«? Die Versuchung war nicht gering, inzwischen hatte ich Freude am Unterrichten, nicht nur bei meinen Abiturienten.

Ich weiß nicht, wie ich mich entschieden hätte, hätte sich damals nicht Fritz Erler um mich gekümmert, den ich von Monat zu Monat mehr bewunderte und der wohl als einer der Großen in die Geschichtsbücher eingegangen wäre, hätte ihn nicht eine tückische Leukämie 53-jährig hinweggerafft. Erler war kein Süddeutscher, sondern waschechter Berliner, der Zuchthaus und KZ kennengelernt hatte, weil er innerhalb des Machtbereichs, in dem Himmler Polizei und SS kommandierte, Widerstand geleistet hatte. Vielleicht verdankte er sein Leben dem Tatbestand, dass er nicht einfach sofort ins KZ gesteckt, sondern 1939 durch ein ordentliches Gericht zu zehn Jahren Zuchthaus verurteilt worden war. Das schützte ihn zwar nicht dauerhaft vor dem KZ, aber das Zuchthaus hatte noch Bedienstete aus der Weimarer Zeit, die in ihm nicht den Verbrecher, sondern den politischen Kämpfer sahen, der sogar in der Zelle seine Zeit nutzen wollte, etwa um die Sprachen zu lernen, die man nach dem Krieg würde beherrschen müssen. Dass Erler, nachdem er den Todesmärschen von Dachau aus entfliehen konnte, das Kriegsende ausgerechnet im ländlich-katholischen Oberschwaben erlebte, hatte mit den Wirren in den letzten Kriegswochen zu tun, als die Transporte in den Süden durcheinander- und manchmal auch auseinanderliefen.

So haben französische Offiziere, mit denen Erler sich mühelos unterhalten konnte, ihn, den Berliner Sozialisten, zum Landrat von Biberach gemacht, und Erler, preußisch-pflichtbewusst, hat sich alle Mühe gegeben, den stockkonservativen Bauern rund um Biberach zuzuhören und ihre Sorgen zu lindern.

Nachdem es den damals 32-Jährigen einmal in den äußersten Südwesten des Landes verschlagen hatte, ließen ihn die wenigen Genossen in dieser Ecke Deutschlands nicht so schnell wieder nach Norden entschwinden. So kandidierte Erler 1949 für den Wahlkreis Rottweil-Tuttlingen, in dem die Chance einer Direktwahl für einen Sozialdemokraten bei null lag – und liegt. Über die Landesliste kam er in den ersten Deutschen Bundestag. Die Uhrenstadt Schwenningen, in der inzwischen auch die Epplers wohnten – und sich 1954 über ihre erste Tochter freuten –, gehörte damals zum Kreis Rottweil, und so war es für mich nicht schwer, mit Erler in Kontakt zu kommen. Vor allem entspann sich ein reger Briefwechsel, für den sich Erler trotz all seiner wichtigeren Pflichten viel Zeit nahm.

Im Herbst 1955 kam ein ausnahmsweise kurzer Brief vom Abgeordneten Fritz Erler. Die beiden Kernsätze lauteten: »Wenn Sie auf Ihrem Grabstein die Inschrift haben wollen: ›Er hat immer recht gehabt‹, bleiben Sie, wo Sie sind. Wenn Sie Politik machen wollen, kommen Sie zu uns.«

Das saß. Offenbar hatte Erler Grund, ungeduldig zu werden. War ich wirklich ein eitler Intellektueller, der immer recht haben wollte? Ahnte Erler, dass er mir nicht nur eine, sondern zwei Entscheidungen abverlangte? Die eine war: Will ich weiter Politik machen, obwohl die Fragestellung, die mich in die Politik hineingezogen hatte, durch die Ratifizierung des NATO-Beitritts endgültig hinfällig geworden war? Und falls ja, auf welchem Gebiet? Das war mir noch nicht klar, und es hätte mir, wenn die GVP sich in ihrer Mehrheit der SPD angeschlossen hätte, auch nicht unbedingt klar sein müssen. Wenn ich hingegen jetzt, ganz allein, ohne Rücksicht auf die GVP, Sozialdemokrat wurde, dann hieß das: Ja, ich will Politik machen, nicht nur neben meinem Beruf, sondern eines Tages auch anstelle meines Berufs. So hatte es Erler wohl auch gemeint.

Die zweite Entscheidung war die, in eine große linke Volkspartei einzutreten. Damit wäre ich eines von vielen Hunderttausend Mitgliedern. Ich war nicht mehr naiv genug zu meinen, ich müsse dann meine eigenen Überzeugungen an der Garderobe abgeben. Aber dass Loyalität gefordert sein würde, Rücksicht auf das Ganze, dass ich in der SPD mit Leuten zu tun haben würde, die mir nicht von vornherein gewogen wären, das war mir klar.

Natürlich sah ich mir auch die Kehrseite der Medaille sehr genau an: Wenn ich jetzt Erler absagen würde, wäre das ziemlich sicher auch eine Entscheidung gegen die Politik – und dafür sprach einiges. Ich wusste ja, was Politik von einem fordern konnte. Was etwa würde aus der Familie werden – für mich als Familienmensch keine einfache Frage. Aber wäre es nicht feige, wenn ich jetzt, nachdem bereits der eine oder andere Freund begonnen hatte, sich an mir zu orientierten, einfach ausscherte? Würde dieser Vorwurf nicht immer an mir nagen? Kurz: In den letzten Wochen des Jahres 1955 habe ich wenig geschlafen. Schließlich erinnerte ich mich an den abenteuerlichen Heimweg 1945, als ich begriff, was Politik anrichten konnte. Leute wie Fritz Erler waren dabei, ein besseres Deutschland aufzubauen. Und es war ihm offenbar wichtig, dass ich meinen Teil dazu beisteuerte.

Ende Januar 1956 war ich schließlich so weit, dass ich – während meine Abiturienten sich auf das »Schriftliche« vorbereiteten – in einer Freistunde zum Büro der Gewerkschaft

»Nahrung, Genuss, Gaststätten« ging, deren Sekretär, Walter Braun, auch Vorsitzender der Schwenninger SPD war. Wir redeten wenig. Er gab mir lächelnd einen Aufnahmeschein, ich füllte ihn aus. Damit war ich Mitglied der SPD. Mit diesem Walter Braun, der alles andere als der typische Funktionär war und später in Brüssel für die Europäische Kommission arbeitete, blieb ich dann bis zu seinem Tode verbunden.

Mein Einstand in der Schwenninger SPD verlief dann ganz anders, als ich ihn mir vorgestellt hatte. Dass ich in der Stadt der Uhrenfabriken überwiegend auf Arbeiter aller Altersstufen treffen würde, hatte ich erwartet. Nicht geahnt hatte ich, dass die meisten mich keineswegs als Fremdkörper behandelten. Sie freuten sich wirklich darüber, dass ich mich zu ihnen bekannte, dass ich zu ihnen gehören wollte! Natürlich gab es Gesprächsstoff über ihre Kinder, die bei mir Englisch lernten oder aus Conrad Ferdinand Meyers *Gustav Adolfs Page* ein Hörspiel machten. Die Väter – Mütter waren in der Parteiarbeit noch selten – freuten sich, wenn sie merkten, dass ich ihre Sprösslinge mochte und ziemlich genau zu kennen schien. Aber ich nutzte auch jede Gelegenheit, meine neuen Genossen über ihre Arbeit auszufragen, auch über ihre Vergangenheit. Viele hatten sich schon in den frühen dreißiger Jahren mit Nazis und Kommunisten gerauft, die NS-Zeit mit allerhand Tricks und Tarnungen überlebt, konnten also etwas erzählen, auch einiges, worauf sie stolz waren.

Ich erlebte meinen Eintritt in die älteste Partei Deutschlands als Befreiung. Zum ersten Mal seit der Kommisszeit war ich nicht mehr nur mit Lehrern, Pfarrern, Studenten und Künstlern zusammen, sondern mit – durchaus noch klassenbewussten – Arbeitern. Aber auch mit leitenden Angestellten, die in einer Fabrik mit 700 Leuten für das Personal oder die

Qualitätskontrolle der Uhren zuständig waren. Ich verstand, warum König Wilhelm ausgerechnet in Schwenningen eine – inzwischen renommierte – Feintechnikerschule eingerichtet hatte. Nicht nur geschickte, flinke Finger, eine ruhige Hand und gute Augen brauchte man, um eine Uhr zu machen, sondern auch einen wachen Verstand.

Ich lernte, was eine tüchtige Gewerkschaft für die Arbeiter bedeutete, was von einem professionellen Gewerkschafter erwartet, woran er gemessen wurde. Und ich verstand, warum die IG Metall sich nicht mit einem Jahresurlaub von zwölf Tagen zufriedengab – zwei Wochen im Sommer, in denen die Stadt wie ausgestorben dalag.

Dass ich eine neue, wichtige Bindung eingegangen war, die wohl bis zum Ende meines Lebens halten würde, beschwerte mich wider Erwarten nicht. Stattdessen fühlte ich mich erleichtert: Ich hatte den Käfig einer bildungsbürgerlichen Existenz hinter mir gelassen, ohne irgendetwas aufzugeben oder abzuwerfen, was ich dort gelernt hatte.

Da ich damit gerechnet hatte, dass nicht alle der gestandenen Sozialdemokraten glücklich über den Neuzugang waren, überraschte mich nicht, dass einige wohl auch Konkurrenz witterten. Der »Bevollmächtigte« der IG Metall, der zu Recht eine der wichtigsten Instanzen in der Arbeiterstadt darstellte, behandelte mich vom ersten Augenblick an mit unverhohlener Feindseligkeit. Er hatte offenbar Karrierepläne, bei denen ich ihm in die Quere kommen konnte – was ich, nachdem ich mich an sein Verhalten gewöhnt hatte, auch wirklich tat. Nach ein paar Jahren des aufreibenden Kleinkriegs kandidierten wir beide für den Kreisvorsitz der Partei im Kreis Rottweil. Genau zwei Drittel der Delegierten stimmten für mich. Von da an war Ruhe.

Es gehört zum politischen ABC, dass Wahlerfolge glücklich machen. Aber auch das stimmt nicht immer. Im Jahr 1959, ich war gerade sechs Jahre in Schwenningen, kandidierte ich zum Stadtrat. Dass ich dabei zum »Stimmenkönig« wurde, bei einer Wahl, in der die Baden-Württemberger – schon damals – nach Herzenslust ihre Stimmen kumulieren und sogar panaschieren (von einer Liste auf die andere übertragen) durften, hat mich riesig gefreut, mir in der Stadtratsfraktion jedoch nicht nur Freunde gemacht. Bis heute dankbar bin ich daher der Stadtratskollegin Else Liebler. Die immer hilfsbereite Kriegerwitwe, deren zwei Söhne bei mir Englisch lernten, verteidigte mich gegen Kritiker und deutete dabei meinen Charakter so: Ich sei eben eine Mischung aus einem schwäbischen Bauern und einem schwäbischen Prälaten. Nicht alle fanden diese Charakteristik so treffend wie ich, der ich schon als Kind und im Grunde bis heute ohne handfeste Gartenarbeit, ohne das Wühlen in der Erde, das Hacken und Häufeln von Kartoffeln und das Gießen von Bohnen oder Auberginen nicht leben möchte. Ich muss etwas wachsen sehen, und dazu ist die Politik wenig geeignet. Allenfalls ein Kommunalpolitiker kann die Ergebnisse seines Tuns sehen, ein Bundespolitiker nicht. Ein Gärtner kann es jeden Tag.

Bad Godesberg

Um als Delegierter einer großen Volkspartei an einem Bundesparteitag teilzunehmen, so viel hatte ich bald begriffen, musste man schon etwas bedeuten, in der Partei bereits einen Namen haben, zumindest im jeweiligen Bundesland. So machte ich mir keine Gedanken über jenen Parteitag in Bad Godesberg, der für den 13. bis 15. November 1959 angekündigt war und auf dem, das war sogar in der Provinzpresse zu lesen, zum ersten Mal seit 1925 ein neues Programm beschlossen werden sollte.

Schwenningen gehörte damals zum südwestlichsten Unterbezirk der Partei, der bis an die Schweizer Grenze reichte und von einem Unterbezirkssekretariat in Singen am Hohentwiel betreut wurde. Es war wohl Anfang Oktober 1959, als mich der Sekretär des Unterbezirks, er hatte den urschwäbischen Namen Brüstle, anrief. Ob er einmal bei mir vorbeikommen könne? Natürlich konnte er, warum auch nicht. Wollte er mir eine weitere Arbeit aufbrummen?

Nein, er wollte mir sagen, die alten, bewährten, lokal bedeutsamen Genossen im Unterbezirk hätten alle keine Lust, nach Bad Godesberg zu fahren. Dort gehe es ja nur um ein Programm. Keine Vorstandswahlen, keine Personalentscheidungen, nichts, was ein Wochenende wert sei. Also hätten die Mächtigen nichts dagegen, wenn da ein junger, noch wenig bekannter Intellektueller den Unterbezirk vertrete. Ob ich nicht Lust hätte, ich interessiere mich doch auch für Programme?

Natürlich sagte ich Brüstle nicht, dass ich, der Neuling in der Partei, mich erst an eine solche Werteskala gewöhnen müsse, die mir diese Chance einräumte. Ich sagte einfach zu, allerdings unter der Bedingung, dass mein Chef mir Urlaub gebe, denn damals war der Samstag noch Schultag. Dabei wusste ich, dass mein Chef, obwohl kein Sozialdemokrat, von diesem Parteitag einiges erwartete. Je näher der 13. November rückte, desto genauer studierte ich den Programmentwurf, den Brüstle mir hinterlassen hatte. Das war nicht irgendein Programm, das war ein neues Kapitel in der Geschichte der Partei! Der Markt, der Staat, die Armee, die Kirchen, alles bekam da seinen legitimen Platz.

Als ich, natürlich mit der Bahn, den Rhein Richtung Bonn entlangfuhr und die Burgen und Schlösser über den Weinbergen bestaunte – ich hatte dieselbe Strecke erst einmal als Soldat bei Nacht im geschlossenen Güterwagen hinter mich gebracht –, überlegte ich mir, ob ich denn selbst etwas zu dem Programm zu sagen hätte. Aber mir fiel nichts ein, was nicht vielen anderen auch einfallen musste. Also beschloss ich, wenn ich nicht durch irgendetwas provoziert wurde, nichts zu sagen.

Die Stadthalle in Bad Godesberg ist, verglichen mit den Räumen, in denen heutzutage Parteitage stattfinden, winzig und fast schon gemütlich. So saßen wir dicht gedrängt. Auf einem häufig gezeigten Photo bin auch ich zu sehen, andächtig aufmerksam den Genossen lauschend, die es wagen konnten, sich einfach zu Wort zu melden, und dann, oft ohne Manuskript, mit ein paar Zetteln bewaffnet, auch wirklich etwas zu sagen hatten. Ob ich das jemals schaffen würde?

Ich merkte auch, dass, wer noch nicht bekannt war, Mühe hatte, die Aufmerksamkeit des Parteitags zu erregen. Er – oder sie – musste gegen eine einschüchternde Geräuschkulisse ankämpfen, oft vom Anfang bis zum Ende vergebens. Nein, das wollte ich nicht. Sicher, ich war für dieses Programm, ich würde ihm auch zustimmen. Aber ich hörte Diskutanten aus dem linken Parteiflügel, die, wie Willi Birkelbach oder Peter Blachstein, leidenschaftlich gegen das Programm argumentierten, genauso gespannt zu wie jenen, die wie Fritz Erler oder Carlo Schmid seit langem darauf hingearbeitet hatten.

Zum ersten Mal erlebte ich einen Herbert Wehner in Hochform. Wie lange musste er das mit sich herumgetragen haben, was jetzt aus ihm herausbrach! Er, der ehemalige Kommunist und »Gebrannte«, wie er sich selbst in seiner Rede nannte, warb für ein Programm, für das seine früheren Freunde nur ein verächtliches Lächeln übrighaben konnten. Als mir nachher einer der Eingeweihten erzählte, Wehner gehöre ganz sicher nicht zu denen, die seit Jahren für dieses Programm gekämpft hatten, wollte ich dies einfach nicht glauben. Mir hatte Wehners Rede den tiefsten Eindruck gemacht, und das Rätsel, das mir seine Person schon in Godesberg aufgab, sollte ich zeit meines Lebens nicht lösen können: Herbert Wehner, der politische Vulkan, dessen Ausbrüche in die Parteigeschichte eingingen, ist der einzige Politiker, aus dem ich nie schlau wurde. Ich muss weit mehr als tausend Stunden mit ihm zusammen in einem überschaubaren Kreis gesessen haben, in der Regierung, im Präsidium der Partei, aber ich habe nie zu seinen bedingungslosen Verehrern, nie zu seinen verängstigten Kritikern gehört. Mein Verhältnis zu Willy Brandt war schließlich so eng und so stabil, dass ich wusste und auch verstand, warum Brandt vor seinem Tode Frieden schloss mit Helmut Schmidt, nicht aber mit Herbert Wehner. Aber ich könnte niemals, wie Egon Bahr, ein abschließendes – und doch wohl vernichtendes – Urteil über ihn fällen. Wer von mir ein abschließendes Urteil verlangt, trifft auf einen Ratlosen: Ich weiß einfach nicht, wer Herbert Wehner war. Dabei war sein Urteil über mich scheinbar ganz einfach: ein Intellektueller, den man gelegentlich zusammenstauchen muss, damit er ordentliche Arbeit leistet. Schließlich habe ich ihm auch den »Pietcong« zu verdanken.

Herbert Wehner war ein philosophischer Kopf, der nicht nur im Marxismus-Leninismus zu Hause war, der Kierkegaard und Barth kannte, manchmal sogar predigte, und doch konnte er das Wort »philosophieren« mit einer unbändigen Verachtung aussprechen: »Du sollst nicht philosophieren, sondern Wahlen gewinnen!« Herbert Wehner konnte morgens um sechs – handschriftlich – einen Brief an die Rentnerin Frieda Maier schreiben, die sich Sorgen um ihre Rente machte. Und er konnte als Fraktionsvorsitzender jemanden, der ihn geärgert hatte, so abfertigen, dass er sich nie wieder zu Wort meldete.

Wenn er im Bundestag das Wort ergriff, wurde es still. Niemand wusste, was nun kommen würde: hintergründige Polemik oder ein Aufruf zur Gemeinsamkeit. Und das in einer höchst komplizierten Sprache, die vom Zuhörer ein Maß an Aufmerksamkeit verlangte, das viele überforderte. Nach seinen Reden leerte sich der Plenarsaal, und auch ich war immer bei denen, die hinausschlichen, um sich zu erholen, zu sich zu kommen, den einen oder anderen Ausspruch im Gespräch mit Kollegen zu deuten.

Wehner hat nicht nur Gefängnisse kennengelernt, in Prag oder Stockholm, er hat auch in Moskau vier Jahre stalinistischer Säuberungen überlebt – und darüber berichtet –, er hat viele Jahre mit sich gerungen, bis er sich vom Kommunismus trennen konnte, und er tat es genau in dem Augenblick, als Stalin ganz Osteuropa und weite Teile Zentraleuropas seiner Herrschaft einverleiben konnte. Von alledem blieb ihm ein Unterton von Bitterkeit. Zweimal habe er sich geirrt, sagte Wehner später, zuerst, als er Kommunist wurde, das zweite Mal, als er gehofft habe, dies könne ihm verziehen werden.

Im Gegensatz zu Carlo Schmid war Herbert Wehner ganz und gar Politiker. Nicht, dass er keine anderen Interessen gehabt hätte, er las gerne, auch die jeweils neue Literatur. Auf dem Kirchentag konnte man ihn in einer Messehalle ganz allein zwischen fünftausend Teilnehmern entdecken. Aber sogar dort war er als politischer Mensch, der wissen wollte, was die Menschen bewegte.

Da er mir tatsächlich immer ein Rätsel geblieben ist, habe ich, nach meinem Ausscheiden aus der aktiven Politik, zumindest versucht, ihn von seiner Sprache her zu verstehen. Diese Sprache war einzigartig – und sie bleibt es. Niemand kann sie imitieren. Diese Sprache war ihm nicht angeboren. In einem Interview mit dem Journalisten Reinhard Appel gestand er: »Meine Liebe gilt der deutschen Sprache. Ihr bin ich in der Schule und auch später, ohne engstirnig erscheinen zu wollen, ergeben geblieben.« Er ist der Sprache »ergeben geblieben« – andere sprechen davon, dass sie eine Sprache mehr oder minder gut beherrschen. Wehner fühlt sich als Diener der Sprache. Er liebte sie auf eine respektvolle, scheue Art, wohl wissend, dass man einer Sprache nie ganz gerecht werden kann, zumal nicht im politischen Getümmel.

Was jedem Zuhörer an Wehners Sprache zuerst auffiel, war sein Satzbau. Seine Sätze waren länger, verwickelter, kunstvoller gefügt. Sie waren anstrengender als die aller anderen Politiker seiner Zeit. Er verlor nie einen Satz aus seiner Kontrolle. So viele Nebensätze und Parenthesen er auch häufte, er wusste immer genau, wie er den Satz zu Ende bringen wollte.

Seinen gewagten Satzgefügen entsprach eine Vorliebe für Verben. Während in der Sprache von Bürokratie und Politik Satzgefüge immer mehr ersetzt wurden durch unförmige Anhäufungen von Substantiven, bestand Wehner darauf, durch Nebensätze und Einschübe deutlich zu machen, wie sich die einzelnen Gedanken seines Satzes zueinander verhalten.

Wenn ich mich frage, wie Wehner zu seinen schwierigen Satzgefügen kam, dann finde ich vor allem drei Gründe. Und für alle drei gibt es große Vorbilder: Wehner redete immer dialogisch, also zu anderen, meist zu den Gegnern. Und er kannte ihre Einwände, nannte und widerlegte sie, ehe er weiter argumentierte. So hat es auch Immanuel Kant gehalten. Wehner, der Mann mit dem phantastischen Gedächtnis, wollte und konnte in einem einzigen Satz ganze Zeitabläufe schildern. Das verlieh seinen Sätzen eine Dynamik, die man in Heinrich von Kleists *Kohlhaas* studieren kann. Und schließlich kam Wehner immer wieder auf seine Person, auf sein Leben zurück: Wer bin ich, der ich dies sage? So hat es auch der Apostel Paulus gehalten. Natürlich hat Wehner niemanden imitiert, keinen Kant, keinen Kleist, keinen Paulus. Aber etwas von diesen Großen war in ihm.

Wer beim Studium von Wehners Sprache zu solchen Ergebnissen kommt, wird sich hüten, über diesen Menschen ein eindeutiges – und dann auch banales – Urteil zu fällen, auch wenn er ihm schwer verzeihen kann, was er Willy Brandt angetan hat. Ist es bequem, gar feige, wenn ich gestehe: Ich habe diesen großen Menschen mit seiner erdrückenden Biographie bewundert, gefürchtet, aber nie gehasst, auch nie ganz verstanden? Ein Gesamturteil über ihn traue ich mir nicht zu.

Doch zurück nach Bad Godesberg, ins Jahr 1959: Hier verstand ich etwas, was mir bis heute sehr bewusst geblieben ist: Ich war einer sehr alten, traditionsreichen Partei beigetreten, die ihre eigene politische Kultur entwickelt hatte. Sicher, dass man sich als Genosse und Genossin anredete, war gewöhnungsbedürftig. Aber dass erst einmal ein Parteitagspräsidium gewählt wurde, in welchem eben nicht die führenden Leute der Partei saßen, und dass dieses Präsidium den Parteitag nach

Regeln leitete, die alle zu respektieren hatten, auch der Partei-vorsitzende, fand ich beachtlich. Noch mehr beeindruckte mich die Disziplin der Diskussionsredner. Nicht nur, dass sie sich meist ohne Murren an ihre Redezeit hielten. Sie wurden auch bei der härtesten Auseinandersetzung nie ausfällig, ach-teten immer die Person des Gegners. Alt hieß also nicht altmo-disch, es hieß vielmehr: Hier gelten Regeln des Zusammenle-bens, die sich – zum damaligen Zeitpunkt – in knapp hundert Jahren herausgebildet und bewährt hatten.

Ich spürte, dass ich noch nicht so weit war, mich in diese po-litische Kultur einzufügen. Meine Mitwirkung beschränkte sich darauf, dass mein Beifall höchst ungleich ausfiel, manch-mal auch ausblieb. Im Übrigen habe ich den federführenden Verfasser des Programms, Willi Eichler, auf eine winzige sprachliche Unebenheit aufmerksam gemacht, die dieser dann tatsächlich korrigierte. Und nicht zuletzt: Ich habe mit Ja gestimmt.

Im Rückblick war es der Godesberger Parteitag, der mich in der Sozialdemokratie vollends heimisch gemacht hat. Da-mals las ich, auch für meinen Geschichtsunterricht, die be-reits erwähnten und mir von meinen Eltern im Bücher-schrank hinterlassen Schriften von Friedrich Naumann. Schon vor dem Ersten Weltkrieg hatte er für eine »Mehrheit links vom Zentrum« geworben. Sie sollte, so seine Formulie-rung, »von Bebel bis Bassermann« reichen, also von den Na-tionalliberalen bis zu den Sozialdemokraten. Was er dafür von den Sozialdemokraten verlangte, war genau das, was wir in Godesberg getan hatten: uns als linke Reformpartei zu konstituieren. Heute taucht der Name Friedrich Naumann allenfalls auf, weil die FDP ihre politische Stiftung nach ihm benannt hat. Für Kenner Naumanns ist dies ein schlechter

Scherz, zumal wenn sie wissen, dass diese Stiftung einem neoliberalen Marktradikalismus huldigt. Sie propagiert genau das, was Naumann leidenschaftlich bekämpft hat. Nachdem Naumann 1903 in die »Freisinnige Vereinigung« eingetreten war, eine von drei linksliberalen Kleinparteien, versuchte er, die Liberalen reif zu machen für seine »Mehrheit links vom Zentrum«. Er unterschied zwischen »altem« und »neuem«, manchmal auch zwischen »theoretischem« und »praktischem« Liberalismus. Und der neue, praktische Liberalismus war genau das, was wir heute unter sozialer Demokratie verstehen.

Naumann wusste natürlich, wie nahe er mit seinem neuen, praktischen Liberalismus den Sozialdemokraten gekommen war. So konnte er seine neuen Parteifreunde erschrecken mit Formulierungen wie dieser: »Der Sozialismus als Theorie besteht wesentlich in extremer Anwendung der altliberalen Formeln auf jede Art von Großbetrieb.« Oder: »Der Sozialismus ist die denkbar weiteste Ausdehnung der liberalen Methode auf alle modernen Herrschafts- und Abhängigkeitsverhältnisse.« Was er den Sozialdemokraten vorwarf, war, dass sie einer marxistischen Utopie nachjagten und dadurch versäumten, ihre Kraft – zusammen mit anderen – für schrittweise Veränderungen einzusetzen. So fand er, der Theologe, für den Weg der Sozialdemokratie ein Bild aus dem Alten Testament: »Als einst Israel durch die Wüste zog, da ging, wie die Bibel erzählt, tags eine Wolkensäule und nachts eine Feuersäule vor dem Volke her. So wandert die Illusion vor dem neuen Volke des Industriezeitalters. Wenn der Kampf um den Jordan wirklich beginnt, verschwindet die Säule.«

Als ich in der Godesberger Stadthalle saß und geduldig den mehr oder minder wortmächtigen Rednern zuhörte –

Rednerinnen waren noch selten –, kannte ich diese Vorhersage Naumanns. Nun also konnte der Kampf um den Jordan beginnen. Ich erlebte einen Parteitag, der in die Geschichte eingehen würde. Und ich war nun auch im Reinen mit dem Teil meiner Familiengeschichte, den Friedrich Naumann bestimmt hatte.

Was ich damals, 1959, noch nicht ahnen konnte, war eine sehr späte Auswirkung meiner – für den Ablauf ganz unwichtigen – Teilnahme am Godesberger Parteitag. Als die SPD nach ihrer schlimmsten Wahlniederlage 2009 in Dresden zusammenkam, suchte man jemanden, der schon fünfzig Jahre zuvor in Godesberg Delegierter gewesen war. Man fand außer mir niemanden. Ich war damals 33 Jahre alt gewesen. Nun war ich 83 und sollte die Erinnerung an Godesberg wachrufen.

Wie lebendig diese Erinnerung dann greifbar wurde, hat mich selbst überrascht. Ich schilderte zuerst – natürlich nur mit ein paar Zetteln bewaffnet, an die ich mich dann doch nicht hielt –, wie mir 1959 in Godesberg als Neuling zumute war. Ich berichtete, wie das neue Programm Theorie und Praxis der Partei wieder zusammenbrachte. Vor allem aber sprach ich davon, was nach wie vor die Sozialdemokratie von ihren Konkurrenten unterschied: dass nämlich Freiheit und Gerechtigkeit bei anderen Parteien auf einer Balkenschaukel sitzen, bei der SPD nicht. Für Christdemokraten, noch mehr für die FDP, bedeutet mehr Gerechtigkeit immer weniger Freiheit, und mehr Freiheit immer weniger Gerechtigkeit. Für die Arbeiterpartei hingegen hat mehr Gerechtigkeit immer dazu geführt, dass mehr Menschen mit ihrer Freiheit etwas anfangen konnten, also bedeutet für sie mehr Gerechtigkeit immer auch mehr lebbare Freiheit. Obwohl dies doch eine ziemlich abstrakte Erörterung war, gingen die Delegierten begeistert mit, vielleicht, weil das Bild von der Balkenschaukel zündete: Wenn die Gerechtigkeit oben ist, muss die Freiheit unten sein – und umgekehrt.

Diese zwanzig Minuten des Rückblicks auf Bad Godesberg wurden für den Parteitag ein Höhepunkt, für mich waren sie noch mehr: Ich erlebte sie als einen schönen, harmonischen Abschied. Wie oft hatte ich inzwischen ohne Geräuschkulisse auf Parteitagen gesprochen, meist kam der Beifall nur von einem Teil der Delegierten. Zum Abschied kam er von allen. Auch vom Parteivorsitzenden Sigmar Gabriel, der genau verstanden hatte, dass ich ihn unterstützen wollte.

Zwischen Beruf und Politik

Als die fünfziger Jahre zu Ende gegangen waren, stellte ich fest, dass ich mir mehr aufgeladen hatte, als gut war. Immer noch hatte ich 28 Wochenstunden am Gymnasium bei sehr großen Klassen. So gab ich Deutschunterricht in zwei Parallelklassen von je 45 Fünfzehnjährigen. Alle drei Wochen neunzig Aufsätze so zu korrigieren, dass die Autoren nachher wussten, was ich gut fand und was nicht, verlangt Kraft und Zeit.

Gleichzeitig war ich Stadtrat, Mitglied des Kreistags und schließlich, in Rottweil, auch noch Kreisvorsitzender der SPD. Es dauerte nicht lange, bis ich mich um die Einsicht nicht mehr drücken konnte: Beides, die berufliche und die politische Arbeit konnte ich nicht so erledigen, dass mir dabei wohl war. Meine Schülerinnen und Schüler hatten ein Recht darauf, dass ich ausgeschlafen und gut vorbereitet zu ihnen kam, mich um jeden und jede kümmerte und mit ihren Eltern

Kontakt hielt, und ich spürte sehr wohl, dass ein Unterricht, auf den ich mich nicht ganz konzentrierte, weder den Schülern noch mir selbst Freude machte.

Aber auch eine Sitzung des Gemeinderats war wenig befriedigend, wenn man sich nicht vorbereitet hatte. Und die Aufgaben eines Kreisvorsitzenden sind im Prinzip uferlos. Das gilt vor allem für einen Kreis, in welchem die Gegenpartei immer mit absoluten Mehrheiten rechnen kann. Rottweil war eindeutig ein solcher Kreis.

Wenn ich nicht beides, Beruf und Politik, gleichzeitig so betreiben konnte, wie es sowohl der Beruf als auch die Politik verlangten, dann musste ich wählen. Mit dem Beitritt in die SPD hatte ich schon eine Vorentscheidung getroffen. Aber der Abschied von der Schule fiel mir nicht leicht. Die gutwilligen Mädchen und Jungen, die im Deutschunterricht erst einmal entweder alemannisch redeten oder hochdeutsch schwiegen, waren es wert, dass man sie ermutigte. Heute weiß ich, dass ich dies als Lehrer längst nicht so gründlich getan habe, wie es möglich und nötig gewesen wäre. Trotzdem hatten wir uns aneinander gewöhnt und vertrauten einander. Wenn ich die Schüler und Schülerinnen von damals heute als Großmütter oder Pensionäre wiedertreffe und mir der Vorname rascher einfällt als der Nachname, wird eine menschlich reiche Zeit wieder lebendig, die ich nicht missen möchte.

Ich erinnerte mich auch an das Jahr 1952. Ich war bereits promoviert, und mein Doktorvater hatte mir eine akademische Stelle in Dublin angeboten, mit dem Hinweis, dort könne ich auch über eine Habilitation nachdenken. Ich hatte bereits zugesagt, als klar wurde, dass Gustav Heinemann am Ende des Jahres seine Partei gründen wollte. Für mich hatte Heinemann, also die Politik, Priorität. Als ich meinem Professor gestand, dass ich nicht nach Dublin gehen würde, war er – zu Recht – verärgert. Natürlich war damit der Weg zu einer akademischen Laufbahn versperrt.

Und nun, 1960, acht Jahre später, erging es mir nicht anders. Jetzt konnte ich nicht gut um des Schuldienstes willen auf die Politik verzichten, auch wenn inzwischen eine emotionale Bindung an viele Schülerinnen und Schüler, aber auch an meinen tapferen Direktor, entstanden war. Im Übrigen habe ich als Lehrer etwas gelernt, was mir in der Politik zugutekam: bei allem, was ich sagte, an den Gesichtern abzulesen, wie es ankam, wer es verstanden hatte und wer nicht, und es notfalls noch einmal mit anderen Worten zu versuchen. Ein Lehrer, der über die Köpfe seiner Schüler hinweg redet, muss scheitern. Ein Politiker, der über die Köpfe der Menschen hinweg redet, auch. Nur merkt er es nicht so schnell.

Die Kandidatur zum Bundestag war für mich der Ausweg, den ich wohl gesucht habe. Im Wahlkreis Rottweil/Tuttlingen hieß der sozialdemokratische Kandidat längst nicht mehr Fritz Erler. Der kämpfte – übrigens auch vergeblich – um den weiter nördlich gelegenen Wahlkreis Pforzheim. Aber ein Ersatz für Erler, der zudem eine Chance auf einen guten Listenplatz gehabt hätte, war bislang nicht aufzufinden gewesen. 1961 standen nun plötzlich zwei Kandidaten zur Verfügung, die alle Voraussetzungen mitbrachten. Der eine war eine tüchtige, sympathische Frau, Hedwig Meermann aus Tuttlingen, der andere war ich.

Gleichzeitig suchte auch der nördlich angrenzende Wahlkreis Freudenstadt-Calw-Horb, der unter anderem den ganzen nördlichen Schwarzwald umfasste, nach einem Kandidaten. Die Kreise Calw und Freudenstadt waren noch bei der Landtagswahl 1956 Hochburgen der Heinemann-Partei gewesen. Man suchte also einen SPD-Kandidaten, der die einstigen Heinemann-Wähler ansprechen konnte. Da ich Hedwig Meermann sehr schätzte und sicher war, dass sie eine Bereicherung für den Bundestag sein würde, nahm ich das Angebot aus dem Nordschwarzwald an, was im Falle der Wahl bedeutete, dass uns ein erneuter Umzug bevorstünde. Die 203 Gemeinden, in denen ich 1961 antrat, lagen genau zwischen Fritz Erlers erstem und zweiten Wahlkreis. Sie zeichneten sich bis dahin durch die geringste Wahlbeteiligung in der ganzen Republik aus. Das kam daher, dass die Buschtrommler der Pietisten, die im Nordschwarzwald den Ton angeben, regelmäßig zur Wahlenthaltung geraten hatten. Adenauer war Katholik, die Sozis und die Liberalen nicht fromm genug. Das war auch der Grund, warum sich viele, wenn sie denn zur Wahl gegangen waren, für Heinemann entschieden hatten.

Geographisch reichte dieser Wahlkreis von Birkenfeld bei Pforzheim bis Sulz am Neckar. Inzwischen hatte ein gebrauchter VW-Käfer das schwachbrüstige Motorrad abgelöst. Ich konnte nicht nur einen, sondern sogar drei Begleiter mitnehmen, aber dazu kam es selten, denn Mitgliedschaft in Parteien, zumal der SPD, gehörte nicht zu den ersten Leidenschaften der Schwarzwälder.

Nach der Wahl war ich mit dem erzielten Ergebnis sehr zufrieden. In den Kreisen Calw und Freudenstadt lag ich sogar vorn, aber der überwiegend katholische Kreis Horb sorgte dafür, dass der Kandidat der Union insgesamt etwa 2000 Stimmen mehr bekam. Dabei hatte ich in den katholischen Dörfern eher Erfreuliches erlebt. In einem Dorf, es hieß wohl Obertalheim, war ich auf ein vollbesetztes Lokal getroffen, in dem mich der Bürgermeister freundlich begrüßte. Als ich mein Zwanzigminutensprüchlein abgeliefert hatte – ich besuchte jeden Abend drei Versammlungen –, stand der Bürgermeister auf und lobte mich: Das sei ja interessant gewesen, er sei sehr zufrieden, auf die Diskussion könne man verzichten, damit auf meiner zweiten Station niemand warten müsse. Hochbefriedigt zog ich ab und rechnete mir aus: Vierzig Besucher, dazu noch vierzig Ehefrauen, die sich an ihrem Mann orientierten, das ergab schon das Dreifache dessen, was meine Partei bei der letzten Wahl bekommen hatte. Wunderbar! Als ich am Tag nach der Wahl die Einzelergebnisse studierte, musste ich feststellen, dass ich in diesem freundlichen Dorf im Vergleich zum Vorgänger 1957 eine Stimme verloren hatte. Gar nichts hatte ich auf den einst vorderösterreichischen Dörfern gutgemacht. Die Leute, deren Leben sich hauptsächlich zwischen Messe, Kolping und CDU abspielte, hatten nur einmal zur Abwechslung etwas anderes hören wollen und waren dafür höflich und dankbar gewesen. Aber was sie wählten, stand auf einem anderen Blatt.

Machte mir die erste Wahl 1961 insgesamt Mut, so stürzte mich die zweite 1965 fast in die Depression. All den Mühen in vier Jahren zum Trotz gewann ich fast nichts dazu! Stattdessen zog die Union davon bis knapp an die absolute Mehrheit. Was hatte ich falsch gemacht? Es dauerte Wochen, bis ich erfuhr, was geschehen war: Die pietistische Buschtrommel hatte erstmalig empfohlen, zur Wahl zu gehen und die Union zu wählen. Adenauer stand nicht mehr im Weg. Ludwig Erhard war zwar ganz sicher kein Pietist, aber seine Rhetorik vom Maßhalten, vom sich Bescheiden, hatte Anklänge an die Art von Ratschlägen, die pietistische Eltern gern ihren Kindern mitgaben. Seither ist der Wahlkreis fest in der Hand der Union.

Neuling im Bundestag

In den ersten Jahren meiner Mitgliedschaft im Deutschen Bundestag, in den ich 1961 über die Landesliste gekommen war, war ich, jedenfalls im Rückblick, ein ganz normaler, gewöhnlicher Abgeordneter, der sich auf die Buchstaben MdB hinter seinem Namen etwas einbildete, der für richtig hielt, was die Fraktion beschloss, der ein Sachgebiet suchte, auf dem ihm die Einarbeitung gelingen könnte. Ein Abgeordneter, der nicht ohne Ehrgeiz war. Und einer, der keine Ahnung hatte, was sein Ziel sein sollte.

Ich zweifelte damals nicht daran, dass das Wirtschaftswachstum einfach so weitergehen würde wie in den Fünfzigern, dass Wachstum und Wohlstand praktisch dasselbe seien. Als im Wahlkampf 1965 die beiden großen Parteien sich stritten, wer den »Wohlstand«, gemeint war das Bruttoinlandsprodukt, rascher verdoppeln könne, fand ich das keineswegs albern. Hätte jemand über Ökologie gesprochen, ich hätte ihn gefragt, was denn dieses Fremdwort bedeute. Dass es im ganzen Bundestag nur einen einzigen Abgeordneten gab, der Zweifel an der friedlichen Nutzung der Atomenergie äußerte, den verfemten Physiker und Mainzer Professor Karl Bechert, fand ich durchaus in Ordnung, auch wenn die Art, wie man mit ihm umging, bei mir manchmal Mitleid mit dem verschüchterten, pädagogisch ungeschickten Kollegen erregte. Ich fand es sogar beachtenswert, als Günter Howe von der Heidelberger evangelischen Studienstiftung zu dem Schluss kam, ein so großes und dichtbevölkertes Land wie Indien könne seinen Energiebedarf nur durch schnelle Brüter decken. Dass die Natur, die in sechs Jahren Krieg keinen nennenswerten Schaden genommen hatte, nun durch unsere friedliche Lebensweise in Gefahr geraten könnte, kam mir in den sechziger Jahren so wenig in den Sinn wie allen anderen, meinen Kollegen im Bundestag, den Zeitungsredakteuren, den Ministerialbeamten, den Universitätsprofessoren und auch den Bischöfen jeglicher Konfession. Was uns allen Sorgen machte, war der Kalte Krieg, der, wie die Kubakrise zeigte, jederzeit in einen heißen Ausrottungskrieg umschlagen konnte.

Als Neuling im Bundestag brütete ich über dem Wunschzettel, mit dem jeder Abgeordnete angeben musste, in welchen Ausschüssen er tätig werden wollte. Dann kreuzte ich drei wichtige Ausschüsse an: den Auswärtigen Ausschuss, den Innenausschuss und, wenn ich mich nicht irre, auch den Finanzausschuss. Die Entscheidung der Fraktionsspitze sah jedoch anders aus. Ich wurde zwei Ausschüssen zugeteilt: dem Mittelstandsausschuss und dem Kulturausschuss. Beide hatten kaum etwas zu sagen. Der Mittelstandsausschuss, der später abgeschafft wurde, bekam all die Gesetze, für die der Finanzausschuss oder der Wirtschaftsausschuss federführend zuständig waren, zur »Mitberatung« zugeteilt. Er diskutierte heftig alles unter »Mittelstandsgesichtspunkten«, sandte sein gewichtiges Votum an den federführenden Ausschuss, wo es meist im Papierkorb oder der Aktenablage landete. Der Kulturausschuss litt darunter, dass Kultur nach der Verfassung Landessache war und die auswärtige Kulturpolitik in einem Unterausschuss des Auswärtigen Ausschusses verhandelt wurde. So war der Kulturausschuss ein Abstellgleis für Abgeordnete, die in den Verdacht geraten waren, Intellektuelle zu sein. Sie durften dort viel Kluges sagen, während das Grundgesetz dafür sorgte, dass daraus keine Gesetze wurden. Mittelstandsausschuss und Kulturausschuss. Nun hatte ich es schwarz auf weiß: Du bist hier ein ganz kleines Licht, ein Lehrling, der zu lernen, nicht zu entscheiden hat.

Im Bundestag traf ich auch Gustav Heinemann wieder. Seit jenem Gespräch in unserer Schwenninger Wohnung im Herbst 1955, in welchem ich ihm hatte sagen müssen, dass ich seine Partei verlassen würde, waren wir nicht mehr zusammengekommen. 1957 war er, zusammen mit Helene Wessel, Diether Posser, Johannes Rau und den meisten aktiven Weggenossen eineinhalb Jahre nach mir der SPD beigetreten und in den Bundestag gewählt worden. Mit seinem ruhigen, trockenen, humorvollen, im Zweifel aber entschiedenen Verhalten hatte er sich bei der SPD Respekt verschafft, so dass er sich dort wohler fühlte, als er sich dies hatte vorstellen können. Ich war zwar seit meinem Wechsel in die SPD nicht müde geworden zu betonen, dass die GVP nichts weiter mehr bewirken könne, als politisch interessante Frauen und Männer von der wirklichen Politik fernzuhalten. Aber mir war nie ein abfälliges Wort über Gustav Heinemann oder meine früheren Mitstreiter in den Sinn gekommen. Und Heinemann, so war mir zu Ohren gekommen, hatte einen besonders guten Kontakt zu Fritz Erler gefunden. Wie würde er mich behandeln? »Na, da wären wir also wieder beisammen!«, sagte Gustav, der mich nun duzte, wie die anderen Mitglieder der Fraktion. Das war ganz unsentimental und hieß: Nun lass uns nicht darüber nachsinnen, was wir einander zugemutet haben. Lass uns Politik machen.

Von da an fragte ich ihn gelegentlich um Rat. Und als ich ihm in einer schwachen Stunde einmal vorjammerte, dass ich nichts Gescheites zu tun hätte, dass meine einzige Leistung im Bundestag darin bestehe, dass ich in der Fußballmannschaft des Bundestags ein Tor geschossen hätte, war sein

Kommentar wenig tröstlich, aber heilsam: »So ist das manchmal in der Politik. Wenn du das nicht aushältst, musst du eben nach Hause gehen.« Das saß so passgenau wie seinerzeit der Brief Fritz Erlers.

Weil ich auch heute noch glaube, Heinemann einigermaßen gut gekannt zu haben, hege ich weiterhin den Verdacht, dass er nicht ganz unschuldig daran war, dass ich 1963, nach mehr als zwei Jahren Trockenschwimmen, doch noch eine Aufgabe bekam. Offiziell war es Alex Möller, der mir einen Platz im Finanzausschuss des Bundestages verschaffte. Ihm hätte ich allerdings nicht zu sagen gewagt, wie mir zumute war.

Im Bundestag hat der Haushaltsausschuss nur mit den Ausgaben, der Finanzausschuss nur mit den Einnahmen des Bundes zu tun. Steuern haben mich schon immer interessiert. Und so stürzte ich mich in die Arbeit. In der Mitte der sechziger Jahre befasste sich der Finanzausschuss mit einem Großprojekt. In der ganzen europäischen Gemeinschaft sollte die Umsatzsteuer in eine Mehrwertsteuer verwandelt werden. Bei der alten Umsatzsteuer, wie sie aus der Erzberger-Reform hervorgegangen war, musste eine Ware bei jedem Erlös, den man mit ihr erzielt, versteuert werden, wenn auch zu verschiedenen Sätzen: vom Erzeuger zum Großhändler, vom Großhändler zum Kleinhändler, vom Kleinhändler zum Kunden. Und wenn ein Industriebetrieb, etwa ein Autohersteller, seine Sitze oder seine Geschwindigkeitsmesser von einem externen Zulieferer herstellen ließ, dann kamen noch weitere Umsätze dazu. Je mehr Umsätze mit einer Ware verbunden waren, desto mehr Steuer lag auf ihr. Kein Wunder, dass die Großen versuchten, ihre Zulieferer aufzukaufen und dadurch Steuern zu sparen. Die Mehrwertsteuer sollte dafür sorgen, dass auf jedem Produkt, gleich ob es in einem oder in 17 Betrieben hergestellt worden war, dieselbe Steuer lag. Sie sollte die Konzentration stoppen, den Kleinen eine Chance geben. Und genau das hat sie getan. Da ich mit der alten Umsatzsteuer nie zu tun hatte, konnte ich mich in die ganz andere Systematik der neuen leichter hineindenken als die alten Fachleute im Finanzausschuss. Das machte mir Mut.

Der Vorsitzende des Finanzausschusses war in den sechziger Jahren der CDU-Abgeordnete Otto Schmidt aus dem Wahlkreis Wuppertal. Ich, ein junger Abgeordneter der Opposition, schätzte diesen ebenso sachkundigen wie unbestechlichen Politiker. Eines Abends gingen wir miteinander essen. Wir kamen natürlich auch auf die Mehrwertsteuer zu sprechen. Beide fanden wir zwei Bestimmungen des Regierungsentwurfs – damals regierte noch Ludwig Erhard – verbesserungsbedürftig. Was dem Ausschuss vorlag, hätte bedeutet, dass Bier (als Nahrungsmittel) in den halben Satz der Mehrwertsteuer gekommen wäre, Bücher dagegen (als Druckerzeugnisse) in den vollen. Wir stellten fest, dass wir beide die Umkehrung für richtig hielten: Bier sollte besser mit dem vollen, Bücher mit dem halben Satz belegt werden. Als wir uns verabschiedeten, versprachen wir einander, in unseren Fraktionen für diese Umkehrung zu werben. Wir hatten Erfolg, Bier wurde teurer und Bücher wurden billiger. Die Regelung gilt bis heute.

Die Beratung über die Mehrwertsteuer war noch in vollem Gang, als der Finanzausschuss mich zum Berichterstatter für ein neues Bewertungsgesetz bestimmte. Das war nicht als Auszeichnung für einen fleißigen jungen Abgeordneten zu verstehen. Niemand war scharf auf diese uferlose Materie, mit der die steuerliche Bewertung von Vermögensgegenständen geregelt werden sollte. An mir blieb sie hängen. Im Jahr 1935 waren die Einheitswerte für Häuser, Grundstücke, auch für landwirtschaftliche Flächen festgelegt worden, die dann für die Grundsteuer, aber auch für die Vermögens- und Erbschaftssteuer gültig wurden. Inzwischen waren drei Jahrzehnte vergangen, es war Zeit, die Werte neu zu berechnen. So arbeitete ich mich in eine Materie ein, der viele Dissertationen und Habilitationsschriften gewidmet waren. Bis das Gesetz und Jahre später die Bewertung fertig waren, wurde die Finanzverwaltung unsicher, ob sie überhaupt mit Einheitswerten arbeiten dürfe, die regelmäßig unter den Verkehrswerten lagen.

Für mich war die Arbeit am Bewertungsgesetz die erste und eindrücklichste Begegnung mit der Lobby. Ich wurde interessant für die Haus- und Grundbesitzervereine, den Bauernverband, die Vertreter der Kommunen. Am häufigsten sah ich zwei Herren der Forstwirtschaft. Ich weiß sogar noch ihre Namen: Der eine hieß Forstmann, der andere Rehbock. Ihrer Argumentation zufolge hätten die Waldbesitzer gar keine Steuer zahlen dürfen, der Staat hätte ihnen etwas zahlen sollen für die Mühe, die sie mit ihren Wäldern hatten. Wann immer der Forstmann mit seinem Rehbock vor der Tür stand, bereitete ich mich auf ein heiteres Pingpong mit den beiden vor, denn sie hatten Humor und wussten, dass sie gut bedient waren, wenn auch nur ein geringer Teil ihrer Forderungen in das Gesetz einginge. Am Ende konnten sie sichtlich zufrieden sein.

Im Übrigen wurde mir klar, dass der effektivste Lobbyismus nicht beim Parlament, sondern bei der Ministerialbürokratie ansetzt. Denn sie formuliert die Gesetzentwürfe, die dem Parlament zugehen. Wenn sie eine Forderung unauffällig im Gesetzestext verstaut hatte, konnte man hoffen, dass die Abgeordneten ihre Brisanz nicht bemerkten. Heute haben Letztere auch damit umzugehen gelernt.

IN DER VERANTWORTUNG

Außenpolitik

Meine anfänglichen Aktivitäten im Bundestag fanden im Großen und Ganzen ohne Öffentlichkeit statt. Zu den Medien hatte ich keinen Kontakt. Der Gedanke, zwecks Profilierung – ich lernte dieses Wort erst langsam kennen – mit irgendeinem Journalisten anzubandeln, kam mir erst gar nicht. Bei den jährlichen deutsch-britischen Gesprächen, die im malerischen Königswinter stattfanden, hatte ich einige von ihnen kennengelernt, vor allem den schwäbischen Landsmann Rolf Zundel von der *Zeit* und, weniger intensiv, seine Chefin Marion Dönhoff. Mit dem klugen, nachdenklichen Zundel blieb ich bis zu seinem frühen Tod in freundlichem Kontakt, Marion Dönhoff öffnete mir die Türen in die Publizistik.

Ende 1966 zerbrach die Regierung Ludwig Erhards, und die erste Große Koalition raufte sich unter Kanzler Kurt Georg Kiesinger zusammen – ein besseres Wort als »Zusammenraufen« kann man für diesen außergewöhnlichen politischen Vorgang wohl nicht finden. Zu diesem Zeitpunkt diskutierten die Deutschen sehr ernsthaft über ein äußerst schwaches Buch des in Basel lehrenden Philosophen Karl Jaspers. Es trug den alarmierenden Titel: *Wohin treibt die Bundesrepublik?* Da ich Jaspers als ziemlich eitlen Herrn kennengelernt hatte, drückte ich mich einige Zeit um die Lektüre. Schließlich hatte er, wenn er sich in den Fünfzigern politisch geäußert hatte, doch nur Adenauers Politik philosophisch etwas Politur verliehen – ich versprach mir also nicht viel davon. Aber eines Tages las ich es doch. Und war entsetzt. Jaspers entwarf ein absurdes Szenario, in dem die Bundesrepublik Deutschland von der Demokratie zur Parteioligarchie bis zur Diktatur abdriftete und schließlich einen entmündigten Bürger zurückließ. Wie konnte ein bedeutender Philosoph nur so auf antidemokratische Vorurteile hereinfallen? Hätte ein Hinterbänkler der Union oder der SPD ein solches Manuskript eingereicht, kein seriöser Verlag hätte es gedruckt. Aber Jaspers, dem *Praeceptor Germaniae*, nahm man alles ab. Was er zu sagen hatte, fand auch dann Hunderttausende Leser, wenn er bloß Vorurteile des Stammtisches philosophisch verkleidet hatte.

Rückblickend stelle ich fest: Wann immer ich leidenschaftlich aktiv wurde, motivierte mich zu Beginn der Ärger, oft auch der Zorn. Erst dann kam ich in Fahrt. Und Jaspers' *Wohin treibt die Bundesrepublik?* weckte in mir die zornige Frage: »Wohin treibt Karl Jaspers?« Unter dieser Überschrift schrieb ich in zwei Tagen eine längere Kritik, ohne zu wissen, was daraus würde. Mein Verriss begann sehr vorsichtig, respektvoll und steigerte sich langsam bis zu dem Punkt, wo der Kaiser, so wie ich ihn sah, splitternackt war. Dann wagte ich es, mein Manuskript – per Post, denn Fax oder Mail gab es noch nicht – an die Gräfin Marion Dönhoff nach Hamburg zu schicken. Und siehe da: Die ebenso tapfere wie kluge Frau druckte es ab, Wort für Wort, auf einer ganzen Seite der *Zeit*.

Das Echo war stark. Von Politikern, keineswegs nur solchen der SPD, kam Zuspruch, von manchen Bildungsbürgern eher verärgertes Staunen: Was nimmt der junge Schnösel (ich war noch keine vierzig Jahre alt) sich da heraus? Jaspers selbst hat zwar noch ein Buch geschrieben, in welchem er sich mit der Kritik an seinem Werk befasste, hat aber meinen Namen nie erwähnt. Der Kaiser wusste seine Nacktheit zu bedecken. Aber der Höhenflug des politischen Karl Jaspers war definitiv beendet, zumal Marion Dönhoff mir die Chance gab, auch seine Verteidigungsschrift noch zu besprechen. Eine Nebenwirkung dieses Disputs war, dass ich nun denen zugerechnet wurde, welche die Bundesrepublik Deutschland – auch wenn sie außenpolitisch einen Weg ging, der mir gefährlich erschien – für einen demokratischen Versuch hielten, der Format hatte und der es verdiente, fortgesetzt und gegen Ressentiments von rechts oder links verteidigt zu werden. Vierzig Jahre später sagte mir der kluge Gegenspieler von Franz Josef Strauß, Hans Maier, lange Kultusminister in Bayern, dann Präsident des Zentralkomitees der deutschen Katholiken, er habe denen nie geglaubt, die mich in den siebziger Jahren zum linken Systemveränderer erklärt hätten. Dazu habe er meine Jasperskritik zu genau gelesen.

Die Wirkung in den vorderen Reihen der SPD-Fraktion war eine andere. Da hieß es nur: Schreiben kann er. Kann er auch reden?

Das konnte ich in den zwei folgenden Jahren tatsächlich beweisen, und zwar auf dem Gebiet, auf dem ich mich am sichersten fühlte: der Außenpolitik. Außenpolitisch gab es in der SPD-Fraktion nur zwei Leute, denen es gelungen war, weit über die deutschen Grenzen hinaus respektiert zu werden: der Fraktionschef Fritz Erler und sein Stellvertreter sowie späterer Nachfolger, Helmut Schmidt.

Es war Fritz Erler, der mich in den Auswärtigen Ausschuss delegierte, erst als stellvertretendes, dann als ordentliches Mitglied. Unser Verhältnis war enger geworden. Im Pforzheimer Häldenweg war ich gelegentlich eingeladen, wenn sich ein Kreis parteiloser Intellektueller bei Erler traf. Hier, zu Hause, war Erler nicht mehr der strenge Sicherheitspolitiker, der nur druckreif sprach, sondern der freundliche Gastgeber, der aufmerksam zuhörte und gelegentlich eine scherzhafte Bemerkung beisteuerte. Für mich war und blieb er ein möglicher Kanzler, und zwar ein ausgezeichneter, bis die Leukämie seinem Leben ein Ende setzte. Ich war schon sehr erschrocken, als Erler am Wahlabend 1965 im Fernsehen erschien. Das war ein kranker, gezeichneter Mensch. Noch zwei Wochen vor seinem Tod besuchte ich ihn. Todkrank, wie er war, sprach er mit mir, wenn auch leiser als sonst, als ob er bald wieder nach Bonn kommen würde. Er gab mir sogar Aufträge, wem ich was ausrichten solle. Nicht, dass er den Tod verdrängt hätte. Da wusste er längst Bescheid. Aber er tat das, was er für seine Pflicht hielt, solange er konnte.

Außenpolitik zeichnete sich in der Großen Koalition nicht mehr in erbitterten Parlamentsdebatten über den rechten Weg für die Republik ab, sondern im Kleinkrieg zwischen Kiesingers Kanzleramt und dem Auswärtigen Amt, an dessen Spitze seit Dezember 1966 der Vizekanzler Willy Brandt stand. Auch Kiesinger hatte begriffen, dass es nicht reichte, der NATO Treue zu schwören und alles, was aus dem Osten kam, zurückzuweisen. Aber wie wenig er der Wirklichkeit gewachsen war, zeigten etwa 1969 seine im herkömmlichen Adenauer-Jargon verfassten Wahlreden: »Ich sage nur China! China! China!«

Wurde im Bundestag über Außenpolitik diskutiert, so spielte die Opposition, also die FDP, keine Rolle. Sie hatte niemanden mehr, dem zuzuhören sich lohnte. Ihr Fraktionsvorsitzender war damals Freiherr von Kühlmann-Stumm.

Als er einmal ziemlich unbedarft in die Debatte eingegriffen hatte, sagte mir nachher Gustav Heinemann: »War ganz schön, wenn nur der Kühlmann stumm geblieben wäre.« Es waren Union und SPD, die untereinander versuchten, für ihre Positionen zu werben, möglichst ohne den Koalitionspartner zu brüskieren. Wir Sozialdemokraten bemühten uns, Brandts Ansatz zu einer Entspannungspolitik zu begründen und zu stützen, die Abgeordneten der Union widersprachen nicht mehr grundsätzlich, mahnten aber zu größter Vorsicht. Daher war auf beiden Seiten nicht mehr die Zuspitzung der Gegensätze, sondern die sorgsame Analyse gefragt.

Das kam mir durchaus gelegen. Ich hielt Brandts Ostpolitik, die sich langsam abzuzeichnen begann, für richtig, hatte selbst allerdings eine von seiner Einschätzung etwas abweichende Theorie. Wenn ich sie hier erwähne, dann nicht, weil ich sie damals propagiert hätte – dazu eignete sie sich nicht –, sondern weil das, was dann im Ostblock zwei Jahrzehnte später tatsächlich geschah, mich wieder an sie erinnert hat.

In den knapp zwei Jahren, in denen ich ab 1967 einer der außenpolitischen Sprecher meiner Fraktion war, habe ich fast alle Ostblockstaaten bereist, meist ganz unauffällig, in Moskau und Warschau als Mitglied einer Reisegruppe des evangelischen Männerwerks – was den diskreten Besuch im sowjetischen Außenministerium nicht ausschloss. Während des Prager Frühlings war ich so oft vor Ort, dass der sowjetische Geheimdienst mir eine Rolle zusprach, die mir ganz fern lag. Ich wollte nur wissen und verstehen, was da vorging, Einfluss nehmen konnte und wollte ich nicht. Die Reformkommunisten sollten wissen, dass wir ihnen Erfolg wünschten. Aber wie weit sie sich von der Moskauer Linie entfernen wollten, war allein ihre Sache.

Die Eindrücke, die ich jenseits des Eisernen Vorhangs gewann, deuteten darauf hin, dass die kommunistischen Herren in den sogenannten Satellitenländern weit weniger fest im Sattel saßen, als es die Rituale kommunistischer Bruderschaft glauben machen wollten. Ich ging mit dieser Erkenntnis nicht hausieren, aber mir war doch klar, dass in den Ländern des Warschauer Paktes europäische Völker lebten, die zwar keinen offenen Widerstand mehr leisteten gegen die Zwänge und die rhetorischen Rituale der Kommunisten, die aber in ihrer großen Mehrheit keine Freunde der kommunistischen Ideologie waren und oft auch die Herrschaft der Kommunistischen Partei (KP) zum Teufel wünschten. Was die Mehrheit dieser Völker stattdessen interessierte, waren eine bessere Versorgung mit Konsumgütern und die Sicherheit von Haus und Hof. Unterschiedlich stark ausgeprägt war das Gefühl nationaler Zusammengehörigkeit oder nationalen Stolzes, ein Gefühl, das viel vordringlicher war als die Neigung zum Kommunismus. Das galt vor allem für Polen, Ungarn und Tschechen. Die meisten Osteuropäer fanden die Sowjetherrschaft beschwerlich, aber doch nicht so schlimm wie die deutsche im Zweiten Weltkrieg. Die Angst vor den deutschen Kommissstiefeln war immer noch groß, am deutlichsten spürbar war sie in Polen.

Aus diesen Eindrücken und Erfahrungen fertigte ich mir das zusammen, was ich das Drei-Säulen-Modell nannte. Ich habe dieses Modell nicht öffentlich propagiert, wohl wissend, dass es die Ostpolitik nicht einfacher machen würde. Aber meine eigene Position wurde dadurch bestimmt.

Nach diesem Ansatz stützte sich die kommunistische Herrschaft in Osteuropa – die Sowjetunion klammerte ich aus – auf drei Säulen. Die erste Säule bildete der wirtschaftliche Erfolg, der in einigen Ländern erkennbar war, in anderen nicht. Die zweite Säule war das Fortleben eines Gefühls nationaler Zusammengehörigkeit, des nationalen Stolzes. Die dritte Säule bestand aus der – immer noch wirksamen – Furcht vor den Deutschen. Von diesen drei Säulen reichten notfalls zwei, um die kommunistische Herrschaft zu stützen. Eine allein allerdings nicht. Und wenn die Säule drei, die Furcht vor deutschen Herrenmenschen, wegfiel, mussten die beiden anderen Stützen intakt sein, sonst drohte Gefahr. Praktisch bedeutete dies: Wenn es der Bundesrepublik gelang, die Furcht vor deutschen Kommissstiefeln abzubauen, vielleicht zu beseitigen, gerieten die kommunistischen Regierungen in unsichere Gewässer. Die sowjetischen Truppen in diesen Ländern boten keinen Schutz mehr, sie waren nur noch Besatzer. Ein Beispiel: Wenn die Polen nicht mehr fürchteten, dass eines Tages deutsche Divisionen in Richtung Breslau marschieren könnten und gleichzeitig Polen wirtschaftlich deutlich hinter dem Westen herhinken sollte, würde sich eine kommunistische Regierung dort nicht mehr lange halten können. Ist es nicht so ähnlich auch gekommen?

Die DDR war nach dieser Theorie besonders gefährdet. Der polnische oder der ungarische Staat waren tausend Jahre älter als das kommunistische Regime. Der Staat hatte in diesen Ländern eine nationale Geschichte, eine nationale Basis. Die DDR hingegen war um ein paar Jahre jünger als die SED. Der Versuch, eine neue, eigene Nation der Arbeiter und Bauern zu begründen, war gescheitert. Fiel das Wort »Nation«, so kam sofort die größere, reichere, freiere Bundesrepublik ins Spiel. Die DDR musste, um ihre Existenz zu begründen, darauf bestehen, dass diese Bundesrepublik ein Tummelpatz für Nazis und Militaristen war, eben nicht, wie die »Deutsche Demokratische Republik«, eine wirkliche Demokratie. Die DDR musste sich als der gute Gegenentwurf zur bösen Bundesrepublik verstehen und darstellen. Es gab sie, weil die Deutschen einen besseren Staat verdienten als die Bundesrepublik. Dass dieser Anspruch ein vernünftiges Verhältnis zu dieser Bundesrepublik nicht zuließ und eine hasserfüllte Feindschaft zur Folge haben musste, nahm man in Kauf.

Als die SED 1967 auf Entspannungssignale aus Bonn mit verhärteter Abgrenzung, ja mit massiver Hetze antwortete, versuchte ich die Unionskollegen im Bundestag zu beruhigen: Das sei zu erwarten gewesen, denn die Existenz der DDR lasse sich nur damit begründen, dass die Bundesrepublik ein Hort »antidemokratischer Kräfte« sei. Wozu eine DDR, wenn das niemand mehr glaubt?

In diesem Punkt hat sich meine Überzeugung nie mehr geändert. Die DDR musste sich notwendig als unerlässlicher Gegenentwurf zur Bundesrepublik verstehen und darstellen. Das war ihre *raison d'etre.*

Was auch immer die Notwendigkeit dieses Gegenentwurfs in Zweifel zog, war für die DDR gefährlich. Sicher, wenn Politiker aller Parteien aus der Bundesrepublik fanden, ein Bild mit DDR-Chef Honecker könne ihrem Bekanntheitsgrad und ihrer politischen Bedeutung nützlich sein – und derer gab es in den achtziger Jahren nicht wenige –, dann nahmen sie in Kauf, dass damit der »Staatsratsvorsitzende« populärer, die SED-Herrschaft legitimer wurde. Langfristig zeichnete sich jedoch eine gegenteilige und für die DDR nicht ungefährliche Wirkung ab: Wenn die Politiker hüben und drüben so nett miteinander umgehen konnten, wozu dann zwei Staaten? Es kratzte an der Begründung für einen zweiten deutschen Staat.

Als 1983 der Leipziger Philosophieprofessor Helmut Seidel mir vorschlug, die Grundwertekommission der SPD könne doch einmal Grundsatzfragen erörtern mit der Akademie für Gesellschaftswissenschaften beim Zentralkomitee der SED, war mir sofort klar, auf welches Abenteuer sich die SED damit einlassen würde. Weil der Marxismus-Leninismus die unumstößliche politische Wahrheit war, musste die SED stets regierende Partei bleiben. Wenn sie jedoch mit Sozialdemokraten über diese Wahrheit diskutieren wollte, warum nicht auch mit ihren eigenen Bürgern? Und dann? Müsste man dann nicht auch über die Notwendigkeit des eigenen Staates reden?

Mein Konterpart in diesen Gesprächen – ich werde auf sie noch zurückkommen – war der Wirtschaftswissenschaftler Otto Reinhold, einer der besten Köpfe der DDR, der als Nachfolger des DDR-Chefideologen Kurt Hager gehandelt wurde. Er war zu dieser Zeit Rektor der Akademie für Gesellschaftswissenschaften. Im Jahr des Mauerfalls verhielt er sich sehr still. Um den Jahreswechsel 1989/90 meldete er sich ein einziges Mal zu Wort: Eine ganz andere DDR als die reale, für ihn die sozialistische, könne es nicht geben. Sie habe gegenüber der Bundesrepublik keine Existenzberechtigung. Sagte es den siegreichen Reformern, die eine bessere DDR weiterhin der Vereinigung vorzogen, und verschwand dann für immer aus der Öffentlichkeit. Er zog sich in ein Städtchen in Brandenburg zurück und lebte das Leben eines unauffälligen Rentners. Als Politiker war er gescheitert. Die DDR, für die er ein Leben lang gearbeitet und gestritten hatte, war nicht zu retten. Damit musste er leben, aber eben: nicht beschwichtigend, entschuldigend, anklagend, vor allem nicht jammernd, sondern schweigend. Respekt, Otto Reinhold!

Was für den klugen Reinhold immer klar war, mussten die siegreichen Reformer in der DDR im Frühjahr 1990 als bittere Erfahrung lernen: Die bessere DDR ließ sich im Sog der Bundesrepublik nicht aufbauen.

Niemand konnte sich in den sechziger Jahren vorstellen, dass die Weltmacht Sowjetunion eines Tages auseinanderbrechen und verschiedene Einzelteile sich der kommunistischen Herrschaft entledigen könnten. Und es wäre wohl auch nie geschehen, solange die Furcht vor den Deutschen, die inzwischen auch noch mächtige Verbündete hatten, die Menschen dort noch immer geplagt oder verstört hätte. Der »Große Vaterländische Krieg« war erst endgültig gewonnen, wenn die Deutschen ihre Niederlage und damit ihre neuen Ostgrenzen anerkannt hatten und mit allen Siegermächten, auch der Sowjetunion, friedlich zusammenleben wollten. Erst dann konnte man sich unbeschwert mit der eigenen inneren Ordnung beschäftigen. Und die war, gemessen an den wirtschaftlichen Ergebnissen, desolat.

Wer, wie ich, vor allem die Schwächen des sowjetischen Systems im Blick hatte, war ziemlich immun gegen die Angstpropaganda, die uns nicht nur einen gewaltigen Militärkoloss mit Zehntausenden von Panzern vor Augen stellte, sondern auch eine Ideologie, die das Ziel der Weltrevolution nie aus dem Auge verlor. Natürlich las sich das ganz anders in den Berichten, welche die amerikanischen Geheimdienste ihren Präsidenten vorlegten. Im Westen der sechziger Jahre waren bereits zwei Bilder des Ostblocks zum festen Bestandteil der Denkkultur geworden, ein furchterregendes für die tägliche Propaganda und ein realistisches, das die Überlegenheit des Westens, zumal der Vereinigten Staaten, nie in Zweifel zog. Mir wurde dies 1962 in jenem bereits erwähnten Harvard-

Seminar deutlich: Henry Kissinger musste hier schließlich zugeben, dass, wann immer er von Gleichgewicht sprach, er eine »leichte« Überlegenheit der USA meinte.

Auch im Auswärtigen Ausschuss dauerte es nicht lange, bis man mir eine Berichterstattung zuschob. Es ging um den Atomwaffensperrvertrag, der in der Großen Koalition durchaus umstritten war. Wer diesem Vertrag beitrat, verzichtete auf die Produktion und Verwendung von Atomwaffen, durfte jedoch Atomenergie erzeugen und »friedlich nutzen«. In der Union gab es nur wenige, die auf den Besitz von Atomwaffen bestanden, aber eine größere Zahl von Abgeordneten, die befürchteten, die »friedliche Nutzung« könne unter dem Vertrag leiden. Daher bekam ich im Abgeordneten Kurt Birrenbach einen Mitberichterstatter, der den Vertrag im Grunde ablehnte und immer neue Fallen für die »friedliche Nutzung« darin ausmachte. So musste ich mich intensiv mit allen denkbaren Wirkungen und Einschränkungen beschäftigen, ehe ich dann den Bericht an den Bundestag alleine formulierte und – ohne Protest aus der Union – vortragen konnte.

Wenn ich ein knappes halbes Jahrhundert später durchlese, was ich damals dem Bundestag vortrug, staune ich darüber, dass ich noch 1968 keine Zweifel an der atomaren Energiequelle hatte. Die kamen mir erst langsam in den frühen Siebzigern und verdichteten sich ab 1975 so stark, dass ich mir einen Ausstieg aus der Atomenergie vorstellen konnte. In damaligen Zeiten bedeutete dieser Gedanke so etwas wie eine kopernikanische Wende der Energiepolitik: Dass die Menschheit sich mit gewaltigen Kosten einer Technik entledigte, auf die sie geradezu euphorisch gesetzt und in die sie unzählige Milliarden in den verschiedensten Währungen investiert hatte, das hatte es bisher noch nie gegeben! War so etwas überhaupt möglich? Vor allem ahnte ich noch nicht, dass ausgerechnet ich es sein würde, der die SPD in eine elf Jahre währende, leidenschaftliche Diskussion darüber verstricken würde.

Aber noch war der Zeitpunkt dafür nicht gekommen. Ich hatte zuerst etwas ganz anderes zu erledigen. Mein außenpolitisch bisher auf den Osten gerichteter Blickwinkel sollte sich um eine für mein Leben entscheidende Himmelsrichtung erweitern: die südliche.

Entwicklungspolitik

Es war meine Arbeit als Außenpolitiker, die Willy Brandt auf die Idee brachte, mich ins Kabinett zu holen. Er wollte, wie er mir sagte, am Kabinettstisch eine weitere Person sehen, die ihn, wenn es um seine Politik ging, sachkundig unterstützen konnte. Als Hans-Jürgen Wischnewski aus dem Bundesministerium für wirtschaftliche Zusammenarbeit (BMZ), bekannt als Entwicklungsministerium, ausschied, um als Bundesgeschäftsführer der SPD in die »Baracke« zu gehen, fiel Brandts Wahl auf mich – eine Entscheidung, die mein Leben grundlegend verändern sollte. Schon im Juni 1968 rief Brandt eines Abends in Dornstetten an, wo wir seit 1962 wohnten, ob ich bereit wäre, im Oktober das Ministerium zu übernehmen. Ich war völlig überrascht, hatte ich doch, was Entwicklungshilfe anging, nicht die geringsten Fachkenntnisse. Ich beriet mich mit meiner Frau, mit Freunden, vor allem telefonisch mit Gustav Heinemann, der sehr zuriet. Mein Entschluss stand buchstäblich über Nacht fest: Schon am nächsten Tag sagte ich zu.

So war ich im Sommer und Frühherbst 1968 ein designierter, aber noch nicht ernannter Bundesminister.

In der Bundestagsfraktion fand diese Wahl nicht nur Beifall. Und die Art, wie der Fraktionsvorsitzende Helmut Schmidt die Fraktion informierte, war am Rande dessen, was ich hinnehmen konnte. Niemand konnte überhören, wie wenig er davon hielt. Erst berichtete er, wer für den Posten auch in Frage gekommen sei, aber dann aus irgendeinem Grund hatte absagen müssen. Dabei fiel auch der Name von Holger Börner, den ich sehr schätzte, der aber ganz andere Interessen hatte und sicher keine Wahl gewesen wäre. Schließlich, so Schmidt, habe Brandt mich berufen. Punkt. Ich war nahe daran, aufzustehen und das Amt nicht anzunehmen. Aber ich hielt es immerhin für möglich, dass Schmidt befürchtete, ich sollte innerparteilich für die Seite Brandts gewonnen werden. Sollte es so gewesen sein, was ich allerdings für unwahrscheinlich halte, dann hat Schmidt mit seinem Verhalten dem gründlich nachgeholfen.

Mir war außerdem klar, dass ich von der Fraktion wenig Unterstützung zu erwarten hatte. Vor allem die sogenannten »Kanalarbeiter«, die mir vom ersten Augenblick an und zuerst ganz ohne erkennbaren Grund mit offener Ablehnung begegnet waren, fanden Brandts Entscheidung grundfalsch, ja empörend. In den sechs Jahren meiner Ministerzeit war dafür gesorgt, dass mir immer auch kräftiger Gegenwind aus der eigenen Fraktion entgegenwehte.

Den Namen »Kanalarbeiter« hatten die zahlreichen Genossen und die eher seltenen Genossinnen sich selbst gegeben. Kanalarbeit ist eine schwere, oft auch schmutzige und nicht angemessen bezahlte Arbeit. Aber irgendjemand musste sie tun, damit auf den Kanälen all das transportiert werden kann, was die Glücklicheren sich leisten können. So etwa war das Grundgefühl in der Bonner »Rheinlust«, wo die Gruppe abends zusammenkam und wo es bei starkem Bierkonsum oft recht lustig zuging. Irgendjemand musste die Drecksarbeit erledigen – ohne die Chance auf einen eigenen Aufstieg.

Nun waren die »Kanaler«, wie sie in der Partei hießen, nicht durch extremen Fleiß oder geniale Einfälle bekannt, dazu verging zu viel Zeit in der Rheinlust. Sie konzentrierten sich auf die Personalpolitik. War ein Fraktionsvorstand oder auf dem Parteitag ein Bundesvorstand neu zu wählen, erstellten sie Listen, vor allem eine, auf denen die Bösen verzeichnet waren, die keinesfalls gewählt werden sollten. Auch wenn es um die Besetzung von Ausschüssen ging, wurden sie aktiv. Daher waren sie im Haushaltsausschuss stark vertreten. Denn da lag Macht. Wer Berichterstatter für einen Einzelplan des Haushalts, also für die Veranschlagung der Haushaltsmittel eines Ministeriums, war, konnte nach Belieben in das Ministerium hineinregieren. Natürlich bekam auch ich einen Kanaler als Berichterstatter für den Einzelplan 23, in dem die Haushaltsmittel meines Ressorts veranschlagt werden.

Später, auf dem Bundesparteitag in Hannover 1973, kam es dann zum offenen Konflikt. Alle Bewerber für den Parteivorstand mussten sich dem Plenum kurz vorstellen. Ich sagte meinen Namen, meine Funktion und fuhr fort: »Ansonsten durch die Negativliste der Kanaler ausreichend bekannt.« Ich wurde, wie jedes Mal zwischen 1971 und 1987, im ersten Wahlgang mit absoluter Mehrheit gewählt. Der unbestrittene Boss der Kanaler, der »Canale Grande«, mein Kabinettskollege Egon Franke, fiel hingegen durch. Um die Demütigung perfekt zu machen, wählte zudem der neue Parteivorstand mich anstelle Frankes ins Präsidium, den geschäftsführenden

Vorstand. Wenn es hart auf hart ging, waren die Kanaler durchaus zu besiegen. Das minderte natürlich ihre Abneigung gegen Kontrahenten nicht im Geringsten. Ich sollte sie künftig noch oft zu spüren bekommen.

Mit meiner Nominierung im Juni 1968 hatte ich allerdings andere Sorgen. Wie konnte ich die Monate bis zum Dienstantritt effektiv nutzen, um mir ein Bild von meinen Aufgaben zu machen? So bat ich Hans-Jürgen Wischnewski, mir alles zukommen zu lassen, was keinen Geheimstempel trug und doch geeignet war, mich in die Aufgaben eines Entwicklungsministers einzuführen. Insbesondere wollte ich wissen, wie die Entwicklungshilfe haushaltstechnisch abgewickelt wurde. Die nächsten drei Monate verbrachte ich damit, immer neue Unterlagen aus dem BMZ zu studieren und mit Unterstreichungen in verschiedenen Farben – jede hatte ihre Funktion – zu versehen. Als im August die inzwischen sechsköpfige Familie Eppler ihren Urlaub in Rumänien am Schwarzen Meer verbrachte, wunderte sich meine Frau und ärgerten sich meine vier Kinder darüber, wie lange ich sogar am Strand in meine Papiere starrte. Selbst der Einmarsch der Roten Armee in Prag, der auch im renitenten Rumänien Ängste weckte, konnte mich nicht von meiner Arbeit trennen.

Am 1. Oktober sollte ich ernannt und vereidigt werden. Kiesinger, der sich selbst einen »wandelnden Vermittlungsausschuss« nannte, hatte seine Leibjournalisten wissen lassen, er werde diesen linken Vogel erst einmal zu sich bestellen und ihm klarmachen, wo der Barthel den Most hole. Mich hatte diese vollmundige Ankündigung nicht sonderlich überrascht, ich fragte mich allerdings, warum er mich, entgegen meiner Selbsteinschätzung, für so links hielt. Dementsprechend machte ich mich am Tag vor der Ernennung mehr neugierig als ängstlich auf ins Palais Schaumburg. Ich musste keine fünf Minuten warten, da bat mich schon ein strahlend freundlicher Bundeskanzler in sein Amtszimmer, wo er mir einen längeren Vortrag über unsere gemeinsamen Ahnen auf der Schwäbischen Alb hielt. Im Dorfe Hossingen auf der Ebinger Alb habe es über Jahrhunderte zwei wichtige Familien gegeben, die Kiesinger und die Eppler. Vögte (Bürgermeister) seien die Kiesinger gewesen, bis ein Eppler eine Kiesinger habe heiraten dürfen, von da an seien auch die Eppler regierungsfähig gewesen. Im Übrigen habe er eine Ururgroßmutter ausgemacht, die meine Urururgroßmutter sein könnte.

Das hatte ich nicht erwartet. Sollte ich nun nicht mehr »Herr Bundeskanzler« sagen, sondern »Onkel Kurt«? Ich hörte geduldig zu und ergänzte seine Ahnenforschung nur gelegentlich, nicht nur in Hossingen, sondern im nahe gelegenen Oberdigisheim seien die Epplers sehr zahlreich gewesen, und von dort sei mein Großvater sofort nach der Konfirmation, wie das bei armen Albbauern im 19. Jahrhundert üblich war, von zu Hause fortgeschickt worden, damit er »drunten«, also in Balingen, Reutlingen oder gar in Schwenningen Arbeit suchen könne.

Als etwa zwanzig Minuten vorüber waren und sogar meine Arbeit über das Bismarckbild in der deutschen Geschichte noch Erwähnung gefunden hatte, erfuhr ich zum Schluss doch noch, warum er mich bestellt hatte: Ich sei zwar außenpolitischer Sprecher – von nun an gewesen –, im Kabinett brauche er aber nur einen Außenminister, nicht zwei. Ich staunte. Rechts und links spielte gar keine Rolle! Und glaubte er wirklich, ich sei dumm genug, meinem Parteivorsitzenden Willy Brandt ins Handwerk zu pfuschen? So nahm ich meinen ganzen Mut zusammen und antwortete: »Das geht gar nicht,

Herr Bundeskanzler, Sie haben ja schon vier!« Tatsächlich hatten sich mindestens drei Unionspolitiker immer wieder zur Außenpolitik geäußert, oft mit versteckter Kritik an Brandt: Der frühere Außenminister und CDU-Politiker Gerhard Schröder, zu diesem Zeitpunkt Verteidigungsminister, der Finanzminister Franz Josef Strauß und der Parlamentarische Staatssekretär Baron Karl Theodor zu Guttenberg. Ich erwartete ein Donnerwetter, aber Kiesinger bewahrte die Ruhe: Mit einem etwas gequälten Lächeln wurde ich verabschiedet.

Auch der nächste Tag, der 1. Oktober 1968, ist mir in Erinnerung geblieben, weil er mir sofort Entscheidungen abverlangte. Ich saß, natürlich durchaus stolz, zum ersten Mal auf der Regierungsbank, da kam mein vom Vorgänger übernommener Staatssekretär auf mich zu und informierte mich darüber, dass er »einen Mitarbeiter des Öffentlichkeitsreferats« hatte entlassen müssen. Ich fragte natürlich nach dem Grund. Ja, da sei ein Brief vom Innenminister – damals Ernst Benda – gekommen, mit nicht sehr präzisen Begründungen. Offenbar habe besagter Mitarbeiter – Angestellter, nicht Beamter – Kontakte zur APO, der außerparlamentarischen Opposition unterhalten. Das habe der Verfassungsschutz beobachtet. »Wenn das alles ist, dann muss ich jetzt meine erste Weisung geben, damit ich meinen Amtseid, Gerechtigkeit gegen jedermann zu üben, nicht nach einer guten halben Stunde schon wieder breche. Der Mann bleibt, bis der Innenminister mich überzeugt hat.« Natürlich kam auf unsere Bitte, die Vorwürfe zu präzisieren, nie eine Antwort. Später erfuhr ich, dass Kai Friedrich Schade – denn um ihn ging es – ein Seminar mit prominenten Vertretern der APO vorzubereiten hatte, das mein Vorgänger, übrigens zu meiner Freude, angeregt hatte.

Schade, der später von der Leipziger Universität einen Ehrendoktor erhielt für seine Verdienste um die entwicklungspolitische Publizistik, hatte ausgerechnet von einer öffentlichen Telefonzelle aus mit einem bekannten, der APO angehörenden Professor telefoniert. Dieses Gespräch hatte ein nicht besonders schlauer Verfassungshüter abgehört und einen noch weniger schlauen Bericht darüber verfasst.

Als ich meine Arbeit im BMZ aufnahm, das damals in einem unauffälligen Gebäude in der Bonner Kaiserstraße untergebracht war, drückte mir mein Persönlicher Referent einen Grünstift in die Hand, mit der Bemerkung, dies sei ein wichtiges Instrument fürs Regieren – er hätte auch sagen können: »Nun regier mal schön!« Auf dem Schreibtisch fand ich ein ausführliches Gutachten des wissenschaftlichen Beirats des Ministeriums zur Kapitalhilfe vor, in dem es um Kredite für Großprojekte ging. Der Inhalt: Die Regierungen der Entwicklungsländer müssten lernen, wie wertvoll Geld ist. Man müsse die Zinsen erhöhen. Das habe eine pädagogische Wirkung.

Wirklich? Wussten die bettelarmen Präsidenten in Afrika nicht, was Geld ist? Was die Professoren der Ökonomie mir da vorlegten, widersprach allem, was ich mir angelesen hatte. Und es widersprach vehement dem entwicklungspolitischen Impuls, den einige Monate zuvor die Weltkirchenkonferenz in Uppsala, auf der 235 Kirchen aus aller Welt vertreten waren, gesetzt hatte. An diesem Tag gab ich noch nicht die Weisung, das Gutachten unbeachtet zu lassen. Ich wollte zuerst mit den zuständigen Mitarbeitern reden. Aber dass ich die Professoren enttäuschen, ja brüskieren musste, war mir schon klar. Nach weiteren zwei Wochen lernte ich, dass meine Entscheidung unerheblich war, denn die Kapitalhilfe war immer noch in der Hand des Wirtschaftsministeriums.

Es dauerte nicht lange, bis ich vom Konstruktionsfehler dieses Ministeriums eingeholt wurde. Konrad Adenauer hatte es 1961 nicht etwa gegründet, weil sein Herz so stark für die armen Länder geschlagen hätte, sondern weil er ein Ministerium für Walter Scheel brauchte. Die FDP hatte ihren Wahlkampf mit der Ankündigung geführt, dass sie zwar wieder mit der Union regieren wolle, aber nur, wenn der inzwischen 85-jährige Adenauer vorher in den verdienten Ruhestand gehe. Aber der alte Herr hatte schon am Morgen nach der Wahl klargemacht, dass niemand außer er selbst darüber entscheide, wann er genug habe. Nun musste man die vom Regieren verwöhnten Liberalen dazu bringen, gegen ihr Wahlversprechen doch mit Adenauer weiter zu regieren. Und das ging nicht ohne Walter Scheel. Und da der spätere Bundespräsident in Straßburg beim Europäischen Parlament mit Entwicklungshilfe beschäftigt gewesen war, bot sich ein Ministerium für Entwicklungshilfe an.

Um Scheel zu gewinnen und sonst niemanden zu verprellen, hatte Adenauer also ein Ministerium ohne Zuständigkeiten geschaffen, ohne Weisungsbefugnisse. Es dauerte bis zum Spätherbst 1964, also gut drei Jahre, bis überhaupt ein Kanzler einschritt und von seiner Kompetenz-Kompetenz Gebrauch machte. Ludwig Erhard dekretierte, dass das BMZ nun federführend werden sollte für die technische (personelle) Hilfe. Dass auch die finanziell wichtigere und im Wirtschaftsministerium verankerte Kapitalhilfe zum BMZ gehören sollte, dachte der ehemalige Wirtschaftsminister leider nicht. Diese obsolete Rechtslage, mit der mein Vorgänger 1966 das Ministerium übernahm, fand ich zwei Jahre später unverändert vor.

Dass das Wirtschaftsministerium für die Kapitalhilfe – und damit auch für die Weltbank und die Konferenzen der United

Nations Conferece on Trade and Development (UNCTAD) zuständig war, die den Handel zwischen Industrie- und Entwicklungsländern fördern sollte, führte keineswegs dazu, dass der Wirtschaftsminister Karl Schiller bereit gewesen wäre, sich gelegentlich mit mir über die gemeinsame Verantwortung zu unterhalten. Nein, meine Ansprechpartnerin war eine Unterabteilungsleiterin in seinem Ministerium. Sie konnte machen, was sie wollte, da ihr Minister sich um die Kapitalhilfe nicht kümmerte und ich keine Weisungsbefugnis hatte. So wenig Schiller sich für seine Kapitalhilfe interessierte, so unerbittlich hielt er daran fest.

Auch Willy Brandt änderte daran nichts, als er 1969 zum Kanzler gewählt wurde. In einer ruhigen Stunde klagte ich ihm unter vier Augen mein Leid. Anstelle einer Antwort bekam ich eine Geschichte zu hören, die ich hier, so gut es geht, nacherzähle:

Ich war Regierender Bürgermeister in Berlin, Karl Schiller mein Wirtschaftssenator. Auf einer Sitzung, an der Karl Schiller aus irgendeinem Grund nicht teilnehmen konnte, verhandelten wir die Taubenplage in Berlin. Mit dem wachsenden Taubenkot wurden Krankheiten übertragen, und so sollten einige Tausend Tauben umgebracht werden. Darüber bestand Einigkeit. Aber wer, welcher Senator sollte den Beschluss exekutieren? Niemand drängte sich vor. Schließlich blieb die heikle Aufgabe beim Gesundheitssenator hängen. Am nächsten Tag flog die Familie Brandt nach Norwegen in Urlaub. Kaum war ich dort, erreichte mich ein empörtes Telegramm von Schiller. Wenn schon Tauben umzubringen wären, sei er zuständig. In Berlin gehöre die Landwirtschaft zum Wirtschaftssenator, und die Tauben gehörten zur Landwirtschaft, also in sein Ressort. Für den Fall, dass der Senat dies nicht einsehe, drohte Schiller, etwas verklausuliert, mit Rücktritt. Was sollte ich tun? Ich rief den Gesundheitssenator an, der hoch erfreut war. Und die Berliner waren dem Taubentöter Schiller ziemlich böse.

Mein Verhältnis zu Brandt war damals schon so, dass weder er noch ich die Moral aus dieser Geschichte formulieren mussten. Ich hatte verstanden: So einem wie Schiller konnte man nichts wegnehmen. Und schließlich war Schiller damals noch der Star, der mit Strauß zusammen die erste Wirtschaftsflaute überwunden hatte. Seinen Rücktritt konnte Brandt nicht riskieren.

Am Ende sorgte Schiller selbst dafür, dass ihm genommen wurde, woran er so sehr hing. Es war irgendwann im April 1972. Zufällig traf ich am Rande einer langweiligen Bundestagssitzung in der »Wandelhalle« hinter dem Plenarsaal den Kanzler. Nach einer knappen Minute Small Talk sagte Brandt plötzlich: »Der Karl Schiller ist verrückt geworden!« Für Brandt, der so gut wie nie über Abwesende lästerte und sich bislang von seinem Wirtschaftsminister erstaunlich viel hatte bieten lassen, war dies eine ganz unerwartete, fast unglaubliche Aussage. Der Kanzler merkte, dass ich so platt war, dass ich nicht einmal die Frage herausbrachte, was denn geschehen sei. Er fügte knapp hinzu: »Er will mich mit seiner Abgeordnetenstimme für die Ostverträge erpressen.« Ich bohrte nicht weiter. Brandt würde sagen, was er sagen wollte. Mehr nicht. Aber ich wusste: Jetzt sind die Tage Schillers gezählt. Und sie waren es. Wie es dann zu seinem Rücktritt kam, können andere besser berichten. Woran ich mich allerdings noch genau erinnere, ist Brandts Rede auf dem Dortmunder Parteitag, wo er die Affäre Schiller mit einem knappen Satz kommentierte: »Das war der Sieg der Eitelkeit über die Intelligenz.«

Präziser ließ sich das klägliche Ende eines hochbegabten Politikers nicht beschreiben.

So wurde die Kapitalhilfe erst Teil des BMZ, als Schiller verschwunden war und im Frühjahr 1973, in der zweiten Regierung Brandt, die FDP das Wirtschaftsministerium übernahm. Zu dieser Zeit hatte ich auch noch andere, weniger wichtige Kompetenzen eingesammelt, so dass ich nun ein wirkliches Ministerium führte. Die Befriedigung darüber war allerdings auch mit weniger Angenehmem verbunden: Seit ich wirklich Herr über einen beträchtlichen Etat war, wurde der Gegenwind aus den wirtschaftsnahen Medien schärfer. Bisher hatte die Wirtschaftslobby mich reden lassen im Wissen, dass ich nicht alles durchsetzen konnte, was ich für richtig hielt. Jetzt konnte ich entscheiden.

Die Wirtschaftsjournalisten schärften ihren Ton nicht grundlos. Ich war entschiedener Gegner der sogenannten »Lieferbindung«, die innerhalb der Kapitalhilfe sicherstellte, dass deutsche Firmen die Fabrik, die Straße, den Staudamm oder die Wasserleitungen bauten, für die wir die günstigen Kredite zur Verfügung stellten. Mir erschien eine freie, internationale Ausschreibung für das Empfängerland am günstigsten. Überdies sorgte eine solche Ausschreibung für freien Wettbewerb, der in der Theorie so geschätzt wurde.

In der Praxis investierte die deutsche Wirtschaft selten in die ganz armen Länder. Sie zog jene Gebiete vor, die wir heute Schwellenländer nennen: Brasilien, Südafrika, Mexiko. Dort gab es expandierende Märkte, Ansätze zu einer brauchbaren Infrastruktur. Ich wollte die Hilfe für solche Länder abbauen und sie stattdessen für die wirklich armen Länder ausbauen, die in jenem Afrika lagen, das für deutsche Konzerne, auch für mittelständische Unternehmen, oft mehr Risiken als Gewinnchancen bot. Ich sah meine Aufgabe ja nicht darin, für deutsche Privatinvestitionen eine Infrastruktur auf dem afrikanischen Kontinent zu schaffen. Dass mir der ländliche Raum mit seinen Kleinbauern wichtiger war als die Megastädte, machte mich für die Unternehmer auch nicht unbedingt attraktiver.

Trotzdem war meine wichtigste Entscheidung eine ganz und gar marktwirtschaftliche. Mit der Steuerung und Verwaltung unserer Projekte der technischen Hilfe – damals gehörte dazu eine große Zahl von Ausbildungsstätten für Kfz-Mechaniker – waren von Anfang an zwei verschiedene Organisationen beschäftigt: eine Behörde, die Bundesstelle für Entwicklungshilfe (BFE), und die in Weimarer Zeiten gegründete und für die neue Aufgabe eigens umgeschulte Deutsche Förderungsgesellschaft für Entwicklungsländer (GAWI). Dass dies nicht optimal war, wussten wir. Aber erst als ein Rechnungshofgutachten eine Neuorganisation einforderte, wurde über Alternativen diskutiert. Der Rechnungshof hätte am liebsten eine große Behörde gesehen. Ich hingegen entschied mich für eine Gesellschaft, die Gesellschaft für technische Zusammenarbeit (GTZ), in Eschborn. Sie war zwar verpflichtet, die vom BMZ beschlossenen Projekte durchzuführen, konnte ihre Dienste aber auch anderen Staaten und Organisationen anbieten und selbständig abrechnen. Meine Entscheidung hatte gute Gründe: Inzwischen war der Druck auf reich gewordene Ölstaaten gestiegen, sich an der Entwicklungshilfe zu beteiligen. Da diesen Staaten aber die Werkzeuge dafür fehlten, konnte die GTZ ihr Know-how nicht nur an sie, sondern später auch an die UNO und die Europäische Union verkaufen.

Das BMZ war ein kleines, neues, schwaches Ressort, weit entfernt von den klassischen Ministerien, die sich durch einen

Genitiv in ihrer Bezeichnung auszeichnen und kein »für« im Namen tragen: Ministerium *des* Innern, *der* Justiz, *der* Finanzen, *des* Auswärtigen. Dass der Name »für wirtschaftliche Zusammenarbeit« gewählt worden war, führten Eingeweihte darauf zurück, dass es in den fünfziger Jahren schon einmal ein Ministerium dieses Namens gegeben habe mit dem Auftrag, die Gelder des Marshallplans zu verteilen. Von diesem »Blücherministerium« – benannt nach dem Namen seines Chefs Franz Blücher – waren noch große Bestände an Briefpapier übrig, und das Finanzministerium habe eine Chance gesehen, sie zu verwerten. Diese Gründungslegende passt gut zu dem, was Adenauers Gründungsmotiv gewesen war. Kurz: Mein Ministerium hatte Mühe, sich zwischen den etablierten Ressorts zu behaupten. Immer wieder forderten Politiker seine Auflösung, und immer wieder ging im Ministerium die Angst um, von den Großen geschluckt zu werden. Ich wollte deutlich machen, dass hier ein kleines Ministerium eine große, ja viel zu große Aufgabe hatte, von deren Bewältigung auch die Zukunft Europas abhing. Was konnte ich dafür tun?

Wichtig war natürlich der Rückhalt in der Gesellschaft. Da hatte ich es schwerer als der Sozialminister oder gar der Verteidigungsminister. Viele Millionen unserer Bürgerinnen und Bürger lebten, etwa als Rentner, als Arbeitslose oder Behinderte, von dem, was das Arbeitsministerium ausgeben konnte. Und dass man gut ausgebildete und bewaffnete Soldaten brauchte, war in Zeiten des Kalten Kriegs wenig umstritten. Aber Geld für Afrika? Da wurden abenteuerliche Geschichten kolportiert von goldenen Betten, welche korrupte Herrscher sich von unserem Geld angeschafft hätten, von Schneepflügen, die nach Afrika geliefert würden. Wo war die Lobby für die Entwicklungshilfe?

Sie war vorhanden, aber zu klein, um bei Wahlen ins Gewicht zu fallen. Sogar unter jenen, die Entwicklungshilfe für notwendig und wichtig hielten, gab es nicht viele, die ihre Wahlentscheidung von der Qualität oder Quantität der Hilfe abhängig machten. Ganz rechts und ganz links war nichts zu holen: Von ganz rechts hörten wir, unser Tun sei verfassungswidrig. Wir hätten doch geschworen, den Nutzen des deutschen Volkes zu mehren, nicht den der schwarzen oder gelben Rasse. Was in den Jahren nach 1968 ganz links gedacht wurde, bekamen wir jeden Tag von Studenten zu hören. Für sie war ich ein besonders perfider, heuchlerischer Kapitalistenknecht, der den Auftrag hatte, die Ausbeutung der Dritten Welt mit humanitären Phrasen zu bemänteln.

Was die Gewerkschafter anging, so wurden meine Versuche, sie als Verbündete zu gewinnen, nie brüsk abgeschmettert. Da war oft viel guter Wille. Aber schließlich hatten die Gewerkschafter eben doch andere, dringendere Sorgen. Ihre Mitglieder zahlten ihren – keineswegs geringen – Beitrag, damit sie ihnen höhere Löhne und bessere Arbeitsbedingungen verschafften, nicht damit sie in Afrika Gewerkschaften aufbauten. Auch mit dem Bauernverband war wenig zu machen. Und in den Parteien galt die Regel, dass mit dem Thema keine Karriere zu machen war. Der Ansturm auf den zuständigen Ausschuss im Bundestag blieb begrenzt.

Die Medienlandschaft irritierte mich nachdrücklich. In der ganzen deutschen Presse gab es nur ein halbes Dutzend Journalisten – und eine oder zwei Journalistinnen –, die von der Materie etwas verstanden, in ihren Redaktionen jedoch als Randfiguren galten. Die kritische Begleitung unserer Arbeit war so unbedarft, dass wir häufig zu Unrecht gelobt, noch häufiger zu Unrecht getadelt wurden. Wichtiges wurde unterschlagen, Unwichtiges aufgebauscht, nicht aus Bosheit, sondern aus Unkenntnis. Nur in Skandinavien und in Holland gab es damals eine entwicklungspolitisch kompetente Öffentlichkeit. In Deutschland gibt es sie bis heute nicht. Wer als Journalist etwas werden will, beschäftigt sich nicht mit diesem Thema. So wird seriöse Entwicklungspolitik nicht gefördert, und unseriöse – die gab es erst unter Minister Dirk Niebel, zwischen 2009 und 2013 – lässt sich dann recht gut verkaufen.

Zwei Kirchen, zwei Kanzler und die »Dritte Welt«

In dieser Zeit waren meine stärksten, verlässlichsten Stützen die beiden großen Kirchen, die noch heute über eigene Organisationen verfügen. Sie haben gegenüber dem Staat einen großen Vorteil: ihre eigenen, zuverlässigen Partner im Süden. Sie brauchen die dortige, oft korrupte Bürokratie weder zu belästigen noch zu fürchten.

Mit Enzykliken und Synodalbeschlüssen bekannten sich die Kirchen gerade in den sechziger Jahren zur Entwicklungszusammenarbeit und maßen ihr eine Bedeutung zu, die sie in der Politik nie erreicht hat. Die deutschen Landeskirchen widmeten zwei Prozent ihrer Etats diesem Zweck. Der katholischen Kirche bin ich bis heute dankbar dafür, mit welcher Unbefangenheit, aber auch Eindeutigkeit sie damals einem protestantischen Sozialdemokraten unter die Arme griff.

Die »Dritte-Welt-Gruppen« der siebziger Jahre, die das Ministerium unterstützten, kamen meist aus dem Umkreis der Kirchen. Ihre Mitglieder waren in der Regel sehr sympathische junge Leute, häufig Frauen, unternehmungslustig und voller origineller Einfälle, die ihre Dritte-Welt-Läden einrichteten oder Ausstellungen organisierten. Zu einer Massenbewegung wie etwa die ökologischen Bürgerinitiativen wurden sie allerdings nie.

Die jungen Leute, die zu den Freiwilligendiensten, vor allem zum Deutschen Entwicklungsdienst (DED), kamen, waren ab 1968 in ihrer Mehrheit nicht mehr die freundlichen, unpolitischen Helfer, die einerseits etwas gegen das Elend im Süden tun, andererseits aber auch etwas vom Abenteuer der weiten Welt sehen und erleben wollten. Die Stimmung war umgeschlagen. Viele von ihnen dachten wie die Studentinnen und Studenten, die mir später, 1969, auf dem Kirchentag in Stuttgart so einheizen sollten. Wo diese Helfer auf vordemokratische Zustände stießen – und die herrschten fast überall –, fiel es ihnen schwer, ihre Abneigung, ja Empörung zu verbergen. Dass sie keine Bürger Äthiopiens oder Kolumbiens waren und also über keine Rechtsgrundlage verfügten, um dort politisch tätig zu werden, ließen sie nicht gelten. Hinweise darauf erschienen ihnen als Kumpanei. So forderten die Helfer des DED Mitbestimmung auch darüber, was sie tun und was sie lassen sollten.

Der DED, als deutsche Ausgabe des 1961 von John F. Kennedy eingerichteten US Peace Corps gedacht, war zwar ganz vom BMZ finanziert, aber über eine Vereinsstruktur mit eigenem Aufsichtsrat so kompliziert konstruiert, dass der Minister kein direktes Weisungsrecht hatte. Es hätte mir auch nicht viel genützt, denn den jungen Revolutionären war jegliche Autorität suspekt, egal wie sie sich legitimierte. Auch als es mir gelang, Carl Friedrich von Weizsäcker als Aufsichtsratsvorsitzenden des DED zu gewinnen, und der Gelehrte, den die meisten Deutschen verehrten, sich tatsächlich vor Ort

Zeit für die Helfer nahm, änderte sich wenig. Sie verfassten immer neue Resolutionen und, was schlimmer war, sie gerieten manchmal in Konflikt mit der Regierung und der Polizei ihres Gastlandes. Der eine oder andere wurde sogar eingesperrt. Ich entsinne mich noch genau an ein Wochenende, welches ich in Bonn statt bei meiner Familie verbrachte – was mir schwerfiel –, weil der Bruder eines südamerikanischen Präsidenten in der damaligen Bundeshauptstadt zu Besuch war. Ich wollte ihn unbedingt sprechen und für einen Helfer plädieren, der in seinem Land einsaß. Ich konnte tatsächlich seine Freilassung erwirken. Er hat sich nie bedankt, denn ich gehörte genauso zum »Establishment« wie die Leute, die ihn eingesperrt hatten.

Ich hatte im Grunde Verständnis für die aufmüpfigen Helfer, nach Meinung der Unionsabgeordneten sogar zu viel. Als ich in Straßburg einmal – auf Englisch – eine Rede hielt, die ich ausnahmsweise nicht selbst formuliert hatte, und dabei das Wort »peaceful revolutionaries« für die Helfer gebrauchte, war in Bonn der Teufel los. Jetzt sehe man ja, auf welcher Seite ich stehe, meinten Kollegen aus der Union.

Die Opposition, mit der ich zu tun hatte, bestand während der Großen Koalition vor allem aus einem FDP-Abgeordneten. Er hieß Gustav von Gemmingen. Er war mein treuester Mitstreiter. Wenn die Kollegen aus der Union etwas gegen mich im Schilde führten, erfuhr ich es von ihm. Wir wurden Freunde und blieben es bis zu seinem Tod. Am härtesten bekämpft wurde ich von Jürgen Todenhöfer, der damals zum rechten Flügel der CDU gehörte. Durch ihn wurde das politische Klima auch in der Entwicklungspolitik eisig. Etwa ein Jahr nach meinem Rücktritt traf ich in einem Eisenbahnabteil auf ihn, wo er dem letzten noch freien Platz gegenübersaß.

Die Begrüßung war frostig, beiderseits. Aber dann entdeckte ich, dass mein wenig zimperlicher Gegenspieler in einem Buch las, das damals, 1975, gerade herausgekommen war und sich für eine ökologische Wende in der Politik starkmachte: *Ende oder Wende.* Der Autor war ich. Bei genauem Hinsehen bemerkte ich, dass sein Exemplar schon so zerlesen war, dass die Seiten nicht mehr zusammenhielten. Der Text war mit Unterstreichungen in vielen Farben versehen. Todenhöfer dachte nicht daran, seine Lektüre vor mir zu verstecken. Ich sollte ruhig sehen, wie gründlich er sich mit den Gedanken seines Gegenspielers beschäftigte. An der nächsten Station stieg er aus. Ich sagte ihm etwas Freundliches. Er mir auch.

Wenn im 21. Jahrhundert der Name Jürgen Todenhöfer fällt, dann ist von einem besonders mutigen Publizisten die Rede, der, wo immer es brennt, versucht, vor Ort zu sein, genau zu beobachten und dann auf eine Weise darüber zu berichten, die gerade viele Konservative verwirrt und verärgert. Hat er damals bei der Lektüre meines Buches die Unterscheidung zwischen Strukturkonservativen und Wertkonservativen verstanden und ernst genommen? Ich bezeichnete mit dieser Unterscheidung zwei sehr verschiedene Formen von Konservativismus: einerseits das Verlangen, Werte wie eine wunderschöne Landschaft oder auch die Solidarität zwischen Menschen zu verteidigen und zu bewahren. Andererseits vor allem das Ziel, Machtstrukturen aufrechtzuerhalten. Wenn also ein Strukturkonservativer etwas nicht versteht, dann wittert er »Ideologie«. Und wer immer wieder etwas Unverständliches von sich gibt, ist ein Ideologe. Damals war Todenhöfer wohl noch ein Strukturkonservativer, heute ist er das nicht mehr. Und ein Linker ist er wohl auch nicht.

Zurück zu den Anfängen meiner Zeit als Minister. In der ersten Sitzung des zuständigen Bundestagsausschusses antwortete ich auf die Frage nach meiner »Konzeption«: »Ich habe keine, will mir aber eine erarbeiten.« Das erregte einiges Erstaunen, auch süffisantes Lächeln. Natürlich war ich von der Überzeugung getragen, dass ich eigene Akzente setzen musste, und die ergaben sich ziemlich rasch. Ich entschied mich für eine Entwicklungshilfe, die, wie vor allem in den skandinavischen Ländern, die Deckung der Grundbedürfnisse anstrebte: genug zu essen, sauberes Wasser, menschenwürdige Behausung, elementare Schulbildung, medizinische Versorgung. Vier Jahre später, ab 1972, sollten alle Projekte zudem hinsichtlich ihrer ökologischen Auswirkungen überprüft werden. Das war damals für viele der Spleen eines Sektierers. Andererseits erlebte ein von mir zu diesem Thema verfasstes Buch, *Wenig Zeit für die Dritte Welt*, immerhin acht Auflagen in Deutschland, in Indien kursierte sogar ein Raubdruck.

Ich war natürlich nicht der einzige Politiker, der schrieb. Der tansanische Präsident Julius Nyerere, mit dem ich mich besonders gut verstand und der früher einmal Shakespeare in Suaheli übersetzt hatte, überreichte mir eines Tages zwei in Leder gebundene Bände seiner Reden und Aufsätze. Ich hatte einige davon schon gelesen und machte ihm Komplimente. Er antwortete mit einem verschmitzten Lächeln und erklärte, er sei eben in der Theorie besser als in der Praxis. Für einen regierenden Präsidenten ein nicht alltägliches Eingeständnis. Ich beschloss, genauso ehrlich zu sein, und gab zurück: »So am I.« Wir lachten und stellten mit Achselzucken fest, dass es so Leute wie uns eben auch geben müsse.

Nyerere sorgte gern für Überraschungen. Er hatte genau zugehört, als ich bei meinem ersten Tansania-Besuch in einer

Tischrede erwähnt hatte, dass der Unabhängigkeitstag des Landes auf meinen 35. Geburtstag gefallen war. So kam rechtzeitig vor meinem 45. Geburtstag ein Brief des Präsidenten, ob wir, meine Frau und ich, nicht den zehnten Jahrestag der Unabhängigkeit gemeinsam mit meinem Geburtstag in Daressalam feiern wollten. Wir verbrachten drei schöne Tage in der Villa seines indischstämmigen Finanzministers Amir Jamal. Selten habe ich mehr gelernt als im Gespräch mit diesem Politiker. Jamal hatte wie kein anderer das Nord-Süd-Verhältnis aus der Perspektive des Südens durchdacht. Er hat dafür gesorgt, dass ich ein Nordländer wurde, der die Welt auch aus der Perspektive des Südens sehen konnte.

Ein Entwicklungsminister kann nicht umhin, viel zu reisen. Meine Reisen waren beeindruckend, aber vor allem anstrengend. Die Hotels, in denen man Minister unterbringt, gleichen einander wie ein Ei dem anderen, ob sie in Djakarta, Abidjan oder Bogotá stehen. Das Programm machen die Botschafter. Meist geht es von morgens 8.30 Uhr ohne Unterbrechung bis spät in den Abend. Wenn man vier oder gar sechs Länder besuchen will, dann bleibt zum Ausruhen, auch zum Schlafen, fast nur das Flugzeug. Der erste Botschafter presst die Zitrone aus und wirft die Schale dem nächsten zu: Sieh zu, was du noch rausbringst! Und so geht es weiter, bis der Minister zu streiken beginnt, zumal die verabredeten Termine mehr den Geschmack des Diplomaten, weniger den Absichten des Ministers entsprechen. Kein Wunder, dass ich nach meiner Ministerzeit auf Weltreisen nicht mehr scharf war.

Wo immer ich in Afrika ein Projekt besuchte, hielt ich sofort Ausschau nach einer Schaufel oder einem Spaten. Und wo immer sich eine Gelegenheit bot, packte ich mit an, nicht weil dies das Projekt vorangebracht hätte, sondern weil die

Afrikaner – nicht ohne Verschulden der Europäer – glauben, wer das Abitur bestanden habe, dürfe keine körperliche Arbeit mehr leisten. Diesem Vorurteil wollte ich zu Leibe rücken, weswegen ich auch in die bestehenden höheren Schulen keine müde Mark investiert habe.

Zurückgetreten bin ich 1974 bekanntlich, weil der neue Finanzminister Hans Apel mit dem Segen des neuen Kanzlers Helmut Schmidt meinen Haushalt gründlich zusammengestrichen hatte. Deshalb lohnt es sich, etwas genauer auf die Haushaltsplanung des BMZ einzugehen.

Wenn der Bundestag dem Ministerium für Arbeit und Soziales eine bestimmte Summe zubilligt, dann ist es das, was dort in einem Haushaltsjahr ausgegeben werden darf. Wie aber finanziert man ein Ministerium, das im Ausland Projekte macht, die auf fünf oder auch zehn Jahre angelegt sind? Meistens brauchen solche Projekte im ersten Jahr nur wenig Geld, im dritten, vierten oder fünften Jahr deutlich mehr. Es hätte also gar keinen Sinn, die voraussichtlichen Kosten des Projekts schon in den Haushalt des Jahres aufzunehmen, in welchem das Projekt beschlossen wird, daher haben die Finanzexperten die »Verpflichtungsermächtigungen (VE)« erfunden. Dem BMZ wurden also Verpflichtungsermächtigungen für technische Hilfe und Kapitalhilfe zugeteilt. Wurden die Gesamtkosten eines Projekts auf 13 Millionen geschätzt, dann wurden von den zugeteilten VE 13 Millionen »belegt«. Das bedeutete, dass das Finanzministerium bereit war, die Kosten in dieser Höhe zu übernehmen, ganz gleich, ob sie im ersten oder im letzten Jahr anfallen würden.

Für mich bedeutete dies, dass ich mich mehr für die Höhe der Verpflichtungsermächtigungen interessierte als für die sogenannten »Baransätze« des jeweiligen Jahres. Denn was auch immer an Kosten aufgrund der Verpflichtungsermächtigungen anfiel, musste der Finanzminister bezahlen. Größe und Zahl der Projekte, die das BMZ anpacken durfte, hingen allein von diesen Ermächtigungen ab. Sie bestimmten unsere Handlungsmöglichkeiten.

Nun hatte sich die UNO schon unmittelbar vor meiner Ministerzeit dafür ausgesprochen, dass die Industrieländer jedes Jahr 0,7 Prozent ihres Bruttoinlandsprodukts für die armen Länder ausgeben sollten. Und Willy Brandt hatte 1969 auf meine Bitte hin in seiner ersten Regierungserklärung dieses Ziel für die Bundesrepublik anerkannt, allerdings – auf Bitten des Finanzministers Alex Möller – in der Form: »Wir werden uns bemühen, dieses Ziel zu erreichen.« Seither ist fast ein halbes Jahrhundert verstrichen, und wir bemühen uns immer noch, haben aber kaum mehr als die Hälfte dieser 0,7 Prozent erreicht.

Immerhin gelang es mir, mit Möller auszuhandeln, dass die Verpflichtungsermächtigungen jährlich um elf Prozent steigen sollten. Damit war ich zufrieden, denn es bedeutete, dass sie sich in gut sechs Jahren verdoppeln würden. Und die Barhaushalte müssten, zeitversetzt, folgen.

Als nach dem bereits erwähnten Ausscheiden Karl Schillers Helmut Schmidt das Finanzministerium übernahm, wollte er sich 1973 Klarheit über die gesamte Finanzplanung verschaffen. Das war auch nötig. Für das BMZ bedeutete dies, dass die Budgets neu verhandelt werden mussten. Zum Schluss führte ich diese Verhandlungen selbst, und auch der neue Finanzminister nahm sich viel Zeit. Die Ergebnisdetails sind weniger interessant als die Tatsache, dass ich zufrieden war, dem Finanzminister dankte und er auf einer Weltbanktagung in Nairobi die Zahlen stolz urbi et orbi zur Kenntnis gab. Dann kam im Spätherbst 1973 die erste Ölpreiskrise, in der an den autofreien Sonntagen Mütter und Väter zu sehen waren, die mit Kinderwägen auf Autobahnen spazieren gingen. Damals kam es zu den ersten Kontroversen zwischen Schmidt und mir. Für Schmidt bedeutete der vier- oder fünffache Ölpreis – der, verglichen mit heutigen Standards, immer noch höchst bescheiden war – eine massive Auswanderung von Kaufkraft in die Ölländer, was eine deutliche Abschwächung der Konjunktur zur Folge haben würde. Das war kaum zu bestreiten. Meine Überlegungen gingen allerdings bereits in eine andere Richtung: Ich dachte darüber nach, wie verschwenderisch wir mit der spottbilligen Energie bisher umgegangen waren und wie wir zukünftig mit weniger Öl auskommen konnten. Ich war also mit einem ersten Ansatz zur Energiewende befasst. Das hielt Schmidt für Spinnerei. Solange Brandt Kanzler war, spielten solche Differenzen keine Rolle, zumal der Finanzminister recht gut ohne den Segen des Entwicklungsministers leben konnte – und das war auch in Ordnung.

Das Frühjahr 1974 brachte einschneidende Veränderungen. Für mich begann es mit einem Erlebnis, das für die deutsche Entwicklungszusammenarbeit eine Sternstunde hätte werden können. Willy Brandt kam von einer Nordafrikareise zurück, auf der er sich sehr intensiv mit dem algerischen Präsidenten Houari Boumedienne unterhalten hatte, der damals die Gruppe der 77 (G 77) vertrat, einem losen Zusammenschluss von Entwicklungsländern. Es sprach für diesen Kanzler, dass er allen aufreibenden Amtspflichten zum Trotz immer noch offen war für neue Eindrücke und neue Botschaften – für beides war Boumedienne der richtige Mann. Nach dieser Reise kam Brandt mit einem Satz auf mich zu, den ich bis heute nicht vergessen habe: »Jetzt hab' ich's begriffen. Jetzt lass uns zusammen Entwicklungspolitik machen!« Dazu kam es bekanntlich nicht. Wenige Tage danach, am 7. Mai, trat Brandt zurück.

Für die Entwicklungspolitik bedeutete dies, dass ihre große Zeit nicht vor uns, sondern wahrscheinlich schon hinter uns lag. Was Brandts Rücktritt für mich bedeutete, wurde mir erst in den Wochen danach ganz klar.

Ich war Brandt zum ersten Mal 1961 begegnet. Er war Regierender Bürgermeister von Berlin und Kanzlerkandidat der SPD, ich kandidierte zum ersten Mal für den Bundestag. Er kam auch in meinen riesigen Wahlkreis im dünnbesiedelten Nordschwarzwald. Wir fuhren in einem Mercedes von Kleinstadt zu Kleinstadt. Dort wurde der Kanzlerkandidat mehr oder weniger feierlich begrüßt, schritt dann hocherhobenen Hauptes zu einem Rednerpult und redete zehn oder fünfzehn Minuten. Da war keine Wahlkampfpolemik, sondern eher ein Aufruf zur Solidarität, auch mit dem Berlin, wo gerade die Mauer gebaut wurde. Auf der Fahrt passte Klaus Schütz, der bald Senator für Bundesangelegenheiten werden sollte, genau auf, wo einige Menschen, viele waren es nicht, auf Brandt warteten, und gab ihm dann ein Zeichen: Der Regierende musste freundlich winken.

Es lag wohl nicht nur an der Zeitnot – es war alles auf die Minute geplant –, dass ich damals kein Verhältnis zu Willy fand. Wer war dieser stattliche Herr, der da offenbar eine Rolle spielte, die Wahlkampfspezialisten für ihn ausgesucht hatten? Wer war der Mensch hinter dieser Rolle? Auf diese Frage fand ich auch nach dem zweiten Wahlkampf 1965 keine Antwort. Biographen verweisen mehr oder minder ausführlich auf die psychische und physische Krise, in die Brandt geriet, als ihm 1965 die Deutschen auch den politisch schwachen Ludwig Erhard vorgezogen hatten. Brandt wollte nun nicht noch einmal als Kanzlerkandidat antreten, er wollte auch keine Rolle mehr spielen, die andere ausgedacht hatten, er wollte nur noch Willy Brandt sein, was immer das für seine Karriere bedeuten würde. Und manche von den jüngeren Sozialdemokraten hatten denselben Eindruck wie ich, als ich ihm nach dieser Krise begegnete: Das war einfach ein feiner Kerl, der nichts aus sich machen wollte, der sich freute wie ein Mensch, der litt wie ein Mensch und der sich wohl fühlte, wo er Menschen begegnete, die ihm nicht nur um der Karriere willen zugetan waren. Von dieser Krise 1965 an fand ich, dass Willy Brandt einen Weg gefunden hatte, wie der alltägliche politische Kleinkrieg, all das, womit man in der Politik rechnen muss, ihn nicht deformierte – diese Wirkung beobachtete ich bei manchen anderen, je eitler sie waren, desto mehr –, sondern reifer machte: großzügiger, oft auch nachsichtiger, unaufgeregter, seiner Sache sicherer, uneitler, humorvoller.

Dieser reifende und schließlich reife Brandt unterschied sich von anderen Politikern etwa dadurch, wie er auf polemische Angriffe reagierte: Ich weiß nicht mehr, in welchem Jahr es war, als wieder einmal Franz Josef Strauß seine rüden Formulierungskünste an Brandt ausgelassen hatte. Als Brandt das Zitat in der Zeitung gelesen hatte, meinte er – nach einer Denkpause: »Wie ein so begabter Mensch sich so gehen lassen kann!«

Überhaupt habe ich Willy Brandt selten über andere schimpfen hören. Wenn er jemanden einen »Schafskopf«

nannte, und das war das Äußerste, so schwang darin ein wenig Nachsicht, ja Sympathie mit. Über Genossen, die häufig ihrer Kritik an Brandt freien Lauf ließen, war ihm nichts Nachteiliges zu entlocken. Was das Reden über andere anging, so war Willy Brandt ungleich disziplinierter als alle anderen führenden Sozialdemokraten. Nur einmal habe ich von ihm ein gewöhnliches Schimpfwort gehört. Es war im Dezember 1970, kurz nach seinem Kniefall in Warschau. Nach einer Ministerbesprechung im Kanzlerbungalow – wo Brandt nicht wohnte –, es war schon Mitternacht, fragte er mich, ob ich noch etwas Zeit hätte. Wir gingen in ein Nebenzimmer, wo auf einem Tischlein schon zwei Weingläser standen. Kaum saßen wir, da schob mir Willy die neueste Bildzeitung zu. Dort war, was ich noch nicht wusste, seine historische Geste kritisiert worden mit dem Argument: »Knien tut man nur vor Gott.« Bis ich im Chaos des Boulevards die Stelle gefunden hatte und mir überlegte, was zu diesem pseudotheologischen Unfug zu sagen wäre, brach es aus Brandt heraus: »Woher wissen diese Schweine, vor wem ich gekniet habe?« Hier hatte jemand den Kern seiner Person verletzt, einen Kern, von dem Heinrich Albertz, Chef der Senatskanzlei, uns mehr hätte erzählen können. Einmal, als ich den kranken Brandt besuchte, traf ich im Vorzimmer Albertz, einen der wenigen Menschen, denen er sich häufiger als anderen geöffnet hat. Und Brandt, noch ganz aufgewühlt, erzählte mir, dass er jetzt verstanden habe, was es heißt: »Du sollst deinen Nächsten lieben wie dich selbst.«

Seine Zunge hatte Brandt fast immer unter Kontrolle, seine Gesichtszüge nie. Das wollte er auch nicht. Auch mit ihm saß ich, wie mit Carlo Schmid, im Kabinett der Großen Koalition am ovalen Tisch des Palais Schaumburg. Brandt saß ich direkt gegenüber. Wenn Kanzler Kiesinger vor Eintritt in die Tagesordnung wieder seine unvermeidliche *tour d'horizon* absolvierte, während der Finanzminister Strauß eifrig Berge von Akten bearbeitete, erstarrte der Außenminister Brandt zu einer Büste seiner selbst. Was den von Hause aus wortkargen Norddeutschen an diesem Kanzler störte, war seine Silberzunge, und nun stahl diese ihm auch noch seine kostbare Zeit. Kein Wort der Kritik, nur das Gesicht, das ich besser beobachten konnte als Kiesinger, der neben ihm saß, sagte jedem Betrachter: »Hört der Schwätzer nicht endlich auf?« Es war durchaus ratsam, in Willys Gesicht lesen zu lernen. So ließ sich seine Meinung auch dann ablesen, wenn er sie nicht oder noch nicht geäußert hatte.

Dass Brandt nicht vorschnell seine Meinung kundtat, wurde ihm oft als Führungsschwäche angelastet. Ich habe diese Kritik immer für ungerecht, ja abwegig gehalten. Brandt wusste, dass die SPD nur zur linken Volkspartei werden konnte – und unter ihm war sie dies –, wenn sie Raum gab für sehr verschiedene Temperamente, Interessen und Themen. Als ich, noch als Minister, in den frühen siebziger Jahren versuchte, die Partei für ökologische Themen zu öffnen, hat Brandt nicht erklärt: »Der hat recht!« Nein, er hat zu mir gesagt: »Du, das kann ja noch sehr wichtig werden, mach mal!« Er wusste sehr wohl, dass der ökologische Bewusstseinswandel Zeit braucht, innerhalb und außerhalb der Sozialdemokratie. Aber er spürte, dass hier ein Kernthema der Zukunft auf die Tagesordnung kam, für das er die Partei öffnen wollte, ohne den Teil der Partei zu überfordern und zu provozieren, der damit noch nichts anfangen konnte. Und das hätte auch funktioniert, wäre Brandt nicht fünf, sondern zwölf Jahre Kanzler gewesen. Was es für die Partei bedeutete, dass eine ökologische Linkspartei sich inzwischen auf Dauer etabliert hat, wissen wir heute besser als in den Siebzigern.

Es stimmt ja: In den Sitzungen des Parteivorstands, auch im Präsidium, im Kabinett, hat Willy Brandt nicht zu Beginn verkündet, wo es langgeht, und dann erwartet, dass man ihm zustimmt. Er hat geduldig zugehört, wie die Zuständigen einführten, wie Ökonomen und Ökologen, Rechte und Linke ihre Argumente vorbrachten. Allenfalls hat er durch eine knappe Zwischenfrage angedeutet, was ihm wichtig war. Am Schluss hat er dann zusammengefasst. Und diese Zusammenfassung war meist nicht weit entfernt von dem, was er selbst dachte und womit eine große linke Volkspartei leben konnte. Willy Brandt hatte in seiner Partei durchaus Autorität. Aber er hat diese Autorität nur zögernd, nur selten voll eingesetzt. Er hat sie als Kleingeld ausgegeben, nicht die Hundertmarkscheine auf den Tisch geknallt. Wenn er aber dann einmal sagte: »So nicht, das kann ich nicht«, hat ein betretener Vorstand neu nachgedacht. Das war eine sehr kluge, sehr demokratische, sehr menschliche und durchaus wirksame Form der Führung, die immerhin ein Vierteljahrhundert funktioniert hat.

Was Willy Brandt seinen Platz in den Geschichtsbüchern sichert, ist allerdings seine Rolle im Ost-West-Konflikt, seine Friedenspolitik, die nicht in einem der Thinktanks in London oder Washington entstand, sondern in seinem Kopf und dem Egon Bahrs. Es war der erste Versuch eigenständiger Außenpolitik seit 1945. Es gibt inzwischen eine Gruppe von Publizisten und Historikern, die genau diese Politik zu diskreditieren versucht. Danach gab es nach dem Zweiten Weltkrieg zwei politische Lager in der Bundesrepublik: das eine, das die Forderung nach deutscher Einheit immer aufrechterhielt und sie daher schließlich auch erreichte. Dazu gehören vor allem Adenauer und Kohl. Auf der anderen Seite standen Willy Brandt und seine Gefolgsleute, die bereit waren, die Einheit auf dem Altar ihrer Anbiederungspolitik zu opfern. Wer zwei Jahrzehnte lang mit Willy Brandt zusammengearbeitet und ihm auch zugearbeitet hat, wer zudem seine eigene Lebensgeschichte nicht vergessen hat, weiß, dass hier eine neue politische Lebenslüge vorbereitet wird: Schließlich war es die Rücksicht auf die Deutschen in der DDR, die die Sozialdemokraten mit der Westintegration, zumal der militärischen, zögern ließ. Brandt gehörte als Berliner zu den Sozialdemokraten, die für Adenauers Kurs mehr Verständnis hatten als andere. Aber nach dem Bau der Mauer begriff er, dass Kalte-Kriegs-Polemik weder zum Frieden noch zur Einheit führt.

Brandt wusste, dass seine Friedenspolitik in Ost und West nur eine Chance hatte, wenn sie nicht verbunden war mit regelmäßigen rituellen Beschwörungen der deutschen Einheit. Aber als dann Chancen für eine europäische und eine deutsche Einheit erkennbar wurden, hat er sie nicht nur als Geschenk auf seine alten Tage verstanden, er hat sie mit all den Kräften, die ihm blieben, gefördert. Brandt hat, wie viele andere, gezweifelt, ob er die Einheit noch erleben werde. Aufgegeben hat er sie nie. Und für ihn, den deutschen Europäer, ging es nie allein um das Ende der deutschen, sondern auch der europäischen Spaltung.

Wer sechzig Jahre politischen Engagements hinter sich hat, erfährt mit Zorn und Schrecken, was heute über diejenigen gesagt und geschrieben wird, die sich die Politik als Beruf, als Lebensaufgabe gewählt haben. Wenn ich mir heute eine Brandt-Renaissance erträume, dann vor allem, weil es kaum eine Biographie gibt, die wie die Brandts der Politik so etwas wie ihre Würde zurückgeben könnte. Da ist ein bettelarmer Junge, das ungewollte Kind eines verschwundenen Vaters, der sich zeit seines Lebens nie um den Jungen gekümmert hat, und einer neunzehnjährigen Verkäuferin, die der Kleine oft nur sonntags zu sehen bekam. Acht Monate nach der Geburt dieses ungewollten Kindes bricht der Erste Weltkrieg aus, und die Leute um ihn herum hatten andere Sorgen, als dem Kleinen ein warmes Nest zu bereiten. Dieser Junge findet Halt und Gemeinschaft in den Jugendorganisationen der Arbeiterbewegung, darf das Abitur machen, ordnet sich etwas links von der SPD ein und weiß schon als Abiturient Hitler besser einzuschätzen als die Mehrheit der erwachsenen Deutschen. Er muss deshalb seine Lübecker Heimat verlassen und von Skandinavien aus Hitler widerstehen. Er kommt nach dem Krieg zurück in seine zerstörte und verstörte Heimat, weil er am Aufbau eines demokratischen, friedlichen Deutschland mitwirken will. Er, der lange für eine Einheitsfront der Linken geworben hat, wird, als die Sowjetunion nach dem freien Berlin greift, dessen unbeugsamster, härtester und erfolgreichster Verteidiger. Und eben dieser Sozialdemokrat, von vielen als Kalter Krieger angefeindet, setzt sich nach dem Bau der Mauer in Berlin in den Kopf, den Kalten Krieg zu entschärfen, vielleicht sogar zu beenden.

Willy Brandt hat den Ostvölkern, zumal den Polen und den Russen, für die Hitler nur noch eine Sklavenexistenz vorgesehen hatte, die Furcht vor deutschen Militärstiefeln genommen. Erst als diese geschundenen Völker spürten, dass von einem gewandelten Deutschland – und dafür stand der Name des Mannes, der im Warschauer Ghetto in die Knie ging – keine Gefahr mehr drohte, war die Rote Armee nicht mehr Schutzmacht, sondern nur noch Besatzungsmacht. Und das hat alle die ermutigt, die sich nach Freiheit sehnten, zuerst die in Polen.

Willy Brandt hat sich niemandem angebiedert, nicht seinen Gegnern, nicht einmal seinen Genossen. Er hat auch auf keine »Entwicklungen« vertraut, die Wissenschaftler ausgemacht haben wollten. Er hat Europa aus dem Schatten der atomaren Vernichtung herausgeholt. Er hat Politik gemacht. Brandt musste immer mit dem Scheitern seiner Politik rechnen, oft lag das Scheitern näher als der Erfolg. Und dieses Scheitern wäre auch das Ende seiner politischen Karriere gewesen. Er ließ sich als Volksverräter beschimpfen und als Dilettant verhöhnen, aber nicht von seinem Weg abbringen. Wenn wieder einmal ein Abgeordneter der Regierungskoalition zur Union übergelaufen war, saß er mit seinen Ministern auf der Regierungsbank, ohne dass wir gewusst hätten, ob wir in der nächsten Woche auch noch da sitzen würden. Brandt wollte eher auf Macht und Karriere verzichten als auf das, was er für richtig, für unerlässlich hielt.

Sein Rücktritt 1974 bedeutete für mich in mehrfacher Hinsicht eine Zäsur. Ich war Brandt nicht nur persönlich verbunden, auch nicht nur seinen politischen Zielen – nach aussen wie nach innen –, sondern vor allem seinem behutsamen Führungsstil, der Demütigungen vermied, aber Hartnäckigkeiten nicht ausschloss. Als Brandts Nachfolger kam nur einer in Frage: Helmut Schmidt. Ob er mich im Kabinett behalten wollte oder nicht, mir standen nun andere, harte Zeiten bevor.

Er wollte, warum auch immer. Von meinen Vorschlägen zur Regierungserklärung, die ich wie alle Minister hatte einreichen dürfen, übernahm er nichts. Als er seine betont nüchterne Regierungserklärung, in der das bisher so zentrale Wort »Reform« kaum mehr vorkam, beendet hatte, schloss die

Bundestagspräsidentin Annemarie Renger sofort die Sitzung. Es gab keinen weiteren Tagesordnungspunkt. Schmidt, der seine Taschen auch als Kanzler meist selbst schleppte, brauchte ziemlich lang, um sie zu füllen. Auch ich war, warum weiß ich nicht, ein Langweiler. So waren die beiden Letzten, die den Plenarsaal verließen, der neue Kanzler und ich. Zu einem Kompliment konnte ich mich nicht aufraffen. Der Kanzler hingegen sagte einen Satz, den ich bis heute nicht vergessen habe: »Da kann die Opposition nun nicht mehr einhaken.« In der Tat, das stimmte. Aber konnte dies das Ziel eines sozialdemokratischen Kanzlers sein? Und konnte ich mit einem solchen politischen Ziel leben?

Kalkutta, Marokko, Oberhausen

Wie war aus einem Abgeordneten, der alle Illusionen geteilt hatte, die in den sechziger Jahren als modern galten, ein leidenschaftlicher, von vielen belächelter Ökologe, ein Anwalt der Dritten Welt, geworden? Vielleicht war dies gar nicht mein Verdienst, sondern das meines Parteivorsitzenden Willy Brandt. Denn Brandt hatte mich nicht als parlamentarischen Staatssekretär in sein Auswärtiges Amt geholt, wie ich mir das gewünscht hatte – natürlich, ohne es je zu sagen. Er hatte mich ins BMZ geschickt. Wahrscheinlich wäre ich im »Amt«, wie die Diplomaten sagten, ungefähr der geblieben, der ich war, nur etwas geschliffener, höflicher, weltmännischer. Das Ministerium, das für den Süden der Erde zuständig war, bewirkte anderes. Mein Bewusstsein hat sich in diesen sechs Jahren dramatisch verändert. Das haben viele, die mit mir zu tun hatten, bemerkt und gedeutet. Die einen sahen darin das Wahrnehmen einer neuen Wirklichkeit, die anderen tippten auf geistige oder gar psychische Verwirrung. Manche, wohl auch Helmut Schmidt, meinten, die Studentenrevolte der Achtundsechziger habe mich vom rechten Wege abgebracht. Das ist sicherlich unter allen Deutungsversuchen meiner Person der abwegigste. Ich war ja ganz im Gegenteil eines der beliebtesten Angriffsziele der Revolte und wurde weit schlimmer beschimpft als meine konservativen Kollegen: Ich war jemand, der Politik für die Armen machen wollte, und das in der Regierung eines kapitalistischen Staates. Ein Mensch, der das von sich behauptete, konnte nur ein verschrobener, verlogener Typ sein. So sahen mich die Achtundsechziger.

Was mich tatsächlich verändert hat, war sehr viel naheliegender: Es waren die unmittelbaren Eindrücke, die ich vor Ort sammelte. Mitten in der Armut in einem dieser für die Ministerbesuche hergerichteten Hotels zu sitzen, hatte etwas Bizarres. Es war gar nicht leicht, aus ihnen auszubrechen. Denn das Gastland garantierte ja für meine Sicherheit. Also schlichen sich mein persönlicher Referent und ich spätabends aus den Hinterausgängen, um zu sehen, was in der Welt da draußen vor sich ging. Nicht nur in Kalkutta erlebten wir die Slums, in denen zwischen schlafenden, mit Zeitungspapier bedeckten Männern, Kindern und Frauen die Ratten hin und her huschten, von denen behauptet wurde, sie nagten schlafende Kinder an. Da wurde, inmitten von Dreck und Gestank, öffentlich gezeugt, geboren und gestorben.

Daran konnte ich nichts ändern. Das war Sache der Gastgeber-Regierung. Aber auf dem flachen Lande lagen die Dinge anders, hier lebten die Kleinbauern und bewirtschafteten Land, und hier konnte unsere Hilfe etwas bewirken. Das Szenario ist heute bekannt, damals war es Neuland: Meist hatten diese Bauern viel zu viele Kinder für das bescheidene Stückchen Erde, das sie bebauten. Sobald die Kinder alt genug waren, wurden sie statt zu Schülern zu Arbeitskräften. Kaum erwachsen, mussten sie entweder irgendwo am Rande einer größeren Stadt Arbeit suchen. Oft fällten sie, besonders in den bergigen Gegenden, irgendwo weiter oben Bäume oder verbrannten Büsche, um neues Ackerland zu erschließen. Es war in Marokko, wo ich das erste Mal beobachten konnte, was dann kam: Subtropische Regengüsse rissen die Erde der mühsam der Natur abgerungenen Maisäcker mit sich. Was übrig blieb, waren steinige Schluchten. In ihrer Not hatten Menschen ihre eigene Lebensgrundlage vernichtet.

In meine Ministerzeit fiel auch die katastrophale Dürre in der Sahelzone, die sich am Nordrand der Sahara von West nach Ost quer durch Afrika zieht. Als man mich mit einem Jeep oder Land Rover durch den Landstrich fuhr, über Wege und Straßen, die der Wüstenwind auf weite Strecken verweht hatte, vorbei an Skeletten von Rindern, Schafen und Ziegen, wollte ich wissen, warum denn dieses Mal die Dürre so viel verheerender gewütet hatte als zuvor. Nach einiger Zeit konnte ich aus den einzelnen Fetzen von Informationen die Geschichte des Unheils zusammensetzen: Französische Entwicklungshelfer, die sich um die einstigen Kolonien kümmerten, wollten den Menschen dort das Leben erleichtern. Sie sollten nicht mehr, wie seit Jahrhunderten, das Wasser zum Tränken der Rinder und Schafe mühsam mit Lederbeuteln aus den tiefen Brunnen holen. Wozu gab es Dieselmotoren? Der Westen kannte die Antwort. So wuchsen die Viehherden des Südens schlagartig. Und da die gesellschaftliche Stellung eines Bauern von der Zahl seiner Tiere abhing, hielt dieses Wachstum Jahr um Jahr an. Zu fressen gab es ja vorerst genug.

Dann kam die Dürre. Futter wurde knapp. Die Rinder, Schafherden und zähen Ziegen fraßen alles ab, auch die Blätter und Zweige der Büsche. Bis die Landschaft brachlag und die Tiere kraftlos liegen blieben, bevor sie von den Geiern in Skelette verwandelt wurden. Der Wüstenwind bedeckte sie mit Sand, und die Wüste drang, Kilometer für Kilometer, nach Norden vor. Wieder hatten Menschen, die es gut meinten, die Lebensgrundlagen für Hunderttausende zerstört.

Auf den Rückflügen meiner Reisen, meist an einem Fensterplatz sitzend, von freundlichen Hostessen nach meinen Wünschen befragt, starrte ich nach unten: Wo war noch helles Grün und wo die rotbraunen Flecken, die wie Wunden die Erde bedeckten? Und vor den Flussmündungen entdeckte ich im Meer rötliche Halbkreise: Die Erde der Maisäcker. Was sollte aus diesem Globus werden, wenn immer mehr Menschen, meist solche guten Willens, seine fruchtbare Oberfläche überforderten und dadurch zerstörten?

Bis etwa 1970 meinte ich, das gelte nur für den armen Süden, nicht für den reichen Norden. Wenn ich, zurück in der Heimat, gelegentlich mit dem Hubschrauber von einem Termin zum anderen gebracht wurde, fand ich, dieses Deutschland sei doch ganz in Ordnung: Wiesen, Felder, viel Wald, dazwischen Dörfer und Städte, verbunden durch Straßen und Schienen. Nur ganz selten eine rostbraune Wunde, die wohl eine Baustelle war. Aber dann merkte ich, dass im Stuttgarter Ballungsraum in den 25 Jahren nach dem Krieg fast so viel Land überbaut worden war wie in den tausend Jahren zuvor. Auch das konnte nicht beliebig lange so weitergehen. Ich wurde hellhörig, wenn die Lokalzeitung über die Luftverschmutzung berichtete, ein Wissenschaftler vor der Überfischung der Meere warnte oder junge Frauen diskutierten, ob sie, bei so viel Gift in der Muttermilch, ihre Säuglinge noch stillen konnten. Das war die Geburtsstunde meines ökologischen Bewusstseins. Die Bücher, die ich dazu las, haben dies nicht bewirkt, sie haben allenfalls meine Eindrücke und Gedanken geordnet, Zusammenhänge hergestellt. Das galt übrigens auch für die Bücher, die ich später selbst schrieb. Sie haben den Bewusstseinswandel nicht bewirkt, aber sie haben ihn sprachfähig und damit politikfähig gemacht.

Nicht nur bei mir, wahrscheinlich bei den meisten Menschen war der Wandel hin zu ökologischer Sensibilität weniger ein intellektuelles Lernen als ein neues Sehen und Fühlen. Daher verbreitete sich das ökologische Denken nicht von oben nach unten, sondern von unten nach oben. Man konnte das etwa im südbadischen Wyhl verfolgen, wo zwischen den Weinreben ein Atomkraftwerk gebaut werden sollte. Es waren Hausfrauen, Erzieherinnen, Weingärtner und ihre Familien, kaufmännische Angestellte, Lehrer und Pfarrer, die als Erste in Deutschland den ökologischen Aufstand probten. Und auch der neue, etwas andere Erhard Eppler fand bei Kirchengemeinden, Frauenverbänden oder Bürgerinitiativen mehr Zuspruch als bei Kirchenleitungen, Ministerien, Zeitungsredaktionen oder gar Konzernspitzen.

Ich hätte gern die Gewerkschaften für das Thema gewonnen. Dass die IG Chemie sich nicht an die Spitze der ökologischen Bewegung drängen würde, war mir klar. Weniger klar war dies bei der ÖTV, der Gewerkschaft des öffentlichen Dienstes: Dort war auch das Personal der Atomkraftwerke organisiert, das sich, von der Gewerkschaft unterstützt, schon einmal zornig zu Wort gemeldet hatte. Inzwischen war von ihnen nichts mehr zu hören. Da kam in der Weihnachtszeit 1971 ein Anruf von Otto Brenner, dem legendären, damals schon schwerkranken Chef der IG Metall. Ob ich bereit wäre, im April 1972 in Oberhausen auf einer internationalen Konferenz seiner Gewerkschaft einführend zum Gesamtthema der Arbeitstagung zu sprechen? Es lautete: »Lebensqualität«. Auf meine Rückfragen bestätigte sich, was ich nicht zu hoffen gewagt hatte: Auch in der größten Gewerkschaft Europas zweifelte man daran, dass Wirtschaftswachstum, auch wenn es anhielt, das Leben der Arbeiter wesentlich verbessern würde! Dabei wusste Brenner noch nicht, was wir heute wissen: dass bis 1970 das Wirtschaftswachstum einherging mit dem allgemeinen Gefühl, es geht mir besser, ich fühle mich wohler. Dass aber seit 1970, Wachstum hin oder her, die Zufriedenheit der Menschen nicht mehr zugenommen hat.

Das Interesse am Begriff der Lebensqualität zeugte von dem Versuch der IG Metall, herauszufinden, was denn das Leben ihrer Mitglieder und deren Familien wirklich bestimmte, was es mühsamer, härter, langweiliger, ärmer machte und was es reicher, gesünder, erfüllter, lebenswerter machen könnte. Dazu gehörte sicher die Qualität der Arbeit, aber eben auch die Ökologie. Das war neu, fast revolutionär für eine Gewerkschaft, von der zuerst einmal erwartet wurde, dass der Gewerkschaftsbeitrag sich durch Lohnerhöhungen rechtfertigte. Es war mir ganz egal, wie viel ich zu tun hatte: Ich sagte Brenner zu. Und wurde nicht enttäuscht.

Oberhausen 1972 war nicht irgendeine Tagung. Sie wurde in Gegenwart des Bundespräsidenten Gustav Heinemann eröffnet, dann beleuchteten Wissenschaftler aus aller Herren Länder das Thema von den verschiedensten Seiten. Mein Vortrag sollte die Spannweite des Sujets einleitend abstecken. Ich sollte die Fragen stellen, um die es ging.

Selten war ich so optimistisch wie nach dieser Tagung. Wenn die IG Metall Fragen aufgriff, die auch die meinen waren, und sich anschickte, ihre eigenen Antworten darauf zu suchen, dann hatte der Bewusstseinswandel auch die Arbeiterschaft ergriffen. Dann könnte er sich doch rascher durchsetzen, als ich gedacht hatte.

Wenige Wochen nach der Tagung starb Otto Brenner. Die IG Metall besorgte in zwölf Bänden eine genaue Dokumentation der Vorträge. Danach war kaum mehr etwas aus dieser Gewerkschaft zu hören, was an Oberhausen erinnerte. Brenners Nachfolger, der Schwabe Eugen Loderer, hielt sich für einen Pragmatiker, als er dafür sorgte, dass der Ansatz von Oberhausen nicht fortgeführt wurde. Es dauerte vierzig Jahre, bis die IG Metall, nicht ohne Stolz, wieder daran erinnerte: »Seht, an dem Brett haben wir schon vor vierzig Jahren gebohrt!«

Vielleicht lohnt es sich an dieser Stelle, von einem Versuch zu berichten, den ich 1979, sieben Jahre nach Oberhausen, im Vorfeld der baden-württembergischen Landtagswahl unternahm. Mir war damals bewusst, dass die SPD in Baden-Württemberg keine Chance haben würde, wenn die starke Metallgewerkschaft und die zahlreichen ökologischen Bürgerinitiativen keinerlei Kontakt hatten, sich völlig fremd, verständnislos, ja feindlich gegenüberstanden. Ich wusste, dass es in beiden Gruppen viele potentielle SPD-Wähler gab. Eine Gemeinsamkeit, die doch verbinden musste! So arrangierte der Landesverband in Müllheim/Baden eine Begegnung zwischen der IG-Metall-Führung und Verantwortlichen der Bürgerinitiativen, bei der es nicht nur beim Beschnuppern blieb. Beide Seiten zeigten sich gesprächsfähig und gesprächsbereit. Der Ton war entspannt. Als ich abschließend das positive Ergebnis für alle in Worte fasste, kam kein Widerspruch. Ich fand, wir seien wieder einen großen Schritt vorangekommen, und war zufrieden.

In den folgenden Tagen hörte ich, die Gewerkschaft fühle sich brüskiert, Franz Steinkühler, der Landesvorsitzende der IG Metall, sei verletzt. Ich war verblüfft: Warum? Weil ich in meiner Zusammenfassung Arbeiterbewegung und Ökologiebewegung in einem Atemzug genannt, also als gleichwertig behandelt hatte, was für die Arbeiterbewegung nicht hinnehmbar sei. Das ist heute kaum mehr verständlich. Vielleicht war es damals die Angst vor der eigenen Courage.

Der Bruch mit Schmidt

Es war nicht anders denkbar: Im Sommer 1974 kam es bei den Haushaltsverhandlungen zum Bruch mit Schmidt. Hans Apel, der neue Finanzminister, informierte mich über die Kürzungen in meinem Haushalt. Was Schmidt in Nairobi verkündet hatte, galt nicht mehr. Und dies in einem Augenblick, in dem zwar einige Ölländer reich, die meisten Entwicklungsländer aber, weil ja auch sie Öl brauchten, noch ärmer wurden! Das war das falsche Signal. Die Bundesrepublik galt schon 1974 als ein reiches, finanziell starkes Land. Und wenn diese Bundesrepublik nun ihren Entwicklungsetat – und ihre Finanzplanung dafür – zusammenstrich, warum sollten andere Länder dies nicht tun?

Immerhin war ich jahrelang durch die Republik gezogen und hatte mit dem Argument für meine Politik geworben, wer jetzt nicht mehr für Afrika tue, müsse in zwanzig oder dreißig Jahren mit einem gewaltigen Einwanderungsdruck rechnen. Wer uns 2015 sagt, wir müssten die Lebensbedingungen in Afrika verbessern, muss wissen, dass dies die Zahl der Flüchtlinge im Mittelmeerraum frühestens in zehn Jahren verringern kann.

Am 4. Juli 1974 trat ich zurück, indem ich dem Kanzler während der Kabinettssitzung meine Rücktrittserklärung übergab. Zum Rücktritt entschlossen war ich jedoch bereits seit dem 13. Juni gewesen, hatte allerdings noch abgewartet, ob die angekündigten Kürzungen tatsächlich vorgenommen würden.

Mit diesem Datum schließt sich ein denkwürdiger Kreis in meinem Leben: Der 13. Juni 1944 war der Tag, an dem der Siebzehnjährige seine letzte Uniform, die des Heeres, angezogen hatte. 1974 jährte sich dieser Tag zum dreißigsten Mal. Der 13. Juni 1974 führte in Luxemburg die für Entwicklungshilfe zuständigen Minister zusammen. Da die Bundesrepublik gerade den Vorsitz in der damaligen EG innehatte, fiel mir die Leitung der Sitzung zu. Der Unterschied war gewaltig: vor dreißig Jahren kaum noch Hoffnung, mit heiler Haut davonzukommen, jetzt im Vorsitz einer europäischen Gemeinschaft.

Es waren keine überschwänglichen Gefühle, mit denen ich in Luxemburg ankam. Auf der Tagesordnung stand ein Vorstoß des UN-Generalsekretärs, mit dem er die neureichen Ölländer an der Entwicklungshilfe beteiligen wollte. Sein Vorschlag: Industrie- und Ölländer sollten je eineinhalb, also gemeinsam drei Milliarden Dollar für die ärmsten, von der Ölpreiskrise am stärksten betroffenen Länder aufbringen. Die USA, die EG und die übrigen Industrieländer wie etwa Kanada oder Japan sollten je 500 Millionen Dollar aufbringen. Die wenig begeisterten USA hatten unter der Bedingung zugesagt, dass die EG ihren Beitrag leistete. Und die noch weniger begeisterten Ölländer hatten versprochen, ihren Anteil beizusteuern, wenn die Industrieländer zahlten. In Luxemburg sollte nun die Entscheidung der EG verhandelt werden: Es ging um alles oder nichts – entweder bekam der Plan eine Chance oder das Nein der EG rechtfertigte das Nein der Amerikaner und damit auch das der Ölländer.

Natürlich hatte ich mich in Bonn vorbereitet, mit dem Finanzminister und dem Kanzleramt gesprochen. Überall ein hartes und wiederholtes Nein. Ich schämte mich für mein Land. So seltsam es klingen mag, meine letzte Hoffnung war, dass andere EG-Länder auch abschlägig entschieden, so dass der Schwarze Peter nicht allein bei uns Deutschen hängen blieb. Also beschloss ich, als ich die Delegationen nacheinander aufrief, die deutsche erst ganz zuletzt zu Wort kommen zu lassen. Meine Überraschung war groß, als eine Abordnung nach der anderen den Plan guthieß, so könne man endlich die neureichen Profiteure der Ölkrise zur Kasse bitten. Da saß ich nun wie weiland Kleists Dorfrichter Adam und versuchte zu verbergen, wer den Krug zerbrochen hatte: ausgerechnet die neue Regierung im reichen Bonn. Als ich schließlich nicht umhinkam, die deutsche Delegation aufzurufen, wurde der Dorfrichter Adam enttarnt. Alle wunderten sich: diese Deutschen, die in Nairobi so viel Wert auf ihre Vorbildlichkeit gelegt hatten! Während die Unruhe im Saal zunahm, unterbrach ich die Sitzung, um noch einmal telefonisch mit Bonn Kontakt aufzunehmen. Das Gespräch führte der Staatssekretär im Kanzleramt, Manfred Schüler. Ich schilderte ihm, dass ausschließlich an uns Deutschen der Versuch scheitern würde, die Ölscheichs ins Obligo zu bringen. Das könne dem Ruf der Republik schaden. Das machte auf Schüler nicht den geringsten Eindruck. Nein, es habe auch keinen Sinn, mit dem Kanzler zu reden, der sei strikt dagegen. Was ich nicht wusste, war, dass der Finanzminister Apel sehr früh intern, bald auch in der Öffentlichkeit, mit dem Spruch hausieren ging, wir wollten nicht mehr die »Zahlmeister Europas« sein.

Als ich die Sitzung wiedereröffnet und die Kollegen vom definitiven deutschen Nein unterrichtet hatte, gingen die Minister und Staatssekretäre Europas kopfschüttelnd auseinander. Ich aber wusste, dass ich in dieser Regierung nicht bleiben würde. Ich war offenbar in falsche Gesellschaft geraten. Das ließ sich ändern.

Zurück in Bonn wurde ich in meinem Entschluss bestärkt, als ich den Kanzler warnte, dass die Entscheidung, die ich in Luxemburg hatte mitverantworten müssen, in der Weltöffentlichkeit schlecht ankommen werde. Schmidts Erwiderung war knapp und schneidig: »Die deutsche Öffentlichkeit wird's uns danken.«

Nein, in diese Regierung passte ich nicht. Am Abend des 4. Juli 1974, an dem ich meinen genau begründeten Rücktritt vollzogen hatte, waren beim Kanzler Journalisten eingeladen, ob zufällig oder aus gegebenem Anlass, ist mir nicht bekannt. Dort erklärte ein sichtlich erleichterter Kanzler: »Jetzt habe ich ihn rausgeworfen.« Das machte aus einer politischen Differenz eine menschliche Verletzung. Klar, wenn ein Minister nicht mit dem Kanzler auskam, musste der Minister, nicht der Kanzler gehen. Das war für mich so schlimm wie nachvollziehbar. Aber meine Biographie zu schreiben lag nicht in des Kanzlers Kompetenz. Jahrzehnte später berichtete mir ein – übrigens sehr gewissenhafter – Gast Schmidts, dass Schmidt in Bezug auf mich geäußert habe: »Ich weiß gar nicht mehr, ob ich ihn rausgeschmissen habe oder ob er selbst zurückgetreten ist.« Sein Gast wusste es. Und er machte sich seine Gedanken darüber, warum Schmidt es nicht mehr wissen wollte.

Übrigens war ich zwar der Erste, aber nicht der Einzige, der dieses Kabinett – mit sehr verschiedenen Begründungen – verließ: Walter Arendt, Georg Leber, Hans-Jochen Vogel, Helmut Rohde. Auffällig ist, dass keiner von Schmidts Ministern, die bis zum Ende seiner Amtszeit blieben, danach noch eine politische Rolle gespielt hat. Hans Matthöfer sanierte gewerkschaftliche Unternehmen, der Finanzminister Manfred Lahnstein ging zu Bertelsmann, Hans Apel zog sich – keineswegs altershalber – zurück und schrieb ein Buch über seinen »Abstieg«, Dieter Haak wurde in der evangelischen Landeskirche in Bayern Präses der Synode.

Im Kabinett Schmidt-Genscher konnten allenfalls die FDP-Minister, zumal Hans-Dietrich Genscher, so etwas wie Profil gewinnen. Die Politik war Sache des Kanzlers. Von den Ministern – Ministerinnen spielten noch keine Rolle – wurde erwartet, dass sie ihre Ministerien sauber und effizient verwalteten, in ihrem Fachgebiet Bescheid wussten, öffentlich keinen Ärger machten und alle wichtigen Entscheidungen dem Kanzler überließen. Nach ein paar Jahren war das politische Profil der Minister verwischt. Sogar ein so begabter Vollblutpolitiker wie Hans Matthöfer, der als mein parlamentarischer Staatssekretär noch als einer der fähigsten und konsequentesten Linken galt, war am Ende der Ära Schmidt politisch nicht mehr definierbar.

Natürlich habe ich viel über meine Arbeit im BMZ nachgedacht, auch darüber, was ich falsch gemacht hatte. Dabei kam ich zu einem seltsamen Ergebnis. Oft wird Politikern nachgesagt, sie dächten zuerst an ihren persönlichen Vorteil, an ihre Karriere, sie seien nicht »sachbezogen«. Diesen Vorwurf hat mir niemand gemacht, ich selbst auch nicht. Für die zweite Regierung Brandt hatte mir der Kanzler ein anderes, damals noch mächtiges Ressort angeboten, die Nachfolge von Hans Leussink, dem Minister für Bildung und Wissenschaft. Ich hatte mich so in die Aufgaben des BMZ verbissen, dass ich ablehnte.

Womit ich heute hadere, ist etwas anderes: Ich war nicht nur sachbezogen, sondern sachbesessen. Das ist für niemanden gut, weder für einen selbst, noch für die Menschen, für die und mit denen man arbeitet. Nachdem mich die Aufgabe gepackt hatte, der sogenannten Dritten Welt auf die Sprünge zu helfen, vergaß ich, dass auch für einen tüchtigen Beamten – und eine tüchtige Beamtin, denn die Frauen im BMZ wurden nun zahlreicher – die Arbeit im Ministerium nur ein begrenzter Teil des Lebens war. Nicht dass ich ein ruppiger Chef gewesen wäre, aber doch einer, der viel, manchmal zu viel verlangte und überdies nach der schwäbischen Devise lebte: »Net g'schimpft isch g'nug g'lobt.« Heute wünschte ich mir, ich hätte mich mehr um die einzelnen Mitarbeiter und ihre persönlichen Sorgen gekümmert, sie häufiger ermutigt, mich öfter bedankt. Einige, mit denen ich heute noch in Verbindung bin, haben mir inzwischen verziehen, viele sicher nicht.

Daher möchte ich, mehr als vierzig Jahre nach meinem Rücktritt, wenigstens einem Mitarbeiter danken, weil er gerade in den ersten Jahren meiner Amtszeit in einer Siebzigstundenwoche meine Defizite ausgeglichen hat: Gunter Huonker. Er stammte – wie auch seine Frau – aus meiner Schwenninger Abiturientenklasse von 1956. Von einem südbadischen Landratsamt holte ich ihn 1968 als persönlichen Referenten nach Bonn. Seine Arbeitskraft schien unerschöpflich, sein taktisches Gespür übertraf das seines Chefs bei weitem. 1972 kandidierte er – mit meiner vollen Zustimmung – erfolgreich für den Bundestag. Später, als ich in Stuttgart Landespolitik machte, hat Helmut Schmidt ihn ins Kanzleramt geholt, wo er nicht weniger effizient und loyal arbeitete. Er wäre ein guter Finanzminister geworden, hätte ihn der Kanzler nicht ohne erkennbaren Grund plötzlich fallen lassen. Bis Gunter Huonker diese unverdiente Degradierung verwunden hatte – und das brauchte seine Zeit –, gehörte er nicht mehr zu denen, die an der politischen Börse für Ministerämter gehandelt wurden.

Es gibt natürlich mehr als ein Dutzend anderer Wegbegleiter, denen ich nachträglich danken möchte. Einige davon sind schon verstorben. Aber wo sollte ich anfangen, wo aufhören? Eine solche Liste ist immer ungerecht.

So verstiegen es klingen mag, ich habe meinen Rücktritt nie bereut. Sicher, der Abschied von einer Aufgabe, die mich über das gesunde Maß hinaus vereinnahmt hatte, riss eine Wunde, die nie ganz ausheilte. Die neue Regierung pflegte, zumal am Anfang ihrer Amtszeit, ein Macher-Pathos, das für »weiche Themen« wie Ökologie oder Dritte Welt keinen Raum mehr ließ. Wäre ich nicht wegen der fehlenden Gewichtung der Entwicklungshilfe gegangen, hätte ich gehen müssen, weil ich eben nicht, wie der Kanzler, der Meinung war, Ökologie sei »eine Marotte gelangweilter Mittelstandsdamen«. Im Übrigen hatte ich zudem meine Zweifel, als Schmidt und Apel darangingen, die Folgen der Ölpreiskrise rein keynesianisch zu bewältigen: durch kreditfinanzierte Konjunkturprogramme, die den Verlust der Kaufkraft ausgleichen sollten. Damals erschienen mir – das sehen heute auch manche Historiker so – die Jahre 1972 und 1973 als eine geschichtliche Zäsur, nicht nur als eine Periode mit einer der üblichen Konjunkturschwächen. Heute, nachdem die Staatsverschuldung dazu geführt hat, dass die Richtlinien der Politik oft von den Finanzmärkten bestimmt werden, stellen wir fest, dass in der Bundesrepublik das Schuldenmachen nicht mit der Regierung Brandt, sondern mit der Regierung Schmidt begonnen hat und – schwächer begründet – von der Regierung Kohl fortgeführt wurde. Dass andere europäische Regierungen die Folgen der Ölpreiskrise ähnlich bekämpft haben, sei gerne zugestanden.

Als ich zurücktrat, war ich 47 Jahre alt. Dass ich in der Bundespolitik für absehbare Zeit keine Chancen mehr hatte, war mir klar. An eine Aufgabe in der Wirtschaft dachte ich nie, eher an einen Lehrstuhl an einer Universität. Dass ich in der Politik blieb, hatte zwei Gründe, einer davon ist für jedermann plausibel: Ein Jahr vor meinem Rücktritt war ich in Offenburg zum Landesvorsitzenden der SPD gewählt worden. Meine Freunde im Südwesten erwarteten nun, dass ich nicht alles hinwarf, sondern mich vielmehr verstärkt um die Partei in Baden-Württemberg kümmerte.

Der zweite Grund war für mich nicht weniger wichtig: Ich stand ja nun mal für eine bestimmte Politik, die sich nicht darin erschöpfte, dafür zur sorgen, dass das Rad sich weiterdrehte, sondern, wie Brandt es formuliert hätte, »über den Tellerrand hinaus« zu denken und die Ökologie zu einem Teil der Politik zu machen, der sich mit der Ökonomie messen konnte.

Ich wollte nichts Geringeres, als die Ökologie in einer der großen Parteien, in der Sozialdemokratie, heimisch zu machen und damit die Gründung einer grünen Partei zu verhindern. Willy Brandt fand das interessant, auch wenn er noch mehr als ich daran zweifelte, ob dies gelingen konnte. Ich hatte Verständnis dafür, dass er sich dennoch nicht offen und eindeutig auf meine Seite stellte: Er musste eine Partei zusammenhalten. Aber er signalisierte meinen Gegnern: Den werdet ihr nicht aus der Partei drängen können, den brauchen wir. Inzwischen gab es nicht wenige Sozialdemokraten und Sympathisanten der Partei, die etwas von mir erwarteten, die auf mich setzten. Konnte ich sie einfach im Stich lassen? Was ich vorhatte, verlangte einen langen Atem, und ich war noch keine fünfzig Jahre alt.

Noch mehr als vierzig Jahre nach meinem Rücktritt fragen mich Freunde und Wegbegleiter, ob denn zwischen Helmut Schmidt und mir wirklich keine Verständigung, kein Kompromiss, keine Arbeitsteilung möglich gewesen sei. Das hätte der Sozialdemokratie vieles erspart, sie nach außen gestärkt. Meine Antwort mag überheblich klingen, aber ich habe keine andere: Während ich Helmut Schmidt immer verstanden habe, ganz einfach, weil ich lange Zeit genauso dachte wie er, hat er mich nie verstanden. Er hat unseren Konflikt nach Max Weber als einen zwischen Verantwortungsethik und Gesinnungsethik interpretiert: Ich der kurzschlüssige, moralinsaure Gesinnungsethiker, er der erfahrene, bewährte Verantwortungsethiker. Dazwischen gibt es weder Kompromiss noch Arbeitsteilung.

Dass ich meinen Weber auch gelesen hatte, mich auch als Verantwortungsethiker verstand, ist in einem Aufsatz dokumentiert, der in mein erstes Buch *Spannungsfelder* aufgenommen wurde, das 1968 erschien. Aber ich definierte inzwischen

1 Die Familie mütterlicherseits: Erhard Epplers Mutter Hilde steht neben seinem Großvater, der ein Anhänger Friedrich Naumanns war.

2 In der Mitte zwischen seinen Brüdern Reinhold und Richard sitzend, in Schwäbisch-Hall. 1932, mit dem Vater.

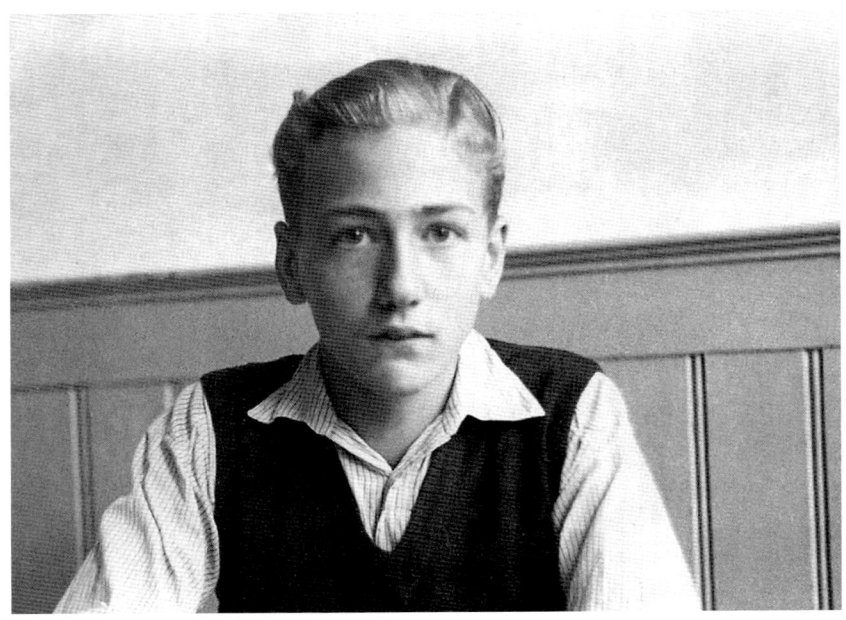

3 Schülerporträt im Auftrag des Rassenpolitischen Amtes, um 1940.

4 Der ausgehungerte Kriegsheimkehrer, 1945.

5   Eppler (2. v. rechts) 1962 im Kreis einiger Parlamentsmitglieder der Bundesrepublik zu Besuch im Londoner Westminster-Palast, in Begleitung von David Cornwell, alias John le Carré (links außen).

6   Mit dem Harvard International Seminar 1962 zu Besuch im Weißen Haus. John F. Kennedy spricht über die Schwierigkeit, mit einer Verfassung aus dem 18. Jahrhundert zu regieren.

7 Bei der Ernennung zum Entwicklungsminister durch Bundespräsident Heinrich Lübke. Links im Hintergrund Bundeskanzler Kurt Georg Kiesinger, 1968.

8 Das erste Kabinett Willy Brandts auf der Treppe der Bonner Villa Hammerschmidt, 1969: Links und rechts von Brandt stehen Bundespräsident Gustav Heinemann und Außenminister Walter Scheel.

9   1971 mit dem Kanadier Lester Pearson, der im Auftrag der Weltbank den Pearson-Bericht vorgelegt hatte, eine kritische Bestandsaufnahme der Entwicklungspolitik.

10   Bei der ersten Tagung des Deutschen Entwicklungsforums 1970 in Bonn, mit Bundespräsident Gustav Heinemann.

11 1971 in Kamerun, auf der Baustelle an einer alten Eisenbahnlinie, deren Restauration durch Epplers Ministerium unterstützt wurde.

12 Mit Helmut Schmidt, noch unter der Ägide Brandts, 1973.

13 1973 mit dem Weltbankpräsidenten Robert McNamara.

14   In ausgelassener Stimmung mit Willy Brandt und Helmut Schmidt, 1974.

15   Rücktritt während der Kabinettssitzung am 4. Juli 1974. Neben Helmut Schmidt sitzen Bundesaußenminister Hans-Dietrich Genscher und Staatssekretär Karl Moersch.

16 Bei der Übergabe des Entwicklungsministeriums an Egon Bahr
am 10. Juli 1974.

17 Gute Freunde: Brandt gratuliert zum fünfzigsten Geburtstag 1976.

18   Gemeinsam mit Willy Brandt auf einer fröhlichen Landpartie im Sommer 1977.

19   Protestkette im Bonner Hofgarten 1981: mit Uta Ranke-Heinemann, der Tochter
Gustav Heinemanns, William Borm, Mitglied des FDP-Bundesvorstands, und dem
Schriftsteller Heinrich Böll.

20   Gemeinsame Buchvorstellung mit dem Publizisten Robert Jungk beim 2. Europäischen Friedenskongress im Internationalen Congress Centrum Berlin (ICC), 1983.

21 Während der Blockade der US-Kaserne in Mutlangen, beim Protest gegen die Stationierung von atomaren Pershing-II-Raketen in der Bundesrepublik.

22 Als Präsident des Kirchentages in Hannover 1983, mit Eduard Lohse, dem Vorsitzenden des Rates der Evangelischen Kirchen in Deutschland (links außen), und dem südafrikanischen Pastor Allan Boesak aus Kapstadt (2. von links).

23   Mit den Leichtathleten Franz-Josef Kemper und Marita Koch bei der Friedensstafette der Sportler, einer Initiative der Friedensbewegung, 1987 in Frankfurt.

24   In einer DDR-Fernsehsendung zur Streitschrift Streit der Ideologien und die gemeinsame Sicherheit: mit (von links nach rechts) Rolf Reißig (SED), Otto Reinhold (SED) und Thomas Meyer (SPD) im Studio Berlin-Adlershof, 1987.

25   Beim Bundesparteitag der SPD in Münster 1988 mit Egon Bahr und Peter Glotz.

26   Mit Oskar Lafontaine und Inge Wettig-Danielmeier 1989 in Bonn, bei der Vorstellung des neuen Grundsatzprogramms durch das Präsidium der SPD.

27 Bei der Verleihung des Großen Verdienstkreuzes durch Johannes Rau im Berliner Schloss Bellevue, 2001.

28 Mit Gerhard Schröder beim SPD-Parteitag in Karlsruhe, 2005.

29   Im Interview mit Peter Gauweiler (rechts außen) und dem Publizisten Klaus Bölling in seinem Haus in Schwäbisch-Hall, 2005.

30   Mit Sigmar Gabriel nach der Rede auf dem Bundesparteitag der SPD in Dresden, 2009.

meine Verantwortung anders als Schmidt, sowohl in räumlicher als auch in zeitlicher Hinsicht. Als Minister, der für die ärmsten Teile der Erde zuständig war, trug ich eine räumlich ausgedehntere Verantwortung als Schmidt. Als Ökologe, der die natürlichen Lebensgrundlagen gefährdet sah, musste ich meine Verantwortung notgedrungen auch zeitlich weiter dimensionieren. Fühlte Schmidt sich verpflichtet, die wirtschaftliche Konjunktur zu stabilisieren, die durch den höheren Ölpreis tatsächlich gefährdet war, so war ich – wie übrigens damals schon Carl Friedrich von Weizsäcker – davon überzeugt, dass höhere Energiepreise ökologisch richtig und nötig waren. Das alles hatte mit Gesinnungs- und Verantwortungsethik nichts zu tun, sondern mit unterschiedlicher Einschätzung der Wirklichkeit, in der wir lebten.

Auch Jahre später, als es um die Raketen ging, auf die ich noch ausführlicher zu sprechen kommen werde, haben wir die Wirklichkeit verschieden eingeschätzt. Während Schmidt die Erpressbarkeit Europas fürchtete, zweifelte ich nie an der westlichen Überlegenheit auch auf dem Gebiet der Raketenrüstung, und war mir unverändert sicher, dass die Sowjets das insgeheim genauso sahen. Wo die Differenz da gesucht wird, wo sie gar nicht besteht, ist Verständigung nun einmal nicht möglich.

Es stimmt nicht, dass Helmut Schmidt und ich schon vom Temperament her Gegner gewesen wären. Als er in der ersten Großen Koalition der anerkannte Fraktionschef war und ich versuchte, mich als außenpolitischer Sprecher durchzusetzen, war unser Verhältnis gut. Ich war froh, einen guten Chef zu haben, er fand, aus dem Außenpolitiker, der gerade das Schwabenalter von vierzig Jahren erreicht hatte, könne noch etwas werden.

Und es stimmt auch, dass sieben Jahre danach nicht er, sondern ich mich verändert hatte. Aber ich muss darauf bestehen, dass dies eine geschichtlich notwendige Veränderung war, während er überzeugt war, ich sei den »Achtundsechzigern auf den Leim gegangen«.

So waren die Chancen einer Verständigung gering, auch wenn ich immer wusste, dass Helmut Schmidt ein Vollblutpolitiker mit verblüffender Begabung war. Er war der geborene Krisenmanager, der souveräne Debattenredner, der gewissenhafte, unermüdliche Arbeiter, er war auch auf so vielen Gebieten – natürlich nicht auf allen – beschlagen, dass er als Kanzler nie den Überblick verlor.

Was mich abstieß, war, zumal zu Beginn der Regierung Schmidt, das neue Macher-Pathos: »Jetzt wird regiert, gemacht, nicht geschwafelt!« Willy Brandt galt als »Weichei«, ein Mensch, der zu viel nachdachte und zu wenig »machte«. Ich fand dieses Macher-Pathos albern. Aber es war zu erwarten nach Schmidts Kritik an Brandt, die auch ich ausgiebig zu hören bekommen hatte, obwohl Schmidt wusste, dass ich sie nicht teilte. Nie werde ich den Flug von Berlin nach Bonn/Köln nach ein Fraktionssitzung in Westberlin vergessen, als der Zufall Schmidt und mich, beide Minister im Kabinett Brandt, nebeneinander platziert hatte. Vom Start bis zur Landung empörte er sich über die Laschheit seines Parteivorsitzenden und Kanzlers, der nicht führen könne oder wolle, während ich ängstlich nach den Umsitzenden schielte: Ein Bericht im *Spiegel* über diesen Erguss hätte die Regierung in Gefahr gebracht.

Ich war damals schon der Meinung, dass Brandt sehr wohl führte, aber auf eine dezente, demokratische Weise. Ich wusste auch, dass es nahezu unmöglich war, Brandt ein Wort der Kritik an Schmidt zu entlocken. Für mich war der Emigrant Brandt der Disziplinierte, nicht der Oberleutnant Schmidt. Und so fand ich das Macher-Pathos des neuen Kanzlers – und noch mehr das seines Finanzministers Apel – ziemlich naiv. Mir war damals schon klar, dass in den Geschichtsbüchern das, was Brandt »gemacht« hatte, weit wichtiger sein würde, als Schmidts Konjunkturprogramme gegen die erste Ölpreiskrise. Denn geblieben sind davon vor allem die Schulden.

Mann kann Schmidt allerdings nicht vorwerfen, dass er Diskussionen gescheut hätte. Sie machten ihm sogar Spaß, solange sie sich innerhalb seines Politikverständnisses abspielten. Und das war immer noch das der frühen sechziger Jahre. Sobald jemand dieses Politikverständnis nicht mehr teilte, war er abgeschrieben, nicht »erwachsen« oder eben ein Gesinnungsethiker. Und ich, der ich meine Verantwortung naturgemäß anders definierte als er, war von da an kein Diskussionspartner mehr. Ich wollte allerdings auch keiner mehr sein: In Bonn gab es für mich nichts mehr zu tun.

Also legte ich 1976, noch vor dem Ende der Legislaturperiode, mein Bundestagsmandat nieder. Ich hatte es durch das 1969 und 1972 geholte Direktmandat für den Wahlkreis Heilbronn – 1972 mit der absoluten Mehrheit der Erststimmen – erhalten und war dafür mit der Familie nach Heilbronn gezogen. Für den Landtag kandidierte ich nun im Kreis Rottweil, den ich schon als Kreisvorsitzender kennengelernt hatte. Unser Haus in Dornstetten bei Freudenstadt lag ganze sieben Kilometer von der Rottweiler Kreisgrenze entfernt, von dort aus ließ sich der Wahlkreis also bearbeiten. Damit war wieder ein Umzug fällig, zurück nach Dornstetten.

POLARISIEREN UND INTEGRIEREN

In Filbingers Ländle

Als Spitzenkandidat war ich nun der Gegenspieler von Hans Filbinger, der das Ländle mit klarer absoluter Mehrheit regierte. Die Aufgabe des Landesvorsitzenden meisterte ich inzwischen einigermaßen reibungslos, obwohl mein Start 1973 ziemlich missraten war: Zum ersten Mal hatte meine Anfälligkeit für schwere Migränen üble politische Folgen gehabt. Ausgerechnet während des Parteitags in Offenburg packte mich Übelkeit, begleitet von massiven Kopfschmerzen. Da ich gegen Abend reden sollte, verließ ich den Sitzungssaal, um wenigstens etwas frische Luft zu bekommen. Ich meinte, ich könne mir dies erlauben, denn die Diskussion über die große Zahl von Anträgen verlief ohne dramatische Höhepunkte. Als ich zurückkam, wusste ich nach wenigen Minuten, dass ich meine Abwesenheit würde büßen müssen. In Bonn hatte der Kanzler Willy Brandt knapp ein Jahr zuvor – übrigens ohne das Kabinett, in dem ich saß, einzuschalten oder zu behelligen – mit den Innenministern der Bundesländer den »Radikalenerlass« beschlossen. Angestellte, aber auch Beamte, deren Verhalten Zweifel daran weckte, ob sie sich zur »freiheitlich-demokratischen Grundordnung« bekannten, konnten damit aus dem öffentlichen Dienst entlassen werden. Das gab den Bundesländern einen beträchtlichen Ermessensspielraum, und natürlich wurde der im Filbingerland voll ausgeschöpft. Nicht nur der linke Flügel der Partei war verärgert und empört. Auf dem Parteitag in Offenburg wurde nun – mit der nötigen Zahl von Unterschriften – ein »Initiativantrag« eingereicht, der eine Demonstration in der Landeshauptstadt vorsah, nicht nur gegen die Art, wie im Lande der Erlass gehandhabt wurde, sondern gegen den Erlass selbst, den immerhin der Kanzler angestoßen hatte. Und der war auch Parteivorsitzender. Da offenbar niemand widersprach, war bereits abgestimmt worden: Eine Mehrheit war dafür. Wäre ich im Saal gewesen, ich wäre, Migräne hin oder her, in die Bütt gegangen und hätte, wahrscheinlich mit Erfolg, von dem Initiativantrag abgeraten. Aber ich war nicht da, und niemand hatte mich über die Vorgänge unterrichtet.

So konnte ich am folgenden Montag in fast allen Blättern dasselbe lesen: Dem neuen Landesvorsitzenden fehle es offenbar an Mut, sonst hätte er seinen Kanzler verteidigt. Ich war ein Weichei, ein Feigling. Meine Ernüchterung war groß: Durfte man sich, wenn man mit einem solchen Übel geschlagen war wie ich mit der Migräne, überhaupt um wichtige Ämter bewerben? Als Minister hatte ich immer einen Ausweg gefunden. Als Landesvorsitzender nicht.

Dass ich ein Jahr danach im Konflikt mit dem neuen Kanzler zurücktrat, hat mir natürlich das politische Leben in Stuttgart nicht erleichtert. Ich musste damit rechnen, dass vor allem die konservativeren Sozialdemokraten mir den Rücktritt übelnahmen, da sie auf der Seite Schmidts standen. So kam es dann auch. Allerdings hatte ich es in der Partei mit einer durchaus überschaubaren Opposition zu tun. Vier Fünftel der Partei, wenn man den Abstimmungen glauben durfte, vertrauten mir. Anders war es in der Landtagsfraktion.

Ehe eine 1976 neugewählte Fraktion mich zum Vorsitzenden wählen konnte, war ein Landtagswahlkampf zu bestehen, der eine gewisse Berühmtheit erlangte. Filbinger führte ihn unter der Devise: »Freiheit statt Sozialismus!« Ich empfand dieses Motto als radikalen Bruch mit all dem, was die Bundesrepublik möglich und erfolgreich gemacht hatte: ein Bruch des Pakts zwischen Christdemokraten und Sozialdemokraten, gemeinsam ein freies demokratisches Deutschland aufzubauen. Zusammen hatten sie jenes Grundgesetz erarbeitet und beschlossen, das der Wegweiser zu diesem freien Deutschland sein sollte und auch wurde. Und nun kam eine dieser beiden Parteien und beanspruchte mit viel Getöse die gemeinsam erarbeitete Freiheit für sich allein. Schlimmer noch: Sie unterstellte sogar, sie gegen den politischen Partner verteidigen zu müssen! Ich fand das infam, ein Hieb jenseits demokratischer Auseinandersetzung. Leider blieben wir Sozialdemokraten, vor allem ich selbst, damit ziemlich allein. Die Medien wunderten sich mehrheitlich eher über meine Empörung als über den Slogan.

Warum kam die Union erst auf diese groteske Idee, als ich Spitzenkandidat war? Ich war ihr – und nicht nur ihr – unheimlich. Unser Programm für die Landtagswahl war keineswegs knallrot, sondern auffallend grün, vielleicht sogar grüner, als das heutzutage bei den Grünen üblich ist. So hatten wir für die Verkehrspolitik das Motto: »Vernunft statt Beton« gewählt, was natürlich bei der damals noch existierenden Gewerkschaft Bau-Steine-Erden (IG BSE) wenig Begeisterung weckte. Wir nahmen das in Kauf, denn die Landesregierung hatte viele neue Autobahnen geplant, von denen heute niemand mehr spricht. Drei davon sollten quer durch den Schwarzwald führen. Die für den Südschwarzwald vorgeschlagene hatte ich eine »mittlere Barbarei« genannt. Wir, die Opposition, setzten uns schließlich mit unserer Position durch: Nur noch die

Ostautobahn von Würzburg über Ulm bis ins Allgäu sollte fertiggebaut werden. Aber das wusste im Wahlkampf 1976 noch niemand, die hohe Zeit der Technokraten wirkte noch nach.

Was ein Strukturkonservativer von einem Wertkonservativen, den er nicht versteht, hält, habe ich ja schon beschrieben. Ökologisches Denken – an das sich auch Strukturkonservative inzwischen längst gewöhnt haben – war damals etwas Fremdes, Beunruhigendes, ja Gefährliches, auch wenn es im Kern ein konservatives Anliegen war – aber eben ein wertkonservatives. Sogar als die Kirchen – spät genug – für die »Bewahrung der Schöpfung« eintraten, änderte sich die Wahrnehmung nur langsam.

Noch heute ist für die Tea Party in den USA der Kampf gegen die Erderwärmung nichts als ein raffinierter Trick der Linken, die Märkte zu gängeln, die Freiheit abzuschaffen. So ähnlich haben manche in der Union noch Mitte der siebziger Jahre meine Politik bewertet und damit ihren Wahlslogan verteidigt. Das ist im 21. Jahrhundert schwer nachzuvollziehen, für mich bedeutete es jedoch einen realen täglichen Kampf, auch später im Landtag, wenn die Unionsfraktion schon zu lärmen begann, ehe der Oppositionsführer das Rednerpult erreicht hatte. Bis heute bin ich der Meinung, dass die – gewissenhaft protokollierten – Zwischenrufe bei meinen Landtagsreden zumindest eine einfühlsame Dissertation verdienen.

Bei der Landtagswahl 1976 konnte die Union ihre absolute Mehrheit ausbauen und 56,7 Prozent der Stimmen erreichen. Für die SPD stimmte genau jeder Dritte (33,3 Prozent). Das lag durchaus im Gewohnten, auch wenn die SPD vier Jahre zuvor rund 37,6 Prozent der Wähler erreicht hatte. Dieses ausnehmend gute Ergebnis war daher gekommen, dass die

Landespolitik kaum eine Rolle spielte, vielmehr die Ostpolitik Willy Brandts im Zentrum stand, die dann in der Bundestagswahl im November des selben Jahres zum größten Wahlsieg der Bundes-SPD im 20. Jahrhundert geführt hatte. Verständlich, dass die CDU 1976 ihre gerettete Freiheit nicht weniger als sich selbst feierte. Für mich war das Ergebnis zwar keine Katastrophe, aber doch ein herber Rückschlag.

Wer die Welt des Bundestags kennengelernt hatte, dort zur Außenpolitik geredet und dann sechs Jahre lang im Südteil der Erde zu tun gehabt hatte, der musste sich an die Landespolitik, auch an die Atmosphäre des Landtags erst gewöhnen. Dort saßen nicht wenige Lokalgrößen, die als Vorsitzende wichtiger Vereine, als Sprecher im Gemeinderat oder gar als Bürgermeister bekannt und beliebt waren. Sie sorgten sich um Straßenbau, Polizeiorganisation oder Schulverwaltung. Zu Recht, denn dort lagen ja die Aufgaben des Landtags. Neue Gedanken, wie ich sie gelegentlich einführte, fanden sie unnötig und störend, manchmal auch empörend.

Die Abgeordneten der CDU empfanden ihre Mehrheit inzwischen als Selbstverständlichkeit. Die FDP verstand sich als Reservekompanie für den Fall, dass die Union einmal die absolute Mehrheit verfehlen sollte, und die SPD hatte sich mit ihrer Rolle abgefunden: Opposition, das musste eben auch sein. So sah das auch die Union, und die Sozialdemokraten erledigten ihren Job pflichtbewusst, solide und mit ausreichender Erfahrung. Was mich störte, war, dass viele Abgeordnete meiner Partei sich ihr Selbstbewusstsein von der Union ausliehen. Sie legten Wert darauf, dass man dort gut über sie sprach: Er ist zwar ein Sozi, aber doch ein ordentlicher Kerl. Ich wollte erreichen, dass man im Lande sagte: Die SPD ist zwar in der Opposition, aber sie bestimmt die Themen der

Debatte. Das gelang dann auch, aber es half nicht viel. Als 1980 wieder gewählt werden sollte, ergab eine Umfrage, dass die Schwaben, Alemannen und Franken des Bundeslandes befanden, sie hätten einen tüchtigen Ministerpräsidenten – das war damals schon Lothar Späth –, aber auch einen tüchtigen Oppositionsführer. Was wollten sie mehr? Man konnte alles beim Alten lassen.

Dass ich beim Kanzler *persona non grata* war und der Kanzler dies durch eindeutige Bemerkungen gelegentlich in Erinnerung rief, spielte in der Partei kaum eine Rolle, in der Landtagsfraktion sehr wohl. Die meisten Abgeordneten arbeiteten loyal mit mir zusammen, auf manche konnte ich mich immer verlassen. Dazu gehörte der kluge Ulrich Lang, der ebenfalls ein ehemaliges GVP-Mitglied war und den ich später für den anständigsten, also ethisch sensibelsten Politiker hielt, dem ich je begegnet bin. Mit dem impulsiven, noch in Schlesien aufgewachsenen Claus Weyrosta, der mein parlamentarischer Geschäftsführer war, verband mich schließlich eine feste Freundschaft. Rudi Schieler, Rechtsanwalt aus Freiburg, der bis 1976 die Fraktion geführt hatte und mir nun den Vorsitz überlassen musste, fügte sich loyal in seine neue Rolle, und auch mit Heinz Bühringer und Walter Krause, die vor mir den Landesvorsitz innehatten, konnte ich vertrauensvoll zusammenarbeiten.

Hingegen wollte »am rechten Rand« der Fraktion ein halbes Dutzend Abgeordneter, unterstützt von angestellten Beratern, die neue Führung nicht auf Dauer dulden. Das zeigte sich nicht in den Sitzungen der Fraktion, wo sie sich lieber zurückhielten, wohl aber in der Landespresse, die – kein Wunder in einem CDU-Land – mir mehrheitlich nicht gewogen war.

Weit angenehmer und erfreulicher als in der Landtagsfraktion war die Arbeit im Landesverband. Dort war mein Stellvertreter der dynamische Horst Krautter, der mir viel Arbeit abnahm. Zum Landesgeschäftsführer machte ich den bayerischen Schwaben Robert Antretter, mit dem ich bis heute befreundet bin und der auf seine alten Tage, ganz zu Recht, mit Ehrungen überhäuft wird, auch seitens der katholischen Kirche.

Es war der Landesverband, der die politische Diskussion über die Atomkraft als Energiequelle eröffnete, und zwar als ergebnisoffene Erörterung. Das war neu. Denn bis dahin hatte es zwar, ganz im Gegensatz zu den sechziger Jahren, skeptische Stimmen gegeben, aber noch keine politisch relevante Sachdiskussion.

Daher lud ich den Physiker und Philosophen Carl Friedrich von Weizsäcker Mitte Juni 1975 zu einer Energiekonferenz nach Reutlingen ein. Wir wussten, dass Weizsäcker zu den Beratern der Bundesregierung gehörte, also sicher nicht denen nach dem Munde reden würde, für die das Nein zur Atomenergie bereits feststand.

Zu unserer Überraschung hielt Weizsäcker praktisch zwei Vorträge. Einen, in dem er in seiner Eigenschaft als Berater der Regierung Schmidt/Genscher darlegte, warum die Atomenergie nötig und vertretbar sei. Dann aber fügte er hinzu, welche kritischen Fragen den Atomwissenschaftler, aber auch den Citoyen Weizsäcker umtrieben. Dabei dementierte er keineswegs seine vorherige Aussage, aber er öffnete die Debatte für kritische Nachfragen, die dann auch nicht auf sich warten ließen. Nichts war entschieden, aber die seriöse politische Diskussion hatte endlich begonnen.

Ich selbst hatte keine Angst vor der Atomenergie. Ich hätte mir sogar vorstellen können, in der Nähe eines Atomkraftwerks zu wohnen. Aber meine Zweifel wuchsen, ob wir Men-

187

schen, so wie wir nun einmal sind, auf Dauer mit den Kräften des Atoms so umgehen könnten, dass Katastrophen vermeidbar wären. Menschen können freundlich und gehässig, hilfreich und rachsüchtig, geistig gesund und krank sein, sie können mit dem Feuer, das sie schon früh gezähmt und genutzt haben, auch das Haus des Nachbarn anzünden. Das kann für diesen eine Katastrophe sein, nicht für die ganze Stadt oder gar die Menschheit insgesamt. Bei der Atomenergie ist das anders. Auch die ausgesuchten Fachleute, die ein Atomkraftwerk betreiben, sind Menschen mit all den Anfälligkeiten, denen wir Menschen nicht entkommen. Und wie ist das, wenn, wie dies heute mehr als früher geschieht, Staaten zerbröseln und einem Gewaltchaos Platz machen? Wer schützt dann die Atomkraftwerke? Sogar die glühenden Verfechter der Atomenergie geben zu, dass diese nur in einem funktionierenden Staat verantwortbar ist. Und wenn vor allem im Süden der Erde, aber keineswegs nur da, niemand weiß, ob der eine oder andere Staat in zehn Jahren auch noch bestehen wird, darf man dann Atomkraftwerke bauen, die sich nur bei wesentlich längerer Laufzeit rentieren?

Techniken sind als solche weder gut noch böse. Aber sie passen mehr oder weniger gut zum Menschen, wie er nun einmal ist. Sonnenenergie kann, wenn das Wetter es will, wochenlang ausfallen, also muss man sie speichern können. Aber der größte anzunehmende Unfall ist eben der Ausfall, auf den man sich vorbereiten kann. Der atomare Super-Gau kann weite Landstriche unbewohnbar machen.

Weil meine Einwände eher anthropologisch als technisch begründet waren, habe ich mich immer darüber gewundert, wie lange und wie eifrig Konservative die Atomenergie verteidigt haben. Ursprünglich waren es doch die Konservativen, die dem optimistischen Menschenbild der Linken widersprachen. Waren sie derart abhängig geworden von denen, die Milliarden in die neue Technik investiert hatten? Warum mussten nun ausgerechnet die Linken eine Diskussion führen, die man von den Konservativen hätte erwarten können? Immerhin hat die SPD elf Jahre lang, von der Energiekonferenz in Reutlingen 1975 bis zum Beschluss über den Atomausstieg 1986, nach der Nuklearkatastrophe von Tschernobyl, leidenschaftlich über diese Energie gestritten. Kontroversen dieser Art vollziehen sich nicht ohne Verletzungen, solche, die man zufügt, und solche, die man selbst erhält. Es ist auch kaum zu vermeiden, dass man sich an Verletzungen, die man erleidet, länger erinnert als an solche, die man anderen zufügt. Wenn ich heute, fast dreißig Jahre nach Tschernobyl, über den elfjährigen Streit nachdenke, erinnere ich mich nur noch an den »Studienrat, der seine Lebensängste auf die Kernenergie projiziert«. Diese Charakterisierung aus dem Kanzleramt erschien mir geradezu hanebüchen. Ich empfand sie als einen Versuch, eine langsam erarbeitete Überzeugung als psychischen Defekt zu deuten. Dass ich Ähnliches gegenüber Helmut Schmidt nicht versucht habe, begründet allerdings keinen Anspruch auf moralische Überlegenheit. Ich wusste: Wenn ich so über den Kanzler reden würde, bräche mir dies sofort das Genick. Was er sich leisten konnte, durfte ich nicht wagen. Und so kam ich auch nicht in Versuchung.

Ich weiß nicht mehr, vor welchem Parteitag es war, als der Kanzler mich ins Kanzleramt bestellte, wo wir, er hinter seinem breiten Schreibtisch, ich auf einem Stuhl davor, vier Stunden miteinander sprachen. Ein greifbares Ergebnis blieb aus. Der Kanzler begann: »Ich will keinen Kompromiss, ich will gewinnen. Und ich werde gewinnen im Verhältnis 70:30.«

Ich antwortete: »Ich sehe auch keine Chance für einen Kompromiss. Du wirst gewinnen im Verhältnis 60:40.« Genau so kam es dann. Und unter den 60 Prozent der Delegierten, die für die Atomenergie gestimmt hatten, waren nicht wenige, die dies nur getan hatten, um den Kanzler nicht zu schwächen. Ich habe diese Motivation immer als legitim anerkannt und war letzten Endes nicht wirklich unglücklich über meine Niederlage. Ich wollte den Bewusstseinswandel vorantreiben, nicht den Bundeskanzler demütigen. Da war eine Niederlage 60:40 hilfreicher als ein Sieg 51:49.

Als es dann, in der Folge von Tschernobyl, so weit war, dass die ganze Partei aus der Atomenergie aussteigen wollte, habe ich Wasser in den Wein der Sieger gegossen: Niemand solle glauben, dass der Ausstieg rasch und reibungslos vonstattengehen werde. Dazu sei der Vorgang zu neu, zu einmalig und zu vorbildlos.

Die Unionsparteien haben in der ganzen Zeit nie über die Atomenergie gestritten. Und auch Tschernobyl war für sie nur ein Beweis für die Unfähigkeit von Kommunisten, mit dieser Energie umzugehen. Nach dem Super-GAU Fukushima haben sie dann, der Kanzlerin folgend, in einer Woche erledigt, wozu die Sozialdemokraten elf Jahre brauchten. Es gibt eben doch noch Unterschiede zwischen den Parteien.

In der Mitte der Legislaturperiode, 1978, wurde die Öffentlichkeit in Baden-Württemberg aufgeschreckt durch Berichte über die Todesurteile des Marinerichters Hans Filbinger im Zweiten Weltkrieg. Sie haben schließlich zum Rücktritt des Ministerpräsidenten geführt. Filbinger selbst war bis zu seinem Lebensende überzeugt, dass ich, der Oppositionsführer, ihn, den unschuldig Verfolgten, zu Fall gebracht hätte, natürlich nicht ohne die Unterstützung von bösen Menschen aus der Union. Das war einer der Irrtümer, an die er sich geklammert hat. So zynisch es klingen mag, ich war an seinem Rücktritt am allerwenigsten interessiert. Ein entzauberter, ziemlich betagter Filbinger war für die Landtagswahl 1980 nichts, was mir hätte Angst einjagen können. Aber wie sollte ich mit einem jungen, tatendurstigen Lothar Späth fertig werden, der einen Typus darstellte, den im Stuttgarter Ballungsraum viele Schwaben gern selbst verkörpert hätten: den volksnahen Macher? Späth war deutlich jünger als ich, Filbinger deutlich älter. Dass eine neue Generation an der Reihe wäre, konnte mir als Argument nicht mehr helfen, wenn die CDU selbst den Generationswechsel vollzog.

Ich gehörte also nicht zu denen, die sofort Filbingers Rücktritt verlangten. Ich war überzeugt, er könne sich halten, wenn er nur die richtigen und gleichzeitig ehrlichen Worte zu seiner Vergangenheit fände. Und das ließ ich auch bei meinen ersten öffentlichen Äußerungen durchblicken. Aber Filbinger verstand weder mich noch seine Freunde, die ihn beraten wollten. So legte ich nach, gebrauchte das Wort vom »pathologisch guten Gewissen«, das ihm sicher geschadet hat. Erst als Filbinger sich offenkundig als unbelehrbar erwies – und Parteifreunde aus der Landtagsfraktion mich, den Zurückhaltenden, fragten: »Hast du auch Dreck am Stecken?« –, forderte ich im Landtag seinen Rücktritt.

Ich habe nie behauptet, Filbinger sei ein typischer Nazi gewesen. Die nazistische Ideologie war ein Bündel von ideologischen Versatzstücken: Antikommunismus, Antisozialismus, Antiliberalismus, Rassenlehre, Antisemitismus, gegen Ende auch ein bewusst antichristlicher Kult germanischen Heldentums. Nur ganz wenige fanden die Gesamtheit dieser

Versatzstücke überzeugend, auch Filbinger war nicht von allem überzeugt. Schließlich war er Katholik. Während der NS-Herrschaft beriefen sich fast alle auf das, worin sie übereinstimmten, nach ihrem Ende auf das, was sie immer schon gestört hatte. So war es auch bei Filbinger. Aber er war immer für Ordnung. Solange die NS-Ordnung galt, diente er ihr. Filbinger war, als zwei Jahre später gewählt wurde, für die Union nur noch eine peinliche Erinnerung. Er hatte sich grollend zurückgezogen und widmete sich fürderhin seiner Rechtfertigung so unverdrossen, als ob er sich vorgenommen hätte, sein »pathologisch gutes Gewissen« zu beweisen.

Lothar Späth war kein Fanatiker, er hatte es auch nicht nötig, seinen Gegner zu verteufeln – um ihn abzuwerten, reichten ein paar Zitate. Er war jung, fleißig, das Regieren machte ihm sichtbar Spaß, und wenn er Wahlkampf machte in seinem Bürgermeister-Schwäbisch, fanden die meisten Wähler, aber auch die Wählerinnen, der Mann habe Bodenhaftung, wisse, wo und wie es anzupacken galt. Im Stuttgarter Ballungsraum kam hinzu: Er ist einer von uns, ein Aufsteiger, der es weit gebracht hat.

Wo wir uns begegneten, dominierten gegenseitiger Respekt und ein lockerer Umgangston. Später hat Späth zugegeben, die Haushaltsdebatten, die ich als Oppositionsführer zu eröffnen hatte, hätten viel Vorbereitung und vor allem Kraft gekostet. Aber die hatte er ja.

Als es auf die Wahl 1980 zuging, schlug ich jeden Morgen die Zeitungen mit bösen Ahnungen auf, um nachzusehen, welche Bosheit dem Zusammenspiel zwischen einem Fünftel meiner Fraktion und vier Fünfteln der Landespresse wieder entsprungen war. Zwar meinte ich immer zu wissen, wer da wieder am Werk gewesen war, aber beweisen konnte ich es nicht. Gegen diese Zermürbungstaktik war kein Kraut gewachsen. Sie hat mich nach der Wahl 1980 veranlasst, zurückzutreten – obwohl das Wahlergebnis gar nicht so übel gewesen war. Die Grünen waren zwar erstmals mit 5,6 Prozent in den Landtag eingezogen, aber wir hatten nur 0,8 Prozent, die CDU hingegen 3,3 Prozent verloren. Da weit mehr sozialdemokratische Wähler als 0,8 Prozent zu den Grünen abgewandert waren, mussten wir von anderswo, auch von der Union, Stimmen gewonnen haben.

Der Hauptvorwurf gegen mich lautete, dass ich die Themen der Grünen und damit auch ihre Partei erst salonfähig und damit wählbar gemacht hätte. Inzwischen gibt es in ganz Europa grüne Parteien, sie haben sich alle neben den sozialdemokratischen durchgesetzt. Daraus kann man tatsächlich folgern, dass mein Bemühen, das Thema Ökologie in einer sozialdemokratischen Partei heimisch zu machen, von vornherein zum Scheitern verurteilt gewesen war. Aber dass ich gerade im Südwesten auf das grüne Potential setzte, war wohl doch nicht ganz so wirklichkeitsfremd. Immerhin haben wir inzwischen einen grünen Ministerpräsidenten bekommen mit einem sozialdemokratischen Juniorpartner.

Nie habe ich so viel Post bekommen wie nach der Landtagswahl 1980. Mehr als die Hälfte kam von ehemals sozialdemokratischen Wählern, die nun die Grünen in den Landtag gebracht hatten. Sie entschuldigten sich bei mir dafür, dass sie mich, den ohnehin Aussichtslosen, nicht gewählt und ihre Stimme den Grünen gegeben hatten. Schließlich gebe in der SPD nicht ich, sondern der Kanzler den Ton an. Das war kaum zu bestreiten. Heute wundere ich mich darüber, dass wir in dem Mehrfrontenkampf von 1980 doch noch ganz honorig abgeschnitten haben.

Wenn ich also im Anschluss an die Wahl sofort den Fraktionsvorsitz niederlegte und bald danach auch den Parteivorsitz, dann weil ich einsehen musste, dass ich zu viele und zu mächtige Gegner hatte. Und die Spannungen mit der Bundesregierung nahmen durch den Raketenstreit, der ja bereits in vollem Gang war, noch einmal zu. Ich wollte mich der Partei nicht mehr zumuten. Natürlich gab es nicht wenige Parteifreunde, die das bedauerten, aber andere, besonders in der Landtagsfraktion, fühlten sich erleichtert. Ich polarisierte mehr, als mir selbst und anderen lieb war. Ich zog viele an und schreckte mindestens ebenso viele ab. Bei manchen Genossen, zumal im Landtag, überwog das Heimweh nach ruhigeren Zeiten.

Dafür hatte ich sogar Verständnis. Und ich habe auch ohne Groll beobachtet, wie mein Erbe Stück für Stück abgebaut wurde, angefangen mit der auf der Schwäbischen Alb weitverbreiteten, wunderschönen, aber stachligen Silberdistel, die ich zum Markenzeichen des Landesverbandes hatte machen wollen. Bitter wurde es für mich, wenn all dies mit einem Pathos verbunden war, das besagte: Jetzt kommen wir, die Pragmatiker, und machen es besser, kämpfen erfolgreicher um die Macht. Inzwischen herrschen, was die SPD angeht, in Baden-Württemberg erstmals bayerische Zustände. Die Landtagswahlergebnisse und die einschlägigen Umfragen bewegen sich um die zwanzig Prozent.

Kirchentag

Im Jahr 1977, also in meinem zweiten Landtagsjahr, wählte mich die Präsidialversammlung des Deutschen Evangelischen Kirchentags in ihren dreiköpfigen Vorstand, zusammen mit

Richard von Weizsäcker und dem Urgroßneffen Otto von Bismarcks, Klaus von Bismarck.

Während bei politischen Parteien der Vorstand immer das größere Gremium ist, das Präsidium als geschäftsführender Vorstand aber nur wenige Mitglieder hat, ist dies beim Kirchentag genau umgekehrt: Das Präsidium hat gut zwei Dutzend Mitglieder. Der dreiköpfige Vorstand, für sechs Jahre gewählt, stellt für jeden der drei Kirchentage einen Präsidenten. Wir verständigten uns rasch darauf, dass Klaus von Bismarck den Nürnberger Kirchentag 1979 leiten sollte, Richard von Weizsäcker 1981 den Hamburger und ich zwei Jahre später den in Hannover. In den Folgejahren wurden wir automatisch zu Mitgliedern des Präsidiums.

Der Kirchentag war schon damals und ist bis heute eine Zusammenkunft von etwa einhunderttausend Dauerteilnehmern, die sich von Mittwochabend bis Sonntagmittag zusammenfinden. Unter mehreren Tausend Veranstaltungen teils in großen Messehallen, teils in Kirchen oder Gemeindezentren, sucht sich jeder aus, was am verlockendsten erscheint. Der Kirchentag ist kein Organ der Evangelischen Kirche in Deutschland (EKD) oder einer Landeskirche. Er ist unabhängig, von Nicht-Theologen geleitet und beschäftigt in Fulda einen Stab hauptamtlicher Mitarbeiter, der, wenn ein Kirchentag zu Ende ist, mit der Planung des nächsten beginnt.

Rund zehn Jahre zuvor, 1967, hatte ich in Hannover meinen ersten Vortrag auf einem Kirchentag gehalten, bei dem ich Dietrich Bonhoeffers Bemerkung interpretierte, Dummheit sei kein intellektueller, sondern ein menschlicher Defekt. Von da an hatte ich auf jedem Kirchentag irgendetwas mehr oder minder Wichtiges zu tun. 2015 in Stuttgart, wo das Motto »damit wir klug werden« galt, habe ich mich mit einer

Bibelarbeit über die »klugen« und die »törichten« Jungfrauen verabschiedet – und noch einmal auf Bonhoeffer zurückgegriffen: Klugheit und Dummheit haben wenig mit dem Intelligenzquotienten zu tun, es sind menschliche Grundhaltungen. Dumm lässt man sich machen – oder auch nicht.

Richard von Weizsäcker kannte ich nicht nur durch die EKD-Synode, sondern vor allem durch die »Kammer für öffentliche Verantwortung« der EKD, und zwar aus ihrer großen Zeit unter der Leitung Ludwig Raisers, eines bedeutenden Juristen und idealen Diskussionsleiters. Ich war 1965 in dieses Gremium berufen worden, als die Kammer gerade ihre berühmte Ostdenkschrift mit dem Titel *Die Lage der Vertriebenen und das Verhältnis des deutschen Volkes zu seinen östlichen Nachbarn* veröffentlicht hatte. Ich habe an ihrer Fertigstellung also nicht mitgewirkt, sie allerdings anschließend energisch verteidigt, auch – und das war dringend nötig – im Arbeitskreis Außenpolitik der SPD-Bundestagsfraktion, wo Herbert Wehner den Daumen über die Denkschrift bereits gesenkt hatte: Er fürchtete die Vertriebenenverbände und den Vorwurf der »vaterlandlosen Gesellen«.

Die Kammer hatte Richard von Weizsäcker und mich 1967 zudem beauftragt, in Ostberlin mit Theologen und Nichttheologen noch eine gemeinsame Denkschrift der EKD über die »Friedensaufgaben der Deutschen« in Ost und West zu erarbeiten. Wir hatten uns alle vier Wochen geduldig in Berlin am Bahnhof Friedrichstraße genau durchsuchen lassen und waren dann zu Fuß in die Auguststraße marschiert, wo wir zu spüren bekamen, dass die Zeit bald vorüber sein würde, in der die EKD auch die Kirchen der DDR umfasste. Wahrscheinlich hat unsere gemeinsame Arbeit in der

Auguststraße den Druck auf die SED eher verstärkt, einen eigenen »Bund der evangelischen Kirchen in der DDR« (BEK) zu gründen.

Wer heute herausbringen wollte, welche Passagen dieser Denkschrift Richard von Weizsäcker, welche Erhard Eppler formuliert hat, hätte eine schwierige Arbeit vor sich. Ich weiß nur noch, dass wir beide am Text des anderen wenig auszusetzen hatten. Bei dieser Arbeit lernte ich den trockenen Humor Weizsäckers kennen, auch seinen Realismus, seine präzise Einschätzung von Menschen und politischen Apparaten. Er wusste, dass er nicht zum Parteimann taugte, und ich sah ein, dass er bei der Union immer noch besser aufgehoben war als bei allen anderen Parteien. Als ich am 17. Juni 1989 im Bonner Wasserwerk vor dem Bundestag zu reden hatte – darauf werde ich noch zurückkommen –, war die Anwesenheit des Bundespräsidenten nicht vorgesehen. Ich entdeckte ihn auf der engen Zuschauertribüne – und fühlte mich plötzlich sicher.

1977 kannten Weizsäcker und ich uns also längst und hatten auch festgestellt, dass wir, obwohl in verschiedenen Parteien zu Hause, häufig nicht nur am selben Strang, sondern auch in derselben Richtung zogen. Dass in der Union einige Weizsäcker den freundschaftlichen Umgang mit einem linken Bösewicht übelnahmen, erheiterte ihn nur. Klaus von Bismarck kannte ich nur aus der Zeitung. Er war der unumstrittene Intendant des Westdeutschen Rundfunks gewesen, und dazu gehörte einiges.

An Kirchentagserfahrung waren beide Kollegen, zumal Weizsäcker, mir haushoch überlegen. Letzterer war schon einige Male Präsident gewesen. So war ich froh, dass ich noch vier Jahre lernen konnte, bis ich an der Reihe war.

Eher belustigend fand ich, wie einige Mitglieder der CDU-Landtagsfraktion meine neue Aufgabe kommentierten. Sie wollten im ersten Zorn sogar aus der Kirche austreten, die den bösen Kerl, der sie so oft ärgerte, zum Präsidenten gemacht hatte. Dabei zeigte sich, dass ihre Kirchenmitgliedschaft nicht bedeutete, dass sie gewusst hätten, wie viele verschiedene Erscheinungsformen ihre Kirche hatte: Schließlich hätte kein Landesbischof meine Wahl verhindern können.

Ich habe den Kirchentag einmal den Ort genannt, wo Evangelium und Wirklichkeit zusammenstoßen, und zwar die private Wirklichkeit ebenso wie die gesellschaftliche. Dass dabei auch Funken sprühen, muss man in Kauf nehmen. Deshalb war das Dialogprinzip dem Kirchentag angemessen. Experten und Expertinnen, die sonst meist nur mit ihresgleichen zu tun haben, kommen dort ins Gespräch mit Männern und Frauen, die viele kritische Fragen haben. Auch kirchliche Organisationen müssen verständlich machen, was das Evangelium für ihr Tun bedeutet.

Schon in den fünfziger Jahren hatte es auf den Kirchentagen hitzige Redeschlachten gegeben zwischen Gegnern der neuen Aufrüstung, die ihnen als Widerspruch zur Friedensbotschaft des Evangeliums erschien, und ihren Anhängern, die es für ihre christliche Pflicht hielten, das Abendland auch militärisch zu verteidigen.

Auf dem Kirchentag in Hannover 1983 war es wieder eine Rüstung, welche die Gemüter erregte: Die sogenannte »Nachrüstung«, gemeint war die Stationierung der modernen Pershing-II-Raketen auf dem Boden der Bundesrepublik Deutschland. Dazu später mehr, hier geht es nur darum, wie der Kirchentag von Hannover damit umging.

Schon im Vorfeld des Kirchentags 1983 hatte vor allem die

Springerpresse vor ihm gewarnt. Aufruhr und Gewalt stünden zu erwarten, zumal ein Sprecher der »radikalisierten Friedensbewegung« dort Präsident sei. Das Kirchentagspräsidium ließ sich dadurch nicht beirren. Wie immer wollten wir ohne Polizei selbst für Ordnung und friedlichen Dialog sorgen.

Schon bei der Begrüßung am Mittwochabend offenbarte sich, wie die Stimmung tatsächlich war. Viele der Teilnehmer, gut die Hälfte, hatten die violetten Tücher um den Hals gelegt, die damals ein Symbol der Friedensbewegung waren. So sagte ich: »Ich begrüße Sie alle, die Sie mit violetten Tüchern hierhergekommen sind, und genauso herzlich alle, die Sie ohne violette Tücher gekommen sind!« Keine Pfiffe, nur der übliche Beifall: Die nach Hannover gekommen waren, wussten und akzeptierten, dass andere anders denken konnten und denken durften.

So wurde der Kirchentag insofern ein Fest des Friedens, als zum ersten Mal Soldaten und Friedensbewegte öffentlich miteinander sprachen, natürlich kontrovers, aber ohne Ausbrüche von Hass oder Fanatismus. Am Schluss hatten beide Gruppen etwas mehr Verständnis für die jeweils andere.

Schade, der zweite Kirchentag, den ich zu präsidieren hatte, fiel atmosphärisch hinter den ersten zurück. Er fand im Ruhrgebiet statt, zum ersten Mal nicht in einer einzigen Stadt, sondern in mehreren: Dortmund, Duisburg, Essen und einigen kleineren – für einen Schwaben immer noch großen – Orten des Ruhrgebiets. Aber die gehobene Stimmung kam nicht auf, es fehlten die singenden jungen Leute in der Straßenbahn. Der Kirchentag kann eine Stadt für fünf Tage in Feierlaune versetzen, eine ganze Region nicht. Und so blieb der Ruhrkirchentag der einzige, der dies versucht hat.

Das Präsidium des Kirchentags – und dafür sorgte, solange er noch nicht Bundespräsident war, auch Richard von Weizsäcker – unterhielt gute Verbindungen in die DDR. Dort gab es keinen »großen«, überregional für die gesamte DDR abgehaltenen Kirchentag. Das hatte die SED einmal, in Leipzig 1954, erlaubt und dann bereut. Dieser einzige während der Spaltung stattfindende gesamtdeutsche Kirchentag hatte, zumal mit seinem Abschlussgottesdienst, weit mehr Menschen in seinen Bann gezogen, als die SED für möglich gehalten hatte. Er war ihrer Kontrolle entglitten. Das sollte nicht wieder geschehen. Deshalb gab es seither nur Regionalkirchentage, die in der Verantwortung einzelner Landeskirchen lagen. Übrigens hat Klaus von Bismarck, den ich in der Zusammenarbeit kennen und bewundern lernte, damals, 1954 in Leipzig, also elf Jahre vor der Ostdenkschrift der EKD, schon öffentlich erklärt, was östlich von Oder und Neiße nun polnisch geworden sei, auch die Besitzungen der Familie Bismarck, hätten wir Deutschen durch die Vernichtungskriege gegen Polen und die Sowjetunion verwirkt. Damit müssten wir uns abfinden.

So wie wir im Westen die Verantwortlichen für die Regionalkirchentage zu unserem Kirchentag einluden und bei Klaus Gysi, damals Kirchen-Staatssekretär der DDR, vorstellig wurden, wenn selbige nicht ausreisen durften, so wurden wir, die Präsidiumsmitglieder im Westen, zu den Regionalkirchentagen der DDR eingeladen. Diese Termine hatten bei mir erste Priorität. Und ich habe es nie bereut, nach Magdeburg, Halle, Erfurt, Leipzig oder Ostberlin zu fahren, weil ich dort tatsächlich das oft gerühmte Gefühl der Zusammengehörigkeit zu spüren bekam, das allen Ärger an der Grenze und alle Unbequemlichkeiten der DDR lächerlich erscheinen ließ. Wenn nach einem Vortrag der Beifall nicht aufhören wollte, bedeutete dies keineswegs, dass ich besonders Kluges vorgebracht hatte. Hier sagten mehrere Hundert Menschen in einer überfüllten Kirche: »Danke, dass du gekommen bist! Komm wieder!« Und was ich in den kleinen Gesprächskreisen in irgendeinem Wohnzimmer zu hören bekam, war für mein Bild der DDR wichtiger als alles, was im *Neuen Deutschland* stand. Das Gefühl, zu einer Nation gehören, das im Osten stärker war als im Westen, begegnete mir dabei immer wieder.

Raketenstreit

Der Gedanke an den Raketenstreit führt mich noch einmal zurück in das Jahr 1976. Es war das Jahr, in dem ich mich für die Landespolitik entschieden hatte, die meine ganze Kraft fordern sollte. Genauer: Sie forderte weit mehr. Ich hatte nie das Gefühl, genug getan zu haben, oder wenigstens das, was dringend nötig war. Weil ich meine Migränen fürchtete, fehlte ich beim gemeinsamen Feierabendbier der Kollegen, was diese als Zeichen mangelnder Geselligkeit, wenn nicht als Hochnäsigkeit deuteten. So habe ich auch nur mit halbem Ohr verfolgt, wie sich der Raketenstreit anbahnte. Im Präsidium der Partei, dem ich nach wie vor angehörte, erlebte ich, wie Helmut Schmidt über den amerikanischen Präsidenten Jimmy Carter herzog. Mir fiel auf – vielleicht war ich doch egozentrisch –, dass er Carter ganz ähnliche Vorwürfe machte wie mir: christliche Gesinnungsethik, Entscheidungsschwäche, manchmal einfach Naivität, gepaart mit Dickköpfigkeit. War ich für Schmidt ein Miniatur-Carter oder, da er mich ja länger kannte, Carter für ihn ein vielfach vergrößerter Eppler, den

Gottes Zorn an die mächtigste Stelle der Weltpolitik gebracht hatte? Jedenfalls hörte ich die Carter-Schelte mit sehr gemischten Gefühlen. Was, wenn Carter davon erführe? Manchmal ging es bereits um Raketen. Die Sowjetunion war dabei, ihre Mittelstreckenraketen zu modernisieren. Den neuen Raketentyp, den sie dafür entwickelt hatten, nannte der Westen SS-20, und die Russen taten es schließlich auch. Während Schmidt immer weiter das spezifisch europäische Gleichgewicht bedroht sah, war dieses für die Carter-Administration gar kein Thema: Aus ihrer Sicht, ließen sie verlautbaren, seien alle SS-20 bereits durch amerikanische Interkontinentalraketen abgedeckt.

Auch als der deutsche Kanzler am 28. Oktober 1977 vor dem Internationalen Institut für strategische Studien (IISS) in London die amerikanische Regierung öffentlich tadelte, war das nichts, was mich besonders erregte. Nun wurde also dieser West-West-Konflikt nicht mehr hinter, sondern vor den Kulissen ausgetragen. Ich hatte andere Sorgen.

Dass ich auf dem entscheidenden Bundesparteitag vom 3. bis 7. Dezember 1979, der dem Doppelbeschluss der NATO am 12. Dezember 1979 voranging, eine flammende Rede gegen die Nachrüstung gehalten hätte, ist eine Legende. Auf diesem Parteitag habe ich nur über die Atommeiler in Deutschland geredet, über ihre friedliche Nutzung. Die Debatte um die Nachrüstung, um den berühmten Doppelbeschluss, habe ich nur aufmerksam verfolgt, lange Zeit ohne zu wissen, wie ich abstimmen sollte. Es hatte ja durchaus seine attraktive Logik zu sagen: Wir stationieren die amerikanischen Pershing II nur im Fall des Scheiterns der Verhandlungen zwischen den Weltmächten. Und schließlich hatte ich eine Landtagswahl vor mir. Da wäre ein Ja wohl eine rasche und unkomplizierte Lösung gewesen. Seltsamerweise waren es nicht die Gegner der Stationierung, die mich schließlich dazu brachten, mit Nein zu stimmen, sondern einige ihrer Befürworter, vor allem Hans Apel, der inzwischen Verteidigungsminister geworden war. So einfach, wie sie die Welt darstellten, war sie sicher nicht.

Ein Argument fehlte damals ganz, und es fehlte auch noch, als Jahre später die Pershing-II-Raketen tatsächlich stationiert wurden: dass man ein ganz anderes Ziel mit ihnen verfolgte, dass man mit ihnen die Sowjetunion »zu Tode rüsten« könne oder wolle. Töne, die an so etwas denken ließen, kamen gelegentlich aus Washington von Verteidigungsminister Caspar Weinberger – dass seine Geheimdienste offenbar ein anderes Bild von der Sowjetunion vermittelten, als wir sie durch die antisowjetische Propaganda kannten, habe ich ja bereits erwähnt. Nein, in der öffentlichen Debatte ging es immer nur um das militärische Gleichgewicht, das gefährdet sei. Darum, dass die Herren im Kreml Europa nicht erpressen können sollten.

Ich habe einmal im Präsidium der SPD, anspielend auf Weinberger, gefragt, ob die »Nachrüstung« für die USA nicht doch andere Ziele haben könnte. Aber wer damals auch nur andeutete, was inzwischen als das große Verdienst der Pershing II und ihrer Stationierung gefeiert wird, wurde damals von empörten Genossen böswilliger Unterstellung gezogen. Nicht das Ende der Sowjetunion stand zur Diskussion, sondern das Ende des freien Europa, falls die nötige Antwort auf die SS-20 ausbliebe. Der Raketenstreit gab vor, nicht von einer schrottreifen Sowjetunion zu handeln, sondern von einer übermächtigen. Er war ein Pokerspiel mit gezinkten Karten. An die Kapitulation einer zerfallenden Weltmacht glaubte ich allerdings so wenig wie die Befürworter des Doppelbeschlusses.

Die Diskussion in den Führungsgremien der SPD verlief sachbezogen, aber hart. So erinnere ich mich an eine Sitzung des Parteivorstandes, in der ich bezweifelte, dass, falls man eine Antwort auf die SS-20-Raketen brauche, die Pershing II dazu geeignet sei. Sie habe eine deutlich geringere Reichweite als die SS-20. Sie könne zwar Kiew, notfalls auch Moskau erreichen, aber nicht die SS-20-Raketen, die viel weiter östlich aufgestellt würden. In einem Erstschlag könnten zwar die sowjetischen Raketen die amerikanischen vernichten, aber die amerikanischen nicht die sowjetischen: Sie hätten andere Ziele. Als ich fertig war, kam vom Kanzler der Zwischenruf: »Stimmt nicht!« Sekunden danach ein zweiter von Egon Bahr: »Stimmt doch!« Damit war das Thema erledigt. Niemand äußerte sich mehr dazu.

Was die unsinnig große Zahl sowjetischer SS-20-Raketen angeht, war ich mit Helmut Schmidt einig. Uneinig war ich mit ihm, was die Motivation der Herren im Kreml betraf. Sie bangten, meinte ich, um ihren Weltmachtstatus. Ganz abgesehen von ihrer ökonomischen Unterlegenheit waren die Zeiten, in denen ihre Ideologie eine Chance hatte, sich über den Erdball auszudehnen, längst vorbei – wenn es sie jemals gegeben hatte. Auch was die Qualität der Raketenrüstung anging, konnten sie nicht mithalten. Als sie dann endlich ihre veralteten Mittelstreckenraketen durch eine moderne Waffe ersetzen konnten, wollten sie zeigen, was sie hatten. Quantität war dabei noch nie ihr Problem gewesen. Heute wissen wir, dass es die Militärs waren, die eine allzu große Zahl verlangten und sie gegen die politische Führung durchsetzten.

Meine Interpretation der sowjetischen Motivation fand

ich bestätigt bei insgesamt drei – natürlich geheimen – Begegnungen mit dem sowjetischen Unterhändler bei den Genfer Verhandlungen, Juli Kwizinski. Sie fanden in der Schweiz, in Neuchâtel statt, wo ein guter Freund aus meiner Berner Zeit behilflich war. An zwei der drei Treffen nahm auch Oskar Lafontaine teil.

Die Sowjetunion müsse, was die Zahl ihrer Raketen anging, dem Westen weit entgegenkommen, sagte ich dem Diplomaten, den ich später als Botschafter in Bonn wiedertraf. Und er erwiderte: »Was wird aus uns, wenn wir auch auf diesem Gebiet« – gemeint war die Raketenrüstung insgesamt – »die Parität verlieren?« Wer mit Diplomaten wie Walentin Falin oder Juli Kwizinski offen reden konnte, wusste sehr genau, dass dem Kreml vollkommen klar war, dass er Europa gar nicht erpressen konnte. Wer sich zwei oder gar drei Jahrzehnte nach Stalins Tod im Moskauer Außenministerium auf einen wichtigen Posten hochgearbeitet hatte, war kein Träumer von der Weltrevolution, sondern ein Schachspieler, der Realitäten, Stärken und Schwächen im Blick hatte, die eigenen und die der Gegenseite.

Die NATO-Strategie, mittels Verhandlung eine Einigung zu erzielen und nur im Fall des Scheiterns der Gespräche die Raketen zu stationieren, hätte sich durchaus bewähren können. Aber die Amerikaner änderten ihre Strategie zwischen 1979 und 1981 gründlich. Dies war nicht allein, aber doch hauptsächlich darauf zurückzuführen, dass der vom deutschen Kanzler verachtete Jimmy Carter abgelöst worden war von jenem ehemaligen Schauspieler Ronald Reagan, den Schmidt eher gelten ließ, auch wenn er von ihm oft keine direkten Auskünfte bekam, sondern auf Caspar Weinberger oder den zuständigen Fachmann verwiesen wurde. Reagan jedenfalls verschärfte den Ost-West-Konflikt durch aggressive Rhetorik. Die Sowjetunion war das »Reich des Bösen«, und es drohte ein wahrhafter »Harmagedon«. Für die Praxis entscheidender war die damit verbundene Diskussion darüber, ob ein Atomkrieg nicht doch begrenzbar und damit führbar sein könnte.

In diesem Zusammenhang bekamen die Pershing II eine ganz neue Funktion: Während sie gegen die SS-20 ganz ungeeignet waren, konnten sie – bei kürzester Vorwarnzeit – die Zentren der Sowjetunion ausschalten. Und tatsächlich nahm dort die Nervosität merklich zu, als die neuen Raketen endlich stationiert waren.

Deutlich wurde damit nur eines: Für die Männer im Pentagon waren die Pershing in Deutschland – kein anderes Land wollte sie haben – weit wichtiger als der Abbau der sowjetischen Mittelstreckenraketen. Der wirkliche Poker spielte sich zwischen den USA und der Sowjetunion ab, und da waren die Pershing ungleich wichtiger als die SS-20. Also konnte Weinberger – und damit auch Reagan – kein Interesse an einem Erfolg der Verhandlungen haben. Nicht Schmidt oder Genscher verhandelten in Genf, sondern der amerikanische Chefunterhändler Paul Nitze.

Wie wenig Interesse die Reagan-Regierung an einem Kompromiss hatte, demonstrierte sie am 18. November 1981, also kurz vor Verhandlungsbeginn, als sie die sogenannte Null-Lösung vorschlug: Nur wenn die Sowjetunion alle ihre neuen SS-20 verschrotte – und die alten dazu –, würden die USA auf die Stationierung der Pershing II verzichten. Da man dies als unverhandelbar vorlegte und die Sowjetunion die Forderung kaum annehmen konnte, hätte man sich die nachfolgenden Verhandlungen auch ersparen können. Wären die neuen Raketen schon stationierungsreif gewesen, hätten die USA das wohl auch getan.

Dass beide Verhandlungsführer, Nitze und Kwizinski, der amerikanische wie der sowjetische, wenig Spielraum hatten, wurde deutlich, nachdem sie sich bei ihrem berühmten »Waldspaziergang« auf einen Kompromiss verständigt hatten. Sie wurden sofort von ihren Regierungen zurückgepfiffen. Auch der deutsche Kanzler hat sich über die amerikanische Verhandlungsführung geärgert. Mein Ärger war begrenzt, ich hatte nichts anderes mehr erwartet.

Als die Verhandlungen nach einem Jahr, im November 1982, gescheitert waren, hieß der deutsche Kanzler inzwischen Helmut Kohl. In der SPD setzte sich die Überzeugung durch, dass die Verhandlungen in Genf nicht das waren, was sich die Verfechter des Doppelbeschlusses vorgestellt hatten. Die Mehrheit schwenkte um zum Nein. Auch der Parteivorsitzende Brandt konnte nun deutlich machen, dass er, wenn wir seinem Sohn Peter glauben dürfen, immer schon gegen die »Nachrüstung« war. Mir hat er das so nie gesagt, auch wenn ich Grund hatte, es zu vermuten.

Ob man mir das glaubt oder nicht: Ich habe die Rolle des innerparteilichen Oppositionsführers nie gesucht, nicht als es um Ökologie ging, noch weniger als es um Raketen ging. Ich fand es unerträglich, dass beide Seiten, Ost und West, einem wenig hilfreichen Deutungsmuster folgten: Was der Gegner tat, wurde regelmäßig als Vorrüstung, was man selbst tat, als Nachrüstung deklariert – und auch so empfunden. Das konnte doch nicht beliebig so weitergehen! Ich war überzeugt, dass der in diesem Fall Stärkere, und das war der Westen, damit aufhören musste. Wirklich wohl war mir nie dabei. Wohler war mir, wenn die Partei in einer wichtigen Frage einig war, wenn wir gemeinsam an einem Strang zogen. Deshalb war es mir auch wichtig, dass die Parteilinke, als eine Mehrheit gegen die Stationierung erkennbar war, sich nicht zu Siegerposen hinreißen ließ, etwa indem sie die ganze Partei aufgefordert hätte, sich auf dem Kölner Parteitag dem Nein der linken Minderheit anzuschließen.

Daher verlangte ich auf einer Vorbesprechung der Linken für den Kölner Parteitag vom 18. bis 19. November 1983, dass die Linke keinen Resolutionsentwurf vorlegt. Die Partei sollte anknüpfen an das, was die Mehrheit gewollt und formuliert hatte: dass vor der Stationierung verhandelt würde. Die Abkehr vom Doppelbeschluss begründete sich darin, dass eben nicht wirklich verhandelt wurde, was auch Helmut Schmidt nicht leugnen konnte. Dass meine linken Freunde mir zustimmten, freut mich noch heute. So ging vom Kölner Parteitag ein Zeichen der Integration aus. Dass Helmut Schmidt selbst mit ganz wenigen seiner engsten Freunde trotzdem gegen die Resolution stimmte, fand ich verständlich, aber schade.

Im Bonner Hofgarten

Wahrscheinlich wissen heute von den älteren Menschen im Lande nur noch wenige, dass ich für die deutsche Entwicklungszusammenarbeit zuständig war, aber viele erinnern sich daran, dass ich als einer der Sprecher der Friedensbewegung am 10. Oktober 1981 im Bonner Hofgarten auftrat. Ich hatte zugesagt, als Volkmar Deile, evangelischer Pfarrer von Beruf und damals Geschäftsführer der Aktion Sühnezeichen Friedensdienste, mich eingeladen hatte. Was Deile unternahm oder verantwortete, konnte man immer unterstützen.

Wie sollte ich die zehn Minuten nutzen, die man mir zugebilligt hatte? Dass wir keine neuen Raketen brauchten, davon musste man die 300 000 Friedensfreunde nicht überzeugen. Ich wollte meinen Gegnern in der Partei auch nicht das Argument liefern, ich hätte die Bundesregierung beschimpft. So verteidigte ich vor allem die Friedensbewegung gegen vieles, was man ihr unterstellte, und flocht dabei ein, wie ich sie mir vorstellte und was ich von ihr erwartete.

Ich begann mit einer Beschreibung, einer Einschätzung: »Friedensbewegung, das ist nicht das Bündnis der Gerissenen mit den Naiven. Friedensbewegung, das ist das Bündnis derer, die nichts mehr von Rüstung wissen wollen, mit denen, die zu viel davon wissen.«

Die Gerissenen, das waren die Kommunisten, die in der DDR und für die DDR die Wehrhaftigkeit forderten. Auch sie hatten sich unter die 300 000 gemischt, aber Volkmar Deile hatte dafür gesorgt, dass sie nichts zu sagen hatten. Zu denen, die zu viel wussten, zählte ich zum Beispiel Egon Bahr, der allerdings den Hofgarten gemieden hatte, aus Gründen, die mir durchaus einleuchteten.

Ich schloss, indem ich mein Bild von der Friedensbewegung entwarf: »Daher muss dies eine Bewegung sein der Mutigen, nicht der Ängstlichen, der Diskutierenden, nicht der Schreienden, der Selbstkritischen, nicht der Arroganten, der einfallsreich Agierenden, nicht der stumpf Parierenden, der Friedlichen, nicht der Gewalttätigen, der Fröhlichen, nicht der Fanatischen, der Liebenden, nicht der Hassenden.«

Das alles änderte nichts daran, dass Helmut Schmidt meine Mitwirkung an der Demonstration als parteischädigend einstufte und dass ich es Willy Brandt verdanke, wenn ich die Rede im Hofgarten ungerügt überstand.

Eine andere Folge meines Auftretens als Sprecher der Friedensbewegung trug skurrile Züge. Die von mir sehr geschätzte Marion Dönhoff war böse. Und zwar aufgrund eines Missverständnisses. Ich hatte von der bereits erwähnten Wirkungskette der Vor- und Nachrüstungen gesprochen und darauf hingewiesen, dass sie doch kein Naturgesetz sein könne. Und dann fiel der Satz, den Marion Dönhoff als Rückfall in den Nationalismus deutete: »Wir wollen diese Kette zerschlagen, wo wir sie zerschlagen können, hier in Westeuropa, in Deutschland.«

Nicht nur die kluge Gräfin, auch ich selbst hatte es erlebt, wie auch die Nazis Ketten sprengen wollten, die von Versailles. Aber ich meinte ja nicht Ketten, die den Deutschen angelegt wurden, um sie ihrer Freiheit zu berauben – so deutete die deutsche Rechte den Vertrag von Versailles –, sondern ein Denken, aus dem eine unendliche Reihe, eine Kette von Fehlentscheidungen, erwachsen musste. Mir ging es nicht darum, Fesseln zu zerschlagen, sondern eine fatale Verkettung zu beenden.

Ich musste mir vorwerfen, dass meine Formulierung fahrlässig gewesen war. Der Ausdruck »Ketten zerschlagen« war offenbar für eine ganze Generation besetzt. Marion Dönhoff gab gerne zu, dass sie nicht genau genug gelesen hatte. Aber von der *Zeit* übernahm sogar die *New York Times* dankbar die Kritik am Nationalismus der Friedensbewegung. Trotz allem: Auch nach mehr als dreißig Jahren bedaure ich meine Mitwirkung im Hofgarten nicht.

Dabei war ich nie in meinem Leben dogmatischer Pazifist. Ich wusste, dass es lange Zeit das »Gleichgewicht des Schreckens« war, das den Kalten Krieg nicht zum heißen werden ließ. Meine Furcht vor einem Atomkrieg war nicht darin begründet, dass ich die Verantwortlichen der beiden Weltmächte für fähig hielt, einen Atomkrieg bewusst zu entfesseln. Wohl aber konnte ich mir vorstellen, dass es zum Atomkrieg aus Versehen kommen konnte, wenn auf einem Radarschirm etwas falsch gedeutet würde und keine Zeit mehr blieb, den Irrtum zu überprüfen. Das war übrigens für mich auch ein Argument gegen die Pershing II, denn sie verkürzte die Vorwarnzeit so rasant, dass sie die Überprüfung eines falschen Signals fast unmöglich machte.

Nicht die abgründige Bosheit der einen oder anderen Regierung fürchtete ich, sondern die Unfähigkeit des ganz gewöhnlichen Menschen, mit einer tödlichen Rüstungstechnik so umzugehen, dass sich Katastrophen verhindern ließen. Heute wissen wir, dass ein kluger, mutiger russischer Oberst namens Stanislaw Jewgrafowitsch Petrow uns 1983 tatsächlich vor einem Atomkrieg bewahrt hat, indem er gegen strenge Anweisungen verstieß.

Dass der Staat ein Gewaltmonopol braucht, um seinen Gesetzen Geltung zu verschaffen, war mir immer klar, dass er »mit Androhung und Anwendung von Gewalt« sein Recht durchsetzen musste, bezweifelte ich nie.

Dass Soldaten Mörder seien, habe ich nie gelten lassen. Sie konnten und können wirklich dem Frieden dienen, Menschen beschützen. Aber damit sie es können, muss die Politik dem Frieden dienen. Deshalb wende ich mich bis heute, und solange ich es kann, gegen jede Politik, die, aus welchen Gründen auch immer, nicht dem Frieden dient. Deshalb werde ich nervös, wenn sich plötzlich die Medien einig sind, dass da ein neuer böser Feind zu bekämpfen sei: wenn man zusätzliche Milliarden für die Rüstung verlangt, um diesem bösen Feind zu widerstehen, der in Wirklichkeit selbst Angst hat vor dem, was wir und unsere Verbündeten tun. Das gilt natürlich auch für die europäische Politik gegenüber Russland.

Was Krieg ist, weiß ich. Was dem Frieden dient und was nicht, meine ich von Gustav Heinemann, Fritz Erler und Willy Brandt gelernt zu haben. Aber dass es zwischen Menschen Gewalt gibt und dass es Aufgabe des Staates ist, diese Gewalt notfalls auch mit Gewalt zu bändigen, habe ich von Martin Luther gelernt. Dass Christenmenschen absolut gewaltlos Böses mit Gutem vergelten und damit das Böse überwinden können, lässt mich hoffen, auch wenn Staaten dies nicht tun können. So habe ich auch an die Friedensbewegung nur gute Erinnerungen. Das waren keine fanatischen, hasserfüllten, missgelaunten Menschen, die sich da im Hofgarten gegen das »Establishment« versammelten. Das waren fröhliche, unverkrampfte Frauen und Männer, mehr junge als alte, die sich selbst nicht zu ernst nahmen und auf ihre Mitmenschen zugingen. Lockere Sprüche waren von ihnen eher zu hören als hasserfüllte Parolen gegen »die da oben«. Da wurde mehr gelacht als geschimpft. Diese Friedensbewegten verlangten nicht nur Frieden, sie praktizierten ihn, auch um die Bonner Geschäftsleute zu überraschen, die, durch die Medien verstört, die Geschäfte geschlossen und die Rollläden heruntergelassen hatten.

Und sogar das unvergleichliche Zelt bei Mutlangen möchte ich nicht missen, wo gescheite junge Leute die Basisdemokratie üben und bis zum Konsens diskutieren wollten, bis sie schließlich sich selbst widerlegt hatten. Diese Friedensbewegung war ein Stück Deutschland, das mich ermutigt und viele Europäer beruhigt hat. Dass ich selbst für viele Friedensbewegte der Sozi war und für viele Sozis der Friedensbewegte, nahm ich gerne in Kauf. Ich hatte die

Scharnierfunktion selbst gewählt. Und Scharniere dürfen ruhig einmal quietschen.

Die Grundwertekommission

Auch in der Politik gibt es Aufgaben, die man eben erledigt, weil sie sein müssen, und andere, auf die man sich schon Tage vorher freut. Zu solchen Aufgaben zählte der Vorsitz in der Grundwertekommission, und sie war für mich die schönste von allen.

Dass es die Grundwertekommission gibt, versteht sich keineswegs von selbst. Wenn Parteien ein neues Programm, vor allem ein Grundsatzprogramm brauchen, wird dazu eine Kommission berufen, die es vorbereiten und einen Entwurf erarbeiten soll. Ist das Programm beschlossen, löst sich die Kommission wieder auf.

Nur die Sozialdemokraten haben ein Gremium, das sich regelmäßig trifft, auch wenn kein Programm zu entwerfen ist: Ein Gremium, das sogar selbständig weiterarbeitet, wenn gleichzeitig eine Programmkommission tätig wird. Und selbst die Sozialdemokraten haben eine solche Errungenschaft nicht schon seit 150, sondern erst seit etwa vierzig Jahren, also seit den frühen siebziger Jahren. Es war Willy Brandt, der die Kommission einrichtete. Ihre Aufgabe war neu, und so verliefen die ersten Versuche etwas wirr und turbulent. Ich kenne die Kommission erst, seit Brandt mich zu ihrem Vorsitzenden bestimmte. Das war 1973. Da ich 1974 als Minister zurücktrat, bot sich hier für mich ein Arbeitsfeld: zwischen Theorie und Praxis zu vermitteln, die Praxis mit den Grundwerten der Partei zu vergleichen und die Theorie auf die neuen Aufgaben zu lenken.

Dass diese Kommission ein Erfolg wurde, dass sie in den siebziger und achtziger Jahren für die Partei wirklich etwas bedeutete, hatte zwei Gründe. Der erste war ihre Zusammensetzung. Meine beiden Stellvertreter im Vorsitz waren Rix Löwenthal und Heinz Rapp. Professor Richard Löwenthal lehrte an der Freien Universität in Berlin und war einer der klügsten Menschen, denen ich begegnet bin. Einst Kommunist, hatte er später mit der KP gebrochen und war seither überzeugter Antikommunist. In der SPD galt er als der theoretische Kopf der Rechten, und die hielten von mir, dem Vorsitzenden der Kommission, nicht eben viel. Der andere Stellvertreter war mein Freund Heinz Rapp, Schwabe wie ich, Vater von acht Kindern, hoch geachtet in seiner katholischen Kirche, daher auch Mitglied im Zentralkomitee der deutschen Katholiken. Der hellwache Autodidakt, dessen Vater sich geweigert hatte, vom NS-Staat die Hilfen anzunehmen, die er gebraucht hätte, um seinen Sohn auf das Gymnasium zu schicken, hatte inzwischen eine Stelle bei der Deutschen Bundesbank, allerdings nur im gehobenen Dienst. Seine Vorgesetzten, die durchaus begriffen, was in ihm steckte, hatten ihm geraten, doch noch die Prüfung für den höheren Dienst zu machen. Aber wie sollte er sich darauf vorbereiten, wenn in seinem Schramberger Haus acht Kinder tobten? Die Lösung war seine Freifahrkarte erster Klasse, welche die Bundesbank ihm für die Strecke zwischen Stuttgart und Schramberg besorgt hatte. Da saß er im stickigen, meist leeren Abteil erster Klasse und büffelte. Natürlich hat er die Prüfung anstandslos bestanden. In der Bundestagsfraktion war er der verlässlichste Experte, wenn es um Geld- und Finanzpolitik ging.

Und dann die Mitglieder: Da war zuerst Iring Fetscher, der im August 2014 starb, 92-jährig, gefeiert nicht nur von der

Frankfurter Universität, sondern auch von seinen Kollegen, ob sie nun Soziologen, Politologen oder Marx-Spezialisten waren. Freundlich und immer präzise, ein aufmerksamer Zuhörer, wäre er so etwas wie der gute Geist der Kommission gewesen, wenn sie einen solchen gebraucht hätte. Ich wusste von ihm, dass er im Krieg als Oberleutnant zeitweise Stadtkommandant in einer ukrainischen Stadt gewesen war, die ihn nach dem Krieg zum Ehrenbürger ernannte.

Daneben Günter Brakelmann, auch er Professor, evangelischer Theologe und Kirchenhistoriker aus Bochum. Nein, er war kein Professor, der lange, hochabstrakte Reden gehalten hätte, die Kumpel im Ruhrgebiet standen ihm näher als mancher Kollege. Aber was er sagte, auch wenn er dem Vorsitzenden widersprach, hatte immer Hand und Fuß. Ging es um Militärisches, war er eher rechts, ging es um Soziales, eher links.

Und dann Susanne Miller. Ihr längst verstorbener Mann, Willi Eichler, hatte das Godesberger Programm entworfen. Sie hatte die NS-Zeit in England überlebt und war inzwischen zur allseits anerkannten Parteihistorikerin geworden. Sie war unser historisches Gewissen, allerdings eines, das sich bescheiden, charmant, aber unüberhörbar zu Wort meldete.

Da war Volker Jung von der IG Metall, der uns nicht nur sagte, wie man ein Thema bei den Gewerkschaften diskutierte, sondern oft besser informiert war, mehr gelesen hatte als der Vorsitzende. Da war Johano Strasser, unser Jüngster. Er dachte nicht daran, seine Juso-Vergangenheit zu verleugnen, aber er war längst darüber hinausgewachsen. Manchmal fand ich, dass er, was ich auch dachte, weit besser formulieren konnte. Im Übrigen hatte er Humor, so dass er als undoktrinärer Anreger anerkannt war.

Und natürlich: Gesine Schwan. Selten habe ich einen Menschen gesehen, der harte, sehr harte Kritik mit so viel Charme vorzutragen wusste, dass man sich zwar gründlich ärgern, aber der Person nicht böse sein konnte. Gesine hatte damals die Sorge, durch die Ostpolitik könne das Nein zum Kommunismus verwässert werden. Dass diese Sorge sie auch zu anfechtbaren Urteilen veranlasst hat, dürfte die kluge Professorin heute nicht leugnen. Sie wäre eine ausgezeichnete Bundespräsidentin geworden.

Schließlich: Thomas Meyer. Auch er gehörte zu den Jüngeren. In der DDR aufgewachsen, war er Spezialist für die kommunistische Ideologie, aber auch sonst gab es von ihm keinen Beitrag, der nicht von profundem Sachverstand und ausgiebiger Lektüre zeugte.

Rechthaberisch waren sie alle nicht, die ich hier – natürlich sehr unvollkommen – vorgestellt habe. Sie und auch diejenigen, die ich nicht genannt habe, weil sie früh ausschieden – ich denke da an Bruno Friedrich, Klaus Matthiesen, Fritz Vilmar oder Fritz Scharpf –, sie alle haben immer genau und gut zugehört und da angefangen, wo der Vorredner aufgehört hatte.

Da gab es niemanden, der sich auf ein eindrucksvolles Statement vorbereitet hatte und anschließend Zeitung las. Und wenn doch einmal jemand in die Kommission berufen wurde, der dies tat, verschwand er sehr rasch wieder. Er merkte schnell, dass er sich in der Tür geirrt hatte.

Wenn es je so etwas wie einen herrschaftsfreien Diskurs gegeben hat, hier war er. Willy Brandt ließ uns volle Freiheit, fragte mich nur hin und wieder, was wir so trieben. Und Jochen Vogel, sein Nachfolger, nahm, wenn sein Terminkalender es zuließ, an unserer Arbeit teil.

Der zweite Grund, warum eine Sitzung der Grundwerte-kommission manchen Ärger anderswo ausglich, war, dass wir, als ich den Vorsitz übernahm, sehr bald ein gemeinsames Ziel hatten. Zuerst war es vielleicht nur mein Ziel, dann aber wurde es ein gemeinsames.

Ich habe ja schon gestanden, dass ich froh war, als die Raketendebatte zu Ende war und damit auch meine unzweifelhaft polarisierende Rolle. Aber damit war die Tatsache nicht aus der Welt geschafft, dass es in den siebziger Jahren und einem guten Teil der achtziger Jahre nicht eine SPD gab, sondern zwei: eine, die ökonomisch, konjunkturpolitisch, teilweise noch technokratisch dachte und sich vor allem auf die großen Gewerkschaften stützte. Und eine andere, die sich für moderner hielt, weil sie auch ökologisch, international und manchmal pazifistisch dachte. Sie stützte sich auf die Mitglieder, die seit Godesberg und vor allem durch Brandts Ostpolitik der Partei beigetreten waren. So paradox es klingen mag: Obwohl ich – wohl zu Recht – als Repräsentant der ökologisch-pazifistischen Richtung galt, war mir dabei nicht wohl. Und so nahm ich mir vor, was das gemeinsame Ziel der Grundwertekommission wurde: die geistigen Grundlagen für eine Integration der beiden Teile zu suchen und schließlich auch zu formulieren.

Dass Richard Löwenthal als mein Stellvertreter bestimmt wurde, war sicher auch von den Parteimitgliedern verlangt und durchgesetzt worden, die jemanden im Vorsitz haben wollten, der verhindert, dass die skurrilen Ideen eines Erhard Eppler zum geistigen Grundgerüst der Sozialdemokratie wurden. Und anfangs sah es auch so aus, als hätte sich Rix auf eine solche Rolle eingestellt: aufpassen, dass nichts aus dem Ruder läuft.

Erst als ich mich vor der gesammelten Kommission an den klugen Alten wandte: »Wir werden keinen Satz veröffentlichen, der deine Zustimmung nicht hat«, fasste er Vertrauen in die Kommission und ihren Vorsitzenden. Und schließlich war er es, der Formulierungen, keine Leerformeln, vorschlug, die wir alle akzeptieren konnten. Ohne Löwenthal war keine Integrationsarbeit zu leisten, mit ihm sehr wohl.

Für mich war klar, dass der Wandel des Bewusstseins, den ich an mir selbst erfahren hatte, die ganze Gesellschaft erfasst hatte, allerdings mit unterschiedlicher Geschwindigkeit: die Jungen rascher als die Alten, die Mittelschicht schneller als die industrielle Oberschicht und die Arbeiter. Frauen reagierten etwas frühzeitiger als Männer, und insgesamt ging die Bewegung eben nicht von oben nach unten, sondern offenkundig von unten nach oben. Es war eben nicht so, wie viele in der Politik sich Bewusstseinswandel vorstellten: dass da eine besonders sensible Partei, an die Regierung gekommen, dem Volk etwas beibringt, sei es durch Unterrichtung oder durch Vorbild. Das ist ein Irrtum. Stattdessen bringen Bürgerinitiativen Politik und Verwaltung dazu, aufzuhorchen, oft erst überlegen zu lächeln, aber schließlich doch nachzudenken. Ich habe schon vom südbadischen Wyhl gesprochen. Was sich dort abspielte, mag als Beispiel gelten. Als sich dort die Bürgerinitiative gegen ein Atomkraftwerk regte – erst nach dem Sankt-Florians-Prinzip »Überall, nur nicht hier«, später nach dem Motto »Weder hier noch anderswo« –, sah Filbinger »Systemveränderer«, verkappte Linksradikale am Werk. Dabei hatten viele dieser Aufrührer ihn gewählt. Auch die Partei der Grünen kam von unten. Sie hat den Bewusstseinswandel nicht bewirkt, sie war zuallererst ein Produkt dieses Wandels. Später wurde sie dann auch ein Motor.

Die Aufgabe der Grundwertekommission sah ich darin, diesen Bewusstseinswandel zu beschreiben, zu schildern, verständlich zu machen und zu rechtfertigen, ohne irgendjemanden zu brüskieren. Wer noch im Denken und Fühlen der sechziger Jahre verharrte, sollte sich nicht angegriffen fühlen, wohl aber ernst nehmen, was ihm neu und seltsam vorkam.

Die Ergebnisse der sechs Arbeiten, welche die Kommission zwischen 1977 und 1984 der Öffentlichkeit übergab, sind später in dem Band *Grundwerte für ein neues Godesberger Programm* versammelt und veröffentlich worden. Schon der Titel der ersten Arbeit »Grundwerte in einer gefährdeten Welt« ließ manche aufhorchen. Was hier neu als gefährdet eingestuft wurde und was viele in der SPD so noch nicht sehen wollten, waren die natürlichen Lebensgrundlagen. Dass sie ausgerechnet durch das gefährdet waren, was viele als wirtschaftlichen Fortschritt, als Wirtschaftswachstum begriffen, hatte ja zu den Spannungen in Partei und Gesellschaft geführt, die die siebziger Jahre so sehr prägten. Die Grundwertekommission hat etwas geleistet, was anderswo kaum versucht wurde: diejenigen ernst zu nehmen, die eher dem »Weiter so« zuneigten, und gleichzeitig klarzumachen, dass dieses »Weiter so« nicht mehr zu verantworten war.

Daraus ergab sich für uns »die generelle Frage nach Richtung und Ziel wirtschaftlichen Wachstums«. Die Frage war nicht: Wachstum ja oder nein? Sie war: Wachstum wohin? Und: Was soll wohin wachsen?

Die Kommission erinnerte zudem an den IG-Metall-Kongress von Oberhausen 1972 und die dort verhandelte Losung der Lebensqualität, die bereits weitaus mehr vom Leben verlangt hatte als reine »quantitative Zuwächse«. 1977, fünf Jahre danach, war man noch nicht viel weiter gekommen. Inzwischen, weitere vier Jahrzehnte danach, kauen wir immer noch an denselben Brocken. Der Bundestag hat 2010 eine Enquete-Kommission berufen, die sich dem Thema widmete. Das Ergebnis spiegelt die Fragen und Kontroversen der siebziger Jahre – ohne neue Antworten. Als ich einmal von Mitgliedern dieser Kommission nach Berlin eingeladen wurde, erinnerte ich daran, dass Willy Brandt auf dem Dortmunder Parteitag 1972 schon so etwas wie eine Definition des Begriffs »Lebensqualität« vorgetragen hatte, an der er übrigens selbst mitgearbeitet hatte. Das wusste niemand. Wie ist es möglich, dass eine Diskussion plötzlich in den achtziger Jahren abreißt und dann dreißig Jahre später wieder da anfängt, wo man vierzig Jahre zuvor schon einmal gewesen war? Darauf gibt es eine Antwort, die uns noch gründlich beschäftigen wird. Fürs Erste wollen wir es bei der Frage belassen.

Der Glaube an den Fortschritt ist unglaublich zäh. Wir alle möchten glauben, dass wir etwas tun, was unseren Kindern und Enkeln zugutekommt. Wir möchten glauben, dass sie es besser haben werden als wir. Dieser Glaube hat sogar zwei Weltkriege und den Holocaust überlebt und war danach stark genug, um in den fünfziger und sechziger Jahren wieder aufzublühen. Erst in den Siebzigern begann er zu welken. Es wurde deutlich, ich zitiere die Grundwertekommission, dass »die Entwicklung der Produktivkräfte von der Entfesselung destruktiver Kräfte begleitet sein kann«. Die Konsequenz daraus bekommen wir noch heute zu spüren, wenn »… die Menschen den vielfältigen Gefahren und den unübersehbaren Abhängigkeiten einer immer komplexeren Gesellschaft … zunehmend ohne die innere Sicherheit gegenüberstehen, die ein ordnendes, optimistisches Weltbild ihnen lange Zeit gegeben hat«.

Was tut eine Partei, die sich bis heute als »progressiv« versteht, wenn der Glaube an den allgemeinen, unaufhaltsamen Fortschritt stirbt? Die Botschaft der Kommission war eindeutig: Auf den Fortschritt darf man sich nicht mehr verlassen, aber man kann ihn wollen, wenn man sich einig ist, worin er besteht.

Im Februar 1982, also wenige Monate nach der Demonstration im Bonner Hofgarten, ging die Kommission ein paar Schritte weiter. Sie dachte nach über »Die Arbeiterbewegung und der Wandel des gesellschaftlichen Bewusstseins und Verhaltens«. Was bedeutete der Bewusstseinswandel für eine Bewegung, die, gut hundert Jahre früher, als Produkt eines ganz anderen Bewusstseins gegründet worden war? Zwei Jahre lang hatten wir uns in der Kommission die Köpfe heiß geredet. Wie sollte sich die älteste Partei Deutschlands zu den alternativen Bewegungen verhalten, wo sie doch selbst als alternative Gruppierung begonnen hatte, als Alternative zur besitzbürgerlichen Gesellschaft? Was bedeuteten für die Sozialdemokratie die Frauenbewegung, die Ökobewegung, die Friedensbewegung – die damals eine Volksbewegung war – oder gar die zahlenmäßig schwächere Dritte-Welt-Bewegung? Der Hochmut der Wissenden war da nicht angebracht.

Diese alternativen, höchst lebendigen Gruppierungen waren nicht ideologisch Verführte, wie besonders verbohrte Konservative – sogar in der SPD – meinten. Verstehen lassen sich die neuen Werthaltungen und Umgangsformen nur, wenn wir sie nicht primär als Ergebnis ideologischer Beeinflussung, sondern praktischer Alltagserfahrung sehen: Dreh- und Angelpunkt dieser Erfahrung sind eine permanent wahrnehmbare Widersprüchlichkeit und Brüchigkeit. Wir erleben sie zwischen demokratischem Anspruch und antidemokrati-

schen Herrschaftsstrukturen in unseren Arbeits- und Lebens-
verhältnissen, wir müssen mit der Beziehungs- und Sinnleere
des Konsumbürgerdaseins umgehen lernen, die Brüchigkeit
des markt- wie des staatswirtschaftlichen Systems verdauen.
Wie sollen wir leben mit der Arbeitslosigkeit, der Unwirtlich-
keit vieler unserer Städte, dem Öl- und Energieschock, der
zunehmenden Umweltzerstörung? Die Reihe lässt sich mühelos fortsetzen, man denke an die Stagnation sozialistischer
Reformbewegungen in Westeuropa und das Scheitern der
revolutionär-sozialistischen Konzepte in Osteuropa, an die
Brüchigkeit der tradierten Familien- und Ehestrukturen, der
privaten wie sozialen Morallehren. Das alles sind keine Erfin-
dungen linker Ideologen, sondern alltägliche Lebenserfahrungen.

Wer das einmal verstanden hatte, musste Lust bekommen,
mit den Menschen über diese Lebenserfahrungen zu reden,
vielleicht etwas von ihnen zu lernen, vielleicht auch von den
eigenen Erfahrungen zu erzählen. Das Fazit der Kommission
forderte dementsprechend Respekt vor jedem, der selbst
gesellschaftlich aktiv wird und Wege humaneren Lebens und
Arbeitens versucht. Und wenn einmal die Geschichte unserer
Parteien im letzten Viertel des 20. Jahrhunderts geschrieben
wird, wird mit einigem Respekt von der Grundwertekommission zu berichten sein.

Das neue Grundsatzprogramm

Als die Grundwertekommission merkte, dass es möglich war,
integrativ zu arbeiten, die beiden Grundströmungen der Partei
zusammenzuführen, fanden wir, dies müsse sich in einem

neuen Grundsatzprogramm niederschlagen. Willy Brandt zögerte noch. Das Godesberger Programm von 1959 hatte die SPD zur Volkspartei gemacht, es hatte ihr Verhältnis zum Staat, zum Markt, zu den Kirchen, zur Bundeswehr geklärt. Da war wenig Neues zu sagen. Aber die Welt hatte sich seit 1959 verändert. Knapp ein Vierteljahrhundert später, 1983, gab der Bundesparteitag der Grundwertekommission den Auftrag, das Godesberger Programm daraufhin durchzusehen. Wir sollten prüfen, was auch 25 Jahre nach seiner Verabschiedung noch gültig war, was anders zu bewerten und vor allem, was an neuen Tatbeständen und Aufgaben dazugekommen war. Der sechste und letzte Teil des Buches *Grundwerte für ein neues Godesberger Programm* enthält den Bericht, den die Kommission im Januar 1984 vorlegte. Wenn ich ihn heute noch einmal lese, ist er gründlicher und besser, als ich ihn in Erinnerung hatte. Er enthält präzise Vorschläge, die einer neuen Programmkommission die Arbeit sehr erleichtert hätten. Aber Programmkommissionen haben die Neigung, sich an keiner Vorarbeit zu orientieren und das Rad gern neu zu erfinden.

Diese Neigung stellte die Sozialdemokratie vor besondere Herausforderungen, denn sie pflegte ihre Grundsatzprogramme in zwei aufeinanderfolgenden Kommissionen zu erarbeiten. Die erste, kleinere, die der Parteivorstand beruft und der Parteivorsitzende leitet, soll einen ersten Entwurf liefern. Die zweite, entscheidende, hat ungefähr dreißig Mitglieder, da jeder der Parteibezirke jemanden delegieren darf. Etwa ein Drittel der Mitglieder kommt aus dem Parteivorstand. Obwohl dies im Parteistatut nicht geregelt ist, soll auch diese zweite Kommission der Parteivorsitzende selbst leiten – die Partei hat ihr Grundsatzprogramm eben immer sehr ernst genommen. Meist lagen dreißig Jahre zwischen zwei

Programmen, und Willy Brandt peilte das Ende der achtziger Jahre an. So lag Godesberg genau drei Jahrzehnte zurück, als wir im folgenreichen Jahr 1989 die Arbeit am sogenannten »Berliner Programm« gerade beendet hatten.

Der Vorsitzende der Grundwertekommission war in beiden Programmkommissionen der erste Stellvertreter des Vorsitzenden. Man erwartete von ihm, dass er seine Sachkunde einbringt und Formulierungsvorschläge macht. Ich nahm dies alles sehr ernst und fühlte mich verantwortlich dafür, dass die älteste Partei der Republik ein knappes, lesbares, modernes Programm bekommt.

In der ersten, kleinen Kommission zeigte sich wieder einmal, dass Willy Brandt ein begnadeter Diskussionsleiter war. Er steuerte nicht durch lange Reden, sondern durch knappe Zwischenfragen, manchmal nur durch erkennbares Stirnrunzeln, wenn jemand allzu wenig, und dies allzu ausführlich, zu sagen hatte. Aber das kam selten vor, zumal Brandt dafür gesorgt hatte, dass in der sechzehnköpfigen Kommission immerhin sieben Mitglieder waren, die zumindest zeitweise in der Grundwertekommission Erfahrungen gesammelt hatten, darunter Richard Löwenthal, Heinz Rapp, Thomas Meyer, Johano Strasser und – nicht zuletzt auch Fritz Scharpf, der Direktor des Max-Planck-Instituts für Gesellschaftsforschung, der seit einiger Zeit nicht mehr der Grundwertekommission angehörte. Da die wichtigsten Klausurtagungen im Juli 1985 und im Mai 1986 im Kloster Irsee im Allgäu stattfanden, bekam der Entwurf, der an einigen Stellen die Handschrift Brandts, an anderen die meine erkennen lässt, den Namen »Irseer Programm«.

Schon in den ersten Zeilen wird deutlich, was sich seit Godesberg verändert hatte:

»Was das Godesberger Programm als ›Widerspruch unserer Zeit‹ beschreibt, hat sich in den drei Jahrzehnten seither weder aufgelöst noch gemildert. Alte und neue Widersprüche und Gefährdungen überlagern und verschärfen sich gegenseitig. Die einfache Fortschreibung des Bestehenden ergibt keine Zukunft mehr. Nur durch Veränderung werden wir in die Zukunft hinein retten können, was wir für bewahrenswert halten. Verändern müssen sich mit unseren Verhaltensweisen Formen und Inhalte von Politik.«

Hatte das Godesberger Programm vor allem die Kluft zwischen revolutionärer Rhetorik und praktischer Reformarbeit geschlossen und gezeigt, wie diese Reformarbeit fortzusetzen sei, beginnt das Programm von Irsee mit der lapidaren Feststellung: »Die einfache Fortschreibung des Bestehenden ergibt keine Zukunft mehr.« Daraus folgt zwingend die Frage: Wenn die Verlängerung des Status quo der Gegenwart keine lebenswerte Zukunft erschließt, was dann? Insofern hat dieses Programm seine eigene Dramatik.

Aber nicht dieser Entwurf wurde dem Parteitag im Dezember 1989 vorgelegt, sondern das, was die zweite, doppelt so große Kommission 1989 zu Papier gebracht hatte. Mit so viel Freude ich unter der Ägide Brandts bei der Sache gewesen war, so quälend, schwer erträglich war die Arbeit in dieser zweiten Kommission. Willy Brandt war als Parteivorsitzender zurückgetreten wegen eines Konflikts, in welchem er ausnahmsweise nicht recht hatte. Gemeinsam mit seinem Bundesgeschäftsführer Peter Glotz wollte er zur Pressesprecherin der Partei eine zweifellos interessante Dame berufen, die, wie sich inzwischen deutlicher als damals herausgestellt hat, mit der Partei, für die sie sprechen sollte, wenig bis gar nichts im Sinne hatte.

Sie war die Tochter eines griechischen Sozialdemokraten, der mit Brandt befreundet war. So hatte der wichtigste Sozialdemokrat seit August Bebel miterlebt, wie aus dem kleinen, wachen, gescheiten Mädchen eine kluge – und überdies auch noch hübsche – Dame wurde. Wahrscheinlich war er überzeugt, dass sie als Sprecherin der Partei schon aus Rücksicht auf ihn das Richtige tun werde. Im Präsidium und in der Partei überwog allerdings die Meinung, ihre bis dahin bekannten Äußerungen seien in der FDP eher üblich als in der Sozialdemokratie. Das hat sich inzwischen mehr als bestätigt. Aber Brandt sah in solchen Einwänden nur spießbürgerliche Enge und ging im Zorn. Wir alle waren betroffen, und doch wusste niemand, wie dem großen Mann guten Gewissens dieser ganz und gar unverdiente Abgang hätte erspart bleiben können.

Nachfolger im Parteivorsitz wurde Hans-Jochen Vogel, der in der Grundwertekommission immer willkommen war und sich dort auch wohl fühlte. Nun wäre es an ihm gewesen, die große Programmkommission zu leiten, nach Brandt war er der denkbar beste Mann für diese Aufgabe. Aber es gab jemanden, der scharf auf diesen Vorsitz war: Oskar Lafontaine. Er war noch nicht offiziell zum Kanzlerkandidaten gekürt, aber er hatte keinen ernsthaften Konkurrenten mehr. Und nun erhob er Anspruch auf etwas, das seit jeher dem Vorsitzenden zugedacht war.

Vogel, der persönliche Profilierung nicht mehr nötig hatte und vor allem die Aufgabe sah, die Partei zusammenzuhalten, fand eine Lösung, die dem ungeschriebenen Gesetz Genüge tun und Lafontaines Wunsch erfüllen sollte: Er, Vogel, wurde Vorsitzender der Kommission, aber der geschäftsführende Vorsitzende hieß Lafontaine.

Damit war ich Stellvertreter Lafontaines. Zuerst gar nicht

ungern. Wie ich Oskar kannte, würden wir uns in vielen Punkten einig sein, etwa, wo es um Ökologie oder Friedenspolitik ging. Und da Oskar nicht als übermäßig fleißig bekannt war, stellte ich mich auf eine arbeitsreiche, aber doch ersprießliche Aufgabe ein. Dabei wollte ich dem neuen Vorsitzenden nicht mit der Besserwisserei des Erfahrenen auf die Nerven gehen und mich zurückhalten. Als er so tat, als hätte niemand vor ihm sich mit dem neuen Programm beschäftigt, als gäbe es keinen Irseer Entwurf, nahm ich es also einigermaßen gelassen. Wieder wurden einzelne der dreißig Mitglieder gebeten, zu dem einen oder anderen Thema ein einführendes Diskussionspapier zu verfassen. Nun gut, Lafontaine sollte ruhig selbst über die Methode entscheiden. Stutzig wurde ich erst, als in der zweiten Sitzung eines dieser Papiere zur Diskussion stand. Ohne irgendeine einleitende Bemerkung zur Sache rief Lafontaine die sich meldenden Mitglieder der Reihe nach auf, gab selbst jedoch keinen Kommentar. Erst fand ich das gar nicht so übel. Aber als es über Stunden so weiterging, wurde mir klar: Der Einzige, der das Papier nie gelesen hatte, war der Vorsitzende! Deswegen ließ er alle reden, ohne sich einzumischen. Da ich selbst einige Erfahrung im Leiten von Programmgesprächen hatte, wusste ich, wie wichtig es war, am Ende etwas »in die Scheune zu fahren«, also zusammenzufassen, worin Einigkeit erzielt worden war, was noch strittig blieb, und wie man weiterkommen könne. So war ich mehr als verwundert, als Lafontaine nach der letzten Wortmeldung einen Blick auf die Uhr warf und anschließend die Sitzung kurzum schloss.

War das möglich, dass Lafontaine, der unbedingt diese Kommission leiten wollte, dafür sogar den ernsthaften Konflikt mit Vogel riskiert hatte, zu faul war, die zwei oder auch vier Schreibmaschinenseiten zu lesen, die er zur Diskussion stellte? Die nächste Irritation entstand durch Lafontaines Umgang mit der Presse. Offenbar nutzte er die Neugier der Journalisten, um seine eigene Politik zu machen. Er war ja nun für das Programm zuständig, also weihte er die Vertreter der Presse in seine politischen Ziele ein. Diese betrafen jedoch immer Sachgebiete, über die wir in der Kommission noch kein Wort verloren hatten. Er behauptete natürlich nicht, seine Aussagen entsprächen der Meinung der Kommission, aber er machte auch nicht klar, dass die Kommission das jeweilige Sujet gar nicht diskutiert hatte.

Ich versuchte etwas System in die Arbeit zu bringen, für die ja nicht beliebig viel Zeit zur Verfügung stand. Lafontaine zeigte dann gern ein überlegenes und manchmal ironisches Lächeln: Nur keine Sorge, wir machen das schon.

Nach der dritten oder vierten Sitzung wurde mir klar: Oskar interessierte sich gar nicht dafür, was wir schließlich aufschrieben: Er selbst war das Programm. Es wunderte ihn, dass ich das noch nicht begriffen hatte. Er hielt mich für naiv, weil ich unseren Auftrag ernst nahm.

In der Konsequenz blieb die Arbeit letztlich an mir hängen, zudem ohne Rückendeckung des Vorsitzenden. Das war deshalb schlimm, weil der größere Teil der dreißig Mitglieder sich nicht für das Programm im Ganzen verantwortlich fühlte, sondern nur für Teilaspekte. Nicht wenige unter ihnen achteten ausschließlich darauf, dass etwa die Gewerkschaften, die Frauen oder die Kommunen möglichst ausführlich und möglichst oft erwähnt wurden. Wie sollte man da – ohne die Autorität des Vorsitzenden – ein knappes, lesbares Programm zustande bringen? In der Grundwertekommission sahen sich immer alle für alles in der Verantwortung, hier erlebte ich das erschreckende Gegenteil. Und der Vorsitzende fand es fast schon unpolitisch albern, dass jemand wirklich etwas zustande bringen wollte, was als überzeugende Visitenkarte der Partei brauchbar wäre. Die Partei brauchte nur eine Visitenkarte: Oskar Lafontaine.

Natürlich festigte sich die Autorität Lafontaines auf diese Weise nicht. Stattdessen entstanden Gruppierungen mit eigenen Zielen, Seilschaften. Sie forderten die wörtliche Aufnahme umständlicher und zu langer Abhandlungen einzelner Delegierter ins Programm, so dass ich mich schließlich dabei wiederfand, mit den Autoren lange über Kürzungen und Akzentverschiebungen zu feilschen. Das Programm geriet aus der Form. Und das blieb es.

Während ich – zugegeben ziemlich verbissen – meinen Kampf um ein Programm führte, das es wenigstens mit dem Irseer Entwurf aufnehmen konnte, gärte es in der Kommission. Es kam, ohne mein Zutun, ja, ohne mein Wissen, zu einem Aufstand der Kommission gegen ihren geschäftsführenden Vorsitzenden: Niemand wollte mehr akzeptieren, dass Lafontaine offenkundig ein anderes Geschäft betrieb als das, ein ordentliches Programm für eine altehrwürdige Programmpartei zu machen. Die Kommission weigerte sich, weiterhin unter Lafontaines Vorsitz zu tagen. Jochen Vogel, schließlich offiziell immer noch der Vorsitzende, musste einspringen. Was für ein Befreiungsschlag!

Vogel und ich waren damals noch keine Freunde. Aber dass wir es später wurden, hat auch mit der Erfahrung zu tun, dass und wie wir damals gemeinsam das Kind davor retteten, in den Brunnen zu fallen. Plötzlich war klar, wer sich worum zu kümmern hatte. Und ich konnte mich, wenn ich Teile des

Programms formulierte oder sprachlich überarbeitete, auf einen Vorsitzenden verlassen, dem es allein um die Sache ging. So entstand also doch noch der Schluss des Programms: »Unser Weg in die Zukunft«. Sein Kernsatz ist mir noch immer lebendig in Erinnerung: »Reformpolitik setzt auf Hoffnung. Wo sogar Bewahrenswertes nur durch Reform zu retten ist, wird Reformarbeit zur einzig verantwortbaren Politik. Unser Zukunftsentwurf ist ein Angebot für ein Reformbündnis der alten und neuen sozialen Bewegungen.« Darauf hatte ich seit Mitte der siebziger Jahre, seit meinem Rücktritt als Minister, hingearbeitet. Eine »Mehrheit links vom Zentrum«, von der schon Friedrich Naumann geträumt hatte, war nur zu erreichen, wenn die Sozialdemokratie sich mit den neuen Bewegungen verbündete. Und dieses Programm hatte – allen Widrigkeiten zum Trotz – das Zeug dazu, die Grundlage dafür zu schaffen. Aber es sollte doch ganz anders kommen.

Das Geheimdokument

Zu Beginn des Jahres 1989 konnte Jochen Vogel den von der Kommission verabschiedeten Entwurf für das Grundsatzprogramm dem Parteivorstand übergeben. Er wurde fast ohne Änderungen am Ende des Jahres, am 20. Dezember 1989, vom Bundesparteitag in Berlin beschlossen. Wenn ich das Berliner Programm ein Vierteljahrhundert später wieder durchlese, so erinnere ich mich natürlich an die Stellen, die ich einst widerwillig hingenommen habe. Aber insgesamt klingt das Programm noch heute ziemlich modern. Leerformeln sind selten und verweisen auf nötige Kompromisse. Das Programm ist klar ausgerichtet: auf die rot-grüne Mehrheit. Ich kann dazu stehen.

Damals, in den ersten Monaten des Jahres 1989 – ich war 62 Jahre alt –, wurde mein Engagement für dieses Programm von manchen Sozialdemokraten so gedeutet, wie das offenbar unvermeidlich ist, wo Menschen Politik machen: »Der Erhard Eppler wollte sich profilieren, um in der Partei noch ganz nach oben zu kommen.« Um diesem Gerede ein Ende zu machen, trat ich zum 1. April 1989 freiwillig und vorzeitig aus dem Parteipräsidium aus. Ich hatte getan, was ich für nötig gehalten hatte. Es reichte. Ich war auch ziemlich erschöpft. Dieser zweite Rücktritt hatte dann eine sehr positive Folge, von der ich zuerst noch keine Ahnung hatte. Dass ich am 17. Juni desselben Jahres die Gelegenheit bekam, vor dem Deutschen Bundestag zum Nationalfeiertag zu reden, verdanke ich meinem Abschied vom Präsidium. Denn zum 17. Juni durften nur Politiker reden, die kein politisches Amt mehr bekleideten. Und dort war ich nun angekommen.

Über das Verhältnis zwischen politischem Amt und politischem Einfluss ließe sich ein dickes Buch schreiben. Natürlich erleichtert es ein hohes Amt, Einfluss zu nehmen. Aber es geht auch ohne Amt. Das merkte ich nach dem 17. Juni 1989, und ich machte mir in dem Vierteljahrhundert danach diese Erkenntnis zunutze. Manchmal mit, manchmal ohne Erfolg.

Dass Oskar Lafontaine in der Programmkommission jämmerlich gescheitert war, erfuhren nur Insider. Er war ja als Kanzlerkandidat vorgesehen und wurde nach seinem Wahlsieg an der Saar darin offiziell bestätigt. So verstand es sich fast von selbst, dass Lafontaine auf dem Berliner Parteitag kurz vor Weihnachten 1989 in das Programm einführen sollte. Das hat er auf seine Weise getan. Er sprach weit über eine Stunde und riss den Parteitag zu Beifallsstürmen hin, allerdings ohne das beschlossene, hart erarbeitete Programm auch nur einmal zu erwähnen oder gar zu zitieren. Er bestätigte virtuos, was ich nun schon wusste: Er, Oskar Lafontaine, war das Programm, was immer da kleinere Geister aufgeschrieben haben mochten. Es ging ausschließlich um ihn. Das Programm, in das er einführen sollte und das beinahe an ihm gescheitert wäre, war ihm jetzt ein Dorn im Auge: Es erinnerte ihn an eine seiner wenigen Niederlagen, herbeigeführt von denen, die es verfasst und verantwortet hatten. Es musste aus dem öffentlichen Gedächtnis getilgt werden. Und das ist ihm gelungen.

Er hat dafür gesorgt, dass das Berliner Programm wie ein Geheimdokument behandelt wurde, auch im Bonner Ollenhauer-Haus. Natürlich ließ sich leicht sagen, jetzt gehe es um die DDR, um die Maueröffnung, für viele – nicht für Lafontaine – auch um die deutsche Einheit. Was sollte da ein neues Grundsatzprogramm?

Im Umgang mit dem Berliner Programm zeigt sich auch ein Generationsunterschied. Auf das Godesberger Programm hatten alle führenden Sozialdemokraten immer wieder verwiesen: Fritz Erler, Herbert Wehner, Gustav Heinemann, nicht zuletzt Willy Brandt. Sie wollten zeigen, dass, was sie sagten, nicht nur ihre Privatmeinung sei, sondern die der ganzen Partei. Genau dies widerstrebte der Generation der Brandt-Enkel. Sie alle waren – und das stimmte auch – unverwechselbare Individuen, keine Parteifunktionäre. Was sie verkündeten, war ihre eigene Botschaft, auch wenn sie für die Partei sprachen. Profilieren konnte man sich allenfalls, wenn man ein Programm kritisierte, nicht wenn man es zitierte.

So gab es unter der engeren Parteiführung, nachdem Jochen Vogel Lafontaine Platz gemacht hatte, niemanden mehr, der die Bedeutung der Grundsatzprogramme in der Geschichte der Partei ernst nahm. Das Berliner Programm wurde von oben abgeblockt, in der Baracke erstickt. Damit dies nicht zu deutlich wurde, hat Lafontaine als Kanzlerkandidat noch eine Kommission berufen, die unter der Bezeichnung »Fortschritt 90« ein Aktionsprogramm für die nächste Legislaturperiode zu beschließen hatte. Schließlich gab es nur wenige Journalisten, die in der Lage waren, die Programme zu unterscheiden.

Keine mir bekannte Zeitung hat kommentiert, dass Lafontaine das Programm, in das er den Parteitag einführen sollte, gar nicht erwähnte. Vielleicht ist es für einen Journalisten schädlich, Programme zu lesen, schließlich interessieren sich seine Leser für Personen, nicht für Programme.

Was mir die Einsicht bescherte, eineinhalb Jahrzehnte vergeblich geschuftet und gekämpft zu haben, hat auch mit unserer politischen Kultur zu tun. Sie war noch nie so eindeutig auf Personen und ihr Verhältnis zueinander konzentriert wie heute. Amerikanische Politologen nennen dies *game-centred*. Man beobachtete die Machtspiele zwischen Personen, wie man ein Fußballspiel verfolgt. Da gibt es Spielzüge, taktische Finessen, technische Feinheiten, da gibt es vor allem Gewinner und Verlierer. Das gilt es zu schildern. Dabei geraten politische Parteien in die Rolle etablierter Fußballvereine. Dass eine politische Partei noch andere Aufgaben hat, als die Leute mit ihrem Gezänk zu unterhalten, gerät ganz aus dem Blick. Aber damit wird die Politik amputiert. Es bleiben nur die *politics*, also das tägliche Gerangel um die Macht. Die *policy*, die Gestaltungsaufgabe, welche die *politics* erst rechtfertigt, verschwindet, wird gar nicht mehr erwartet. Und wo sie dennoch erkennbar wird, wird sie nicht beachtet. Jedenfalls ist das Berliner Programm nie in der deutschen Öffentlichkeit angekommen. Auch nicht, was weit schlimmer ist, in der Partei, für die es und von der es erarbeitet wurde. Wenn auch meine Arbeit – und die mancher anderen – am Ende vergeblich war, die Diskussion, die zum Programm geführt hat, blieb trotzdem nicht ganz ohne Wirkung. Was ich als Drama erlebt hatte, wurde in der rot-grünen Koalitionsregierung von Gerhard Schröder und Joschka Fischer als Farce wieder lebendig: Wenn die Grünen etwas verlangten, was die sozialdemokratische Mehrheit nicht zugestehen wollte, kramten verschmitzte Grüne des Öfteren das – gültige – Berliner Programm heraus. Da war genau das gefordert, was die verdutzten Sozialdemokraten nicht haben wollten.

Natürlich wirkten sich meine Erfahrungen auch auf mein persönliches Verhältnis zu Oskar Lafontaine aus. Ich meinte nun zu wissen, dass er, noch weit mehr als andere seiner Generation, ein Narziss war, selbstverliebt, egozentrisch, für Teamarbeit nicht zu gebrauchen. Mein Verhältnis zu ihm wurde nicht erst durch die Art zerstört, wie er seinen Konflikt mit Gerhard Schröder zelebrierte, vor allem nachdem er zurückgetreten war. Dass er nicht teamfähig ist – es sei denn als die Nummer eins, der alle folgen –, hat inzwischen auch die Linkspartei zu spüren bekommen. Dass hier ein unwiderstehlicher Narzissmus eine seltene politische Begabung korrumpiert hat, konnte schließlich auch Willy Brandt nicht übersehen. Viel von dem, was Brandt aufgebaut hat, hat Lafontaine eingerissen. Das bekommt die Partei zu spüren, bis weit ins 21. Jahrhundert hinein.

TRAUM UND WIRKLICHKEIT

Im Visier der Stasi

Wie sich aus meinen Stasi-Akten ergibt, hat die Staatssicherheit der DDR mir die zweifelhafte Ehre angetan, zwei Agenten auf mich anzusetzen, und das schon in der ersten Hälfte der sechziger Jahre, als ich in der Öffentlichkeit noch gar keine Rolle spielte. Wie die Mielkebehörde dazu kam, weiß ich nicht. Vielleicht durch den Mitarbeiter, der am längsten, bis zum Ende der DDR, mit mir Kontakt hielt. Ich hatte ihn recht gut kennengelernt, als ich Lehrer in Schwenningen war und er im benachbarten Tuttlingen versuchte, einen Kreisverband für Heinemanns GVP aufzubauen. Er hatte mir gelegentlich kundgetan, er sei und bleibe Sozialist, und ich hatte ihn nicht gefragt, was er damit sagen wolle. Beruflich hielt er sich über Wasser mit einer Tätigkeit, die in Tuttlingen verbreitet war: Er vertrieb einige von den medizinischen Geräten, für die die Stadt am Oberlauf der Donau bekannt war.

Als es schon lange keine GVP mehr gab, hörte ich aus Tuttlingen, mein früherer Parteifreund habe Konkurs gemacht und sei dann in die DDR verschwunden. Er, der sich gerne als bekennender Atheist ausgab, arbeitete jetzt in Leipzig bei einer Zeitung der dortigen Christdemokraten. Nicht lange danach bekam ich Post von ihm. Wie es mir und meiner Frau so gehe, ihm gehe es ganz gut als Journalist in der DDR. Ich antwortete freundlich, wünschte ihm alles Gute. So entstand ein wenig ergiebiger Briefwechsel, den ich bis zur letzten Postkarte in meinen Stasi-Akten dokumentiert fand. Vielleicht hat er, dessen Namen ich hier verschweige, mit unserer Bekanntschaft ein wenig seiner eigenen Wichtigkeit nachgeholfen. Wenn er wieder einmal in der Bundesrepublik war, kam er bei uns vorbei. Dass er mich gegen die »rechte Parteiführung der SPD« hätte aufbringen wollen – so lautete sein Auftrag –, habe ich damals aus unserem freundlichen Geplauder nicht entnommen. Er ist inzwischen längst verstorben, und ich bin ihm nicht böse. Die Stasi hätte ihr Geld noch dümmer ausgeben können.

Auch der zweite Stasimann, der sich um mich kümmern sollte, kam aus Leipzig. Sein Name ist in diesem Buch schon einmal gefallen: Es war der Philosophie-Professor Helmut Seidel, er interessierte sich vor allem für die Geschichte der Philosophie. So schickte er mir seine wissenschaftlichen Arbeiten über die alten Griechen, aus denen ich entnehmen konnte, wie ein intelligenter Marxist-Leninist seinen Studenten die griechischen Klassiker doch recht gut nahebringen konnte.

Es war wohl in Bonn, beim Bundestag, als Seidel mich zum ersten Mal aufsuchte. Er sei auf Besuch hier und wolle mich kennenlernen, natürlich mit einer schmeichelhaften Begründung. Seidel war ein blitzgescheiter, freundlicher Herr, mit dem man sehr unterhaltsam flachsen konnte, der Ironie nie missverstand und sich Kritik an der SED seelenruhig anhörte. Natürlich war ich nicht naiv genug zu glauben, Seidel komme nur, weil ich ihm so sympathisch wäre. Sicher hatte er einen Auftrag, auch wenn er – entweder vor oder nach mir – Jürgen Habermas besuchte. Ich vermutete das Zentralkomitee (ZK) der SED hinter seinen Besuchen.

Wie die Akten zeigen, fanden seine Vorgesetzten bei der Staatssicherheit 1968, als ich dann auch noch Minister wurde, mit mir sei beim besten Willen nichts anzufangen, ich sei ein hoffnungsloser Fall. Und so sah ich Seidel etwa 15 Jahre lang nicht wieder.

Gespräche mit der SED

Ich weiß nicht mehr, auch bei gründlichem Nachdenken nicht, wo ich im Jahr 1983 Helmut Seidel wiedergetroffen habe. Möglicherweise war meine Überraschung, vielleicht auch die Mühe des Wiedererkennens so stark, dass der Ort mir nicht im Gedächtnis blieb. Vielleicht war es am Rande eines der regionalen Kirchentage in der DDR, vielleicht aber auch nach einer Veranstaltung in der Bundesrepublik. Strahlend freundlich kam der Professor auf mich zu. Ich erkundigte mich natürlich danach, was er in den letzten 15 Jahren getrieben habe. Eine besonders intelligente Frage war das nicht: Er hatte, wie vorher auch, in Leipzig Philosophie gelehrt.

Das Gespräch, in dem Seidel mir den bereits erwähnten Gedankenaustausch zwischen SPD und SED anbot, verlief ganz unspektakulär. Es dauerte nicht lange, bis er mit seinem Vorschlag herausrückte: So wie wir, also er und ich, schon gelegentlich unsere Meinungen ausgetauscht hätten, so könnte doch auch die Grundwertekommission der SPD mit Intellektuellen der DDR ins Gespräch kommen. An wen er da denke, fragte ich, ob es eine ähnliche Kommission beim ZK der SED gebe? Nicht direkt, aber dafür gebe es die Akademie für Gesellschaftswissenschaften. Das war offenbar kein Geistesblitz eines diskussionsfreudigen Professors, da musste ganz oben eine Entscheidung gefallen sein. So jedenfalls dachte ich. Heute bin ich mir dessen nicht mehr sicher. Wieder tippte ich nicht auf die Stasi: Wie sollte ausgerechnet Erich Mielke auf eine solche Idee kommen? Erst als Seidel sich, freundlich wie immer, verabschiedet hatte, wurde mir ganz klar, was ich da gehört hatte. Seit es eine kommunistische Partei gab, seit dem Jahresende von 1918, hatte es niemals Grundsatzgespräche zwischen Sozialdemokraten und Kommunisten gegeben. Und die SED, die Staatspartei der DDR, hatte mit uns über alles Mögliche geredet, über Besuchervisen in die DDR und aus ihr heraus, inzwischen sogar über atomwaffenfreie Zonen in Europa, aber niemals über ihre Ideologie. Und das war auch verständlich. Denn da ging es an den Lebensnerv der DDR: Es war ja gerade die Gültigkeit ihrer Ideologie, die in der Verfassung der DDR die SED zur ewigen Regierungspartei machte.

Wollte ich diesen Austausch? Ich hätte ja nur gar nichts tun müssen, niemanden informieren, um solche Gespräche zu verhindern. Und ich wusste auch, wer innerhalb und außerhalb der SPD eine solche Diskussion für unangebracht, schädlich, ungehörig, im schlimmsten Fall für Verrat an den heiligsten Gütern der Republik erklären würde. Nach einem längeren Spaziergang im Schwarzwald war mir klar: Ich wollte. In welcher Reihenfolge sollte ich andere einbeziehen? Natürlich musste ich mit Brandt reden. Aber vorher mit der Kommission.

In der Grundwertekommission überwog die Verwunderung. Welchen Vorteil konnten die Kommunisten von solchen Gesprächen erwarten? Erhöhte es ihr Prestige, wenn sie mit uns auch über ihre eigene Ideologie reden durften? Doch sicher nicht. Rix Löwenthal hatte Zweifel, ob man mit Leuten vernünftig reden könne, die auf ihre Ideologie eingeschworen waren. Schließlich war die Mehrheit aber doch dafür. Wir mussten uns ja nicht die Köpfe der SED-Professoren zerbrechen. Das Risiko solcher Gespräche lag vor allem bei der SED.

Als ich dies dem Parteivorsitzenden vortrug, sagte Brandt, wie es seine Art war, nicht sofort ja oder nein. Er musste sich an den Gedanken erst gewöhnen. Den historischen Ort seiner Entscheidung bestimmte er hingegen sofort: zum ersten Mal seit 1919! Seine Begeisterung war begrenzt. Aber er sah auch die Chancen. Und er hatte Vertrauen in die Grundwertekommission. Er kannte die meisten Mitglieder ziemlich gut und schätzte sie. Mein Argument, die SED gehe ein weit größeres Risiko ein als wir, ließ er gelten. So sagte er, nicht zum ersten Mal: »Mach mal, halt mich auf dem Laufenden.«

Ich will niemanden damit langweilen, wie dieses »Mach mal« in der Praxis aussah. Nur eine Begebenheit ist wichtig. Mitte Oktober 1983, als ich auch den Landesvorsitz der SPD niedergelegt hatte und aus dem Landtag ausgeschieden war, besuchte der damalige Leiter der Westabteilung des ZK, Herbert Häber, Stuttgart. Er wurde vom Ministerpräsidenten Lothar Späth empfangen, sprach auch mit anderen CDU-Leuten. Dass er auch mich sehen wollte, führte ich auf mein Gespräch mit Helmut Seidel zurück. Aber Häber – der bald danach aus dem ZK flog – redete über alles Mögliche, nur nicht über Seidels Vorschlag. So musste ich das Thema selbst anschneiden. Häber war darauf offenbar nicht vorbereitet, hatte jedenfalls keine klare Meinung dazu. Heute weiß ich, dass Häber durch mich zum ersten Mal von dem Projekt erfuhr. Möglicherweise hatte er sogar den Eindruck, ich sei dessen Initiator. Ich kann auch nicht ausschließen, dass Erich Honecker durch Häber erstmalig von der Gesprächsinitiative erfuhr.

Das alles spricht nicht dafür, dass Seidel für das ZK der SED gesprochen hatte. Helmut Seidel ist 2007 gestorben. Seine Witwe, eine kluge, politisch engagierte Frau, besteht darauf, dass ihr Mann ohne Auftrag von oben mit mir Kontakt aufgenommen habe. Ich habe keinen Grund, ihr zu misstrauen. Aber wenn sie recht hat, dann muss in der Führung der SED schon 1983 manches aus dem Ruder gelaufen sein. In der Bundesrepublik, wo Parteidisziplin deutlich weniger streng gehandhabt wurde, hätte ich es nie gewagt, ein so folgenreiches Unternehmen ohne die Einwilligung des Parteivorsitzenden in Gang zu bringen.

Denkbar erscheint mir, dass Seidel nicht ganz allein war. Vielleicht ist die Idee im Gespräch mit reformfreudigen Intellektuellen entstanden, und Seidel handelte im Einvernehmen mit ihnen. Das würde umso mehr zeigen, dass die Führung der SED 1983 nicht mehr alle Fäden in der Hand hatte. Was Seidel sicher unterschätzt hat, war die Unfähigkeit eines sehr viel weniger intellektuellen Politbüros, mit solchen Gesprächen und ihren Ergebnissen umzugehen.

Als die Orte der Begegnung ausgewählt waren, ein Schulungszentrum der SED am Scharmützelsee im Osten Brandenburgs und eine Einrichtung der Friedrich-Ebert-Stiftung in Freudenstadt im Schwarzwald, gab es nicht wenige augenzwinkernde Deutungen dieser Ortsnamen mit Blick auf Inhalt und Form der Gespräche.

Die Grundwertekommission musste sich darauf einstellen, Politik nicht nur vorzubereiten, zu analysieren und zu bewerten, sondern zum ersten Mal Politik selbst zu machen.

Den einen machte dies sichtlich Spaß, etwa unseren Jüngsten, Johano Strasser und Thomas Meyer, die dann tatsächlich auch für die Höhepunkte in den Diskussionen sorgten. Sehr viel skeptischer waren Rix Löwenthal und Susanne Miller, unsere Ältesten. Ihre Lebenserfahrung sorgte dafür, dass sie nicht zu viel von diesen Diskussionen erwarteten. Nachträglich wundere ich mich darüber, wie wenig Zeit wir für die Vorbereitung brauchten. Unsere Grundposition hat sich ganz von selbst im Laufe der Gespräche herausgebildet: Es war nicht unbedingt so, dass hier demokratische Sozialisten anderen Sozialisten begegneten, die, wie sie sagten, »die Machtfrage erledigt« hatten, also ihre Macht ein für alle Mal glaubten errungen zu haben. Vielmehr trafen wir als Vertreter der westlichen Demokratie auf solche der östlichen Diktatur. Dass auf jeder Seite des Tisches etwa acht Personen saßen, wurde zur Regel.

Auch für die einzelnen Themen – jede Zusammenkunft stand unter einem Motto, über das sich beide Seiten vorher verständigt hatten – haben wir uns nicht in einer besonderen Sitzung vorbereitet. Wir verteilten die Aufgaben und warteten, wie die Diskussion ablief. Auch ohne Absprache fügte sich alles zusammen: die vorsichtigen, abgrenzenden und die offensiven, manchmal fast aggressiven Beiträge. Wenn die Diskussionsleitung bei mir lag – der bereits erwähnte Otto Reinhold wechselte sich mit mir ab –, musste ich nur selten bremsen oder beruhigen, die Mischung, die wir boten, war durchaus angemessen. Erst später wagte ich die Behauptung, wir hätten nicht nur inhaltlich die Demokratie des Grundgesetzes vertreten, sondern auch in der Art unseres Auftretens: Jeder und jede war völlig frei zu sagen, was er – oder sie – für nötig hielt. Und doch entstand daraus eine gemeinsame Strategie, vielleicht so etwas wie die Position einer solidarischen Mannschaft.

Aber wir waren auch nicht blind für die Leistung der Männer – und es waren immer nur Männer – auf der anderen Seite. Sicher, da gab es auch Professoren, die wir im Verdacht hatten, sie hätten ihren Titel mehr ihrer Verlässlichkeit, ihrer Linientreue zu verdanken als ihren überragenden Fähigkeiten. Drei der Kollegen – wir nannten uns Kollegen – haben sich in mein Gedächtnis eingebrannt. Zwei davon waren Marxisten-Leninisten mit Leib und Seele. Einer war ein Reformer, der viel Mut bewies und viel an Kritik und Demütigung in Kauf nahm.

Der Erste der drei, Erich Hahn, der Philosoph, war möglicher Weise der Einzige in der Runde, der ein hohes Maß wissenschaftlicher Neugier, philosophischer Bildung und intellektueller Schärfe verbinden konnte mit einer festen, vielleicht bis heute währenden Verankerung im Marxismus-Leninismus. Es war spürbar, dass seine Überzeugung seine Karriere und seine Position bestimmt hatte, nicht umgekehrt. Und nach dem Ende der DDR sollte sich zeigen, dass seine Loyalität nicht den jeweiligen Herrschern, sondern der untergegangenen DDR galt. Er bleibt mir in Erinnerung als ein Mensch, der sich sehr wohl Mühe gab, Andersdenkende zu verstehen, der aber sein Leben dem Experiment der DDR gewidmet hat. Sogar seine Trauer über ihr Scheitern hatte noch Format.

Der Zweite von ihnen war Otto Reinhold, etwa in meinem Alter, Böhme, in sich ruhend, weniger temperamentvoll als Hahn, hochgebildet wie er, ein fairer Verhandlungsführer. Auch er war durch mehr als einen Gehaltszettel dem »Arbeiter- und Bauernstaat« verbunden, für den er lebte und arbeitete und dessen viele Schwächen er natürlich trotzdem sah: Er war viel zu klug, um sie zu ignorieren.

Der Dritte im Bunde, Rolf Reißig, war, wie Hahn und Reinhold, ein Wissenschaftler, der zu seinen Überzeugungen stand. Nur waren es andere: Er sah die Zukunft der DDR in dem Experiment eines wirklich demokratischen Sozialismus. Als das Politbüro 1988/89 von dem gemeinsamen Papier abrückte, das an vielen Stellen Reißigs Handschrift erkennen ließ und insgesamt von ihm verantwortet wurde, waren ihm die Demütigungen anzusehen, denen er ausgesetzt war. Schade, dass die SPD sich nicht mehr Mühe gegeben hat, ihn zu gewinnen.

Die Themen, über die wir in sieben Tagungen und insgesamt etwa achtzig Stunden gesprochen haben, interessieren heute kaum noch. Immerhin konnten wir feststellen, dass es auf beiden Seiten des damals noch intakten Eisernen Vorhangs ähnliche Sorgen gab.

Höhepunkt des Dialogs war – und da sind sich beide Seiten einig – die vierte Begegnung in Freudenstadt vom 27. Februar bis zum 1. März 1986. Das lag zuerst einmal am Thema: »Friedliche Koexistenz und Sicherheitspartnerschaft. Ideologie und Frieden«. Die »friedliche Koexistenz« hatte schon Lenin erfunden, um das Verhältnis seiner Sowjetunion zur übrigen Welt zu beschreiben. Sie sollte so lange gelten, bis der Kapitalismus an sich selbst zugrunde gegangen war. Böswillige meinten, sie bedeute: »Wir können warten, warum Krieg, wenn sich die Sache auch ohne Krieg erledigt?« Sicherheitspartnerschaft hingegen war ein neuer Begriff, er kam aus dem Westen und wollte auf die weltgeschichtlich neue Gefahr des Atomkrieges antworten. Sicherheit, so vor allem Egon Bahr, sei nur noch möglich, wenn jeder Staat nicht nur auf die eigene Sicherheit achte, sondern auch auf die aller anderen, auch der Staaten, die auf der jeweils anderen Seite des Vorhangs lagen. Das war eine notwendige, aber auch revolutionäre Idee. Wie ließ sie sich verwirklichen, wenn zwei Ideologien sich gegenüberstanden, zwischen denen es keinen Kompromiss gab und die ihren Sieg mit dem Ende der jeweils anderen gleichsetzten?

Der zweite Grund, warum die vierte Tagung die wichtigste wurde, war der Zeitpunkt: die Professoren der Ostberliner Akademie kamen im Schwarzwald an mit druckfrischen Auszügen aus Michail Gorbatschows Rede auf dem XXVII. Parteitag der KPdSU, der am 25. Februar, also zwei Tage vor unserem Treffen, begonnen hatte. Als wir sie lasen, verstanden wir, was die Kollegen aus der DDR mehr als sonst umtrieb.

Der dritte Grund war, dass nun zum ersten Mal einige Journalisten dem Gespräch beiwohnten und ziemlich angetan, ja fasziniert waren von dem, was da geschah. Das konnten dann etwa die Leser der *Zeit* spüren, wenn sie den Bericht von Carl Christian Kaiser auf sich wirken ließen.

Was die Grundwertekommission zum Thema sagen würde, war ziemlich klar: Wer die andere Seite grundsätzlich für aggressiv und nicht friedensfähig hielt, konnte mit gemeinsamer Sicherheit nichts anfangen. Würden die Kollegen von drüben der Idee etwas abgewinnen können? Oder war für sie der Westen einfach der »Imperialismus« und also zum Frieden untauglich?

Harald Neubert, nach Otto Reinhold die Nr. 2 der anderen Seite, der bis dahin eher durch Linientreue aufgefallen war, legte auf 23 Seiten 24 Thesen vor, die, nach DDR-Art formuliert, beides enthielten: vorsichtig ertastetes Neues neben

Wohlbekanntem. Aber immerhin: Das Neue kam von Neubert. Anders bei Rolf Reißig: Da waren Töne, die wir von der SED noch nie vernommen hatten. Da purzelten die kommunistischen Dogmen hörbar von ihren Sockeln herunter. Schließlich sagte ich, laut denkend, als Leiter der Diskussion: »Könnten wir über all dies nicht auch etwas aufschreiben?« Das hatte ich mit niemandem abgesprochen. Es war mir just im Moment eingefallen. Vielleicht wollte ich wissen, wie ernst es unsere Kollegen meinten. Würden sie schwarz auf weiß niederlegen, was sie heute gesagt hatten? Ich erwartete von Reinhold zwar kein brüskes Nein, aber ein vorsichtiges »Darüber wollen wir gerne nachdenken«. Ich irrte mich. Otto Reinholds Antwort lautete einfach: »Warum nicht?« Damit übernahm er eine Verantwortung, die ihn einiges kosten konnte – und auch gekostet hat. Aber er war eben nicht nur ein treuer Funktionär, er hatte seinen eigenen Kopf und – übertreibe ich? – auch seine eigene Würde. Natürlich ahnte Reinhold, dass dieses »Warum nicht?« ihm noch manchen Ärger und, wenn es zum gemeinsamen Papier kommen sollte, auch viel Arbeit einbringen würde. Tatsächlich wäre es ohne das taktische Geschick Reinholds nicht zu jenem Papier gekommen, das die SED noch einmal, wenigstens für ein paar Monate, zu einer diskutierenden Partei machen sollte. Otto Reinhold hätte in den eineinhalb Jahren der Ausarbeitung jederzeit das Papier scheitern lassen können. Er hat es nicht getan. Noch in Freudenstadt gab die Grundwertekommission Thomas Meyer den Auftrag, einen Formulierungsentwurf vorzulegen, und zwar zusammen mit Rolf Reißig. Dass Reinhold ihn vorschlug, zeigte, dass es ihm ernst war.

In die Arbeit der Formulierung wollte ich mich nicht einmischen, es sei denn, Thomas Meyer, dem ich voll vertraute, bäte mich darum. Das hat er nicht getan. Ich war ihm dankbar, denn ich war 1986/87 ausgelastet mit dem Berliner Programm. Als ich den Entwurf schließlich auf den Tisch bekam, fand ich ihn ausgezeichnet. Trotzdem strich ich ihn zusammen: Alles, was da über Militärisches stand, über Abrüstung und atomwaffenfreie Zonen, hatte in diesem Papier nichts zu suchen. Dafür gab es andere Kommissionen. Wir, und zwar beide Seiten, waren dafür nicht zuständig, auch nicht kompetent. Ähnlich sah es Reinhold, mit dem ich die Schlussfassung abstimmte.

Ehe das Papier am 27. August 1987 vorgestellt werden konnte, in Bonn von Rolf Reißig und mir, in Ostberlin von Otto Reinhold und Thomas Meyer, mussten das SPD-Präsidium und das Politbüro zustimmen. Was die SPD anging, so musste das Präsidium sich nicht mit jedem Satz einverstanden erklären. Es musste nur grünes Licht für die Veröffentlichung geben. Im Politbüro war von einer solchen Differenzierung nicht die Rede. Dennoch war man dafür, wahrscheinlich weil Erich Honecker schon zehn Tage zuvor aus dem Urlaub signalisiert hatte, dass er ganz entschieden dafür war. Was ihn dazu bewogen hat, werden wir nie wissen.

Vielleicht haben sich die Gegner des Papiers in der Bundesrepublik zuerst zurückgehalten, weil der Besuch Erich Honeckers in Bonn unmittelbar bevorstand. Konnte man den Staatsratsvorsitzenden der DDR mit Flagge und Hymne willkommen heißen und dann ein gemeinsames Papier zwischen SPD und SED als Verrat am Abendland verurteilen? Immerhin hat die *Frankfurter Allgemeine* – neben dem *Vorwärts* und der *Frankfurter Rundschau* – das Papier Wort für Wort veröffentlicht.

Eine wirklich seriöse, sachgemäße Diskussion des Papiers hat es fast nur in der DDR gegeben. Das mag überraschen. Jedenfalls haben in der DDR die Gegner des Papiers den Text ebenso aufmerksam gelesen wie die Befürworter. Ihr Urteil, wie immer es ausfiel, resultierte aus einer sorgfältigen Lektüre des Textes. Das konnte der Westen Deutschlands nicht von sich behaupten. Die meisten – und vor allem die unerbittlichsten – Gegner fanden, ein Papier zusammen mit den Kommunisten mache man nicht, schon dies sei ein Skandal. Wozu sollte man dann auch noch lesen, was es doch gar nicht geben dürfte? Sogar was Helmut Kohl, damals Kanzler, über dieses Papier geäußert hat, beweist, dass er es nicht gelesen hat.

Für Kohl – und manchen anderen Kritiker – hatte die SPD in dem Papier den Anspruch auf die deutsche Einheit aufgegeben – und natürlich »verraten«. Dabei kommen Bundesrepublik und DDR, also die beiden deutschen Staaten, im Papier gar nicht vor. Nur was den Ursprung, die Arbeitsweise angeht, ist es ein deutsch-deutsches Papier, weil eben Deutsche in deutscher Sprache es verfasst haben. Thema des Papiers aber ist, wie die Ideologien in Ost und West, also in den großen Blöcken, so weit friedensfähig werden können, dass sie ein System gemeinsamer Sicherheit erlauben.

So seltsam dies klingen mag, es gab nur eine Stadt in Europa, wo man dies sofort begriff: Moskau. Genauer: Das Zentralkomitee der KPdSU verstand auf der Stelle, was es da las. Und dieses sofortige Begreifen war verbunden mit harscher Kritik. Nicht am Text, sondern an den Autoren, denen in der DDR und denen in der Bundesrepublik. Was in Moskau für deftigen Ärger sorgte, war der eigene Anspruch, in Fragen, welche die Blöcke betrafen, selbst zu sprechen und zu entscheiden. Anders gesagt: Wir deutschen Sozialdemokraten hatten uns den falschen Partner ausgewählt. Wenn wir schon ein so ehrgeiziges Projekt schultern wollten, wäre die KPdSU unser Ansprechpartner gewesen. Juli Kwizinski, den ich ja noch gut kannte und der inzwischen Botschafter in Bonn geworden war, fasste seine Kritik in den Worten zusammen: »Soll schon wieder am deutschen Wesen die Welt genesen?« Im Kern lautete die sowjetische Kritik in etwa, nein, gegen den Text habe man wenig einzuwenden, schließlich sage Michail Gorbatschow manchmal Ähnliches. Aber wer über die Ideologien in Ost und West reden wolle, müsse wissen, an welche Adresse er sich zu wenden habe. Wenn ich diese Kritik ins Schwäbische übersetzte, waren wir zum Schmiedle, nicht zum Schmied gegangen. Ganz fair war diese Kritik natürlich nicht. Was wir mit der SED versucht hatten, wäre über Dolmetscher bestimmt misslungen. Und was hätten die Vertreter der Weltmacht Sowjetunion uns gesagt, wenn da die Grundwertekommission der SPD in Moskau erschienen wäre, um die KPdSU zu einer Diskussion einzuladen?

Natürlich war das, was die SED sich in und von Moskau anhören musste, wohl noch entschieden unerfreulicher. Tatsächlich waren sich SED und KPdSU zu keinem Zeitpunkt einig über unser Papier. Erst als sich die SED-Führung längst von dem »Dokument«, wie sie zu Beginn sagte, verabschiedet hatte, fand man in Moskau, so übel sei es doch wohl nicht.

Auf die Idee, das gemeinsame Papier für die deutsch-deutsche Diskussion zu nutzen, kam natürlich nicht nur Helmut Kohl, auch nicht nur seine Zuarbeiter. Auch die SED konnte der Versuchung nicht widerstehen, die Reformfähigkeit, die Friedensfähigkeit, vor allem aber die Existenzberechtigung, die beide Seiten einander zubilligen müssten, auf ihren deutschen Teilstaat zu beziehen. In der einzigen Sendung des

DDR-Fernsehens, bei der jemals westdeutsche Politiker live zu Wort kamen, wurde ich am 1. September 1987 gefragt, ob denn damit nicht auch das Thema Deutschland endgültig entschieden sei. Meine Antwort war: »Die Geschichte ist immer nach vorn offen. Das gilt auch für die deutsche Geschichte.« Wie offen sie war, wurde mir erst zwei Jahre danach klar.

Ungleich wichtiger als das, was in Bonn, Berlin und Moskau lobend, schimpfend oder nachdenklich geschah, war die Aufnahme des gemeinsamen Papiers in der DDR. Nachdem es am 28. August 1987 im *Neuen Deutschland* publiziert worden war, wurde es überall kopiert und gelesen.

Ohne jeden Vorbehalt begrüßt wurde es von den evangelischen Kirchen in der DDR. Dort fanden manche ihre eigenen Formulierungen in dem Text wieder. Die meisten von denen, die man heute Bürgerrechtler nennt, waren verblüfft darüber, wie viele ihrer ideologischen Dogmen die SED hier geopfert hatte. Nur wenige fanden, die SPD habe schon allein damit die SED aufgewertet, dass sie sie als gleichberechtigten Partner anerkannt habe.

In der SED geschah, was wir Sozialdemokraten erhofft hatten: Es kam zu heftigen Diskussionen. Natürlich fanden es alle gut, dass da etwas von Frieden stand, denn auch ihre SED war schon immer für den Frieden. Aber konnte der »Imperialismus« friedensfähig sein? Konnte der Wettbewerb der Systeme den Kalten Krieg ersetzen? Und vor allem: Sollten und konnten die Bürgerinnen und Bürger entscheiden, wer im Wettbewerb die Nase vorn haben sollte? Nach den Gesetzen der Geschichte mussten dies doch die Kommunisten sein!

Heute wissen wir, dass die Mitglieder des Politbüros, soweit sie anwesend waren, am 28. Juli 1987 ihre Zustimmung gegeben haben, ohne dass auch nur einer gefragt hätte, ob man denn auch eine Strategie für den Umgang mit dem Papier habe. Honecker hatte seine Zustimmung gegeben. Das reichte. Niemand im Politbüro war aufgestanden und hatte gesagt, was zu sagen war: Wir können dieses Papier nur veröffentlichen, wenn wir das, was da steht, auch tun wollen, wenn wir unseren Staat gründlich reformieren wollen, Meinungsfreiheit erlauben, Zeitungen aus der Bundesrepublik hereinlassen und letztlich auf den ewigen Machtanspruch der SED verzichten wollen. Wollen wir dies, dann stimme ich zu. Wollen wir dies nicht, dann lehne ich ab. Denn wenn wir nicht tun, was wir da versprechen, wer soll uns noch glauben? In jedem regierungsfähigen Leitungsgremium wäre die Diskussion so verlaufen. Nicht im Politbüro. Wer die einzelnen Voten auf sich wirken lässt, die Egon Krenz seinem Genossen Erich Hahn für sein Buch über unsere Gespräche zur Verfügung gestellt hat, kommt aus dem Staunen nicht heraus, wie hier die Mittelmäßigkeit des einen von der Mittelmäßigkeit des nächsten überboten wurde. Was jeder Landpfarrer in der DDR nach der ersten Lektüre verstand, nämlich dass dieses Papier nur von einer reformfreudigen, mutigen Führung verantwortet werden konnte, begriff im Politbüro niemand. Oder: Wenn jemand es doch begriff, hat er (oder sie) geschwiegen.

Das wissen wir heute. Im Herbst 1987 dauerte es einige Zeit, bis uns klarwurde, was wir zuerst nicht wahrhaben wollten: dass die Führung der SED wirklich glaubte, mit den üblichen Propagandatricks lasse sich auch dieses Dokument entschärfen und verharmlosen. Erst kam der Chefideologe Kurt Hager mit seiner Rede in Frankfurt an der Oder und seinem ausführlichen Artikel im *Neuen Deutschland*. Das war die alte, verbrauchte Methode: Was der SED im Papier gefiel, wurde gefeiert, was nicht ins Konzept passte, verschwiegen. Aber das funktionierte nicht mehr, nicht einmal innerhalb der Partei. Das nächste deutliche Zeichen war, dass die Broschüre mit dem Text, den Otto Reinhold uns versprochen hatte, nicht erschien. Im Winter 1987/88 wurde uns klar, dass die SED-Führung heftig zurückruderte, auch auf die Gefahr hin, dass ihre Glaubwürdigkeit weiter litt. Und nach dem sechsten Gespräch im April 1988 in Freudenstadt wussten wir endgültig, unter welchem Druck unsere Gesprächspartner standen. Am Gesicht und am Verhalten von Rolf Reißig konnten wir ablesen, wie die SED weiterhin mit denen umging, die sie zu Abweichlern erklärte.

Wie die meisten in der Grundwertekommission hatte ich keine Lust mehr, die Gespräche fortzusetzen. Das Präsidium der Partei zögerte, nicht zuletzt, weil die evangelischen Kirchen in der DDR fürchteten, nach einem Abbruch könnte die SED auch das gemeinsame Papier offiziell für nichtig erklären. Was ich von der SED-Führung hielt, habe ich in einem *Spiegel*-Essay vom 18. Juli 1988 mit der Überschrift: »Links blinken, rechts fahren« deutlich gemacht. Dabei bezog ich mich auf einen Witz aus Israel: Ein General inspiziert die Panzertruppe und fragte einen Fahrer: »Was tun Sie, wenn Jagdbomber von hinten anfliegen?« Antwort: »Ich blinke links und fahre rechts.« Die Führungskunst der SED verglich ich mit der Fahrkunst des israelischen Soldaten. Tatsächlich hielt ich Honeckers Mannschaft etwa ab Sommer 1988 nicht mehr für regierungsfähig.

Die Rede zum 17. Juni 1989

Im Jahr 1989 war es an der SPD, den Redner für die Feier des Bundestags anlässlich des Nationalfeiertags zu benennen. Das war damals noch der 17. Juni. Gefeiert wurde in der alten Bundesrepublik etwas, das in der DDR geschehen war: der Volksaufstand vom 16. und 17. Juni 1953. Was dieser Aufstand in Moskau ausgelöst hat und ob dies die deutsche Einheit eher verhindert als gefördert hat, ist bis heute nicht ausreichend untersucht. Aber der Mut – und die Wut – der Menschen waren eine Würdigung wert.

Jochen Vogel als Parteivorsitzender schlug zuerst den ehemaligen Bundesjustizminister Jürgen Schmude als Redner vor. Die Union lehnte ab. Er galt dort als jemand, der sich mit der Teilung abgefunden hatte. So nominierte Vogel mich. Auch gegen mich gab es Einwände. Aber nun blieb der Parteivorsitzende hart. Grollend gab die Union nach. Mit Sympathien bei der größten Regierungspartei konnte ich nicht rechnen.

Bis 1989 waren die Reden zum 17. Juni immer von Politikern gehalten worden, die nicht mehr aktiv waren, früher einmal etwas gegolten hatten. Sie waren meist sehr feierlich, sehr staatstragend und daher oft weit weg von der politischen Realität. Sie erinnerten daran, dass wir uns mit der Teilung nicht abgefunden hatten. Und das war auch gut so. Sollte ich mich einreihen, auch die Einheit beschwören? Oder sollte ich die Wirklichkeit so darstellen, wie ich sie sah? Mal wieder unternahm ich einen langen Spaziergang im Schwarzwald. Und entschied mich für die zweite, neue Variante.

Dass ich die Senioren im Politbüro seit etwa einem Jahr nicht mehr für regierungsfähig hielt, habe ich ja schon betont.

Aber wie war der Stand der Dinge im Volk, in der Gesellschaft der DDR? Da kamen mir meine Erfahrungen zugute, die ich im Kontakt mit den Kirchen, vor allem auf den verschiedenen Regionalkirchentagen, gesammelt hatte.

Schon während der Kirchentage war mir aufgefallen, dass ganz gewöhnliche DDR-Bürger die Stasi nicht mehr fürchteten, sondern ihre Witze über die Männer machten, die, wenn vor meinem Vortrag etwa ein Choral gesungen wurde, nicht so recht wussten, wie sie sich verhalten sollten. Sie kannten weder Text noch Melodie. Sollten sie so tun, als sängen sie mit? Sollten sie stolz zeigen, dass sie damit nichts zu tun hatten? Wenn drei Stasileute, natürlich in lebhafter Unterhaltung, beobachteten, wer zu einem Empfang des Landesbischofs kam, dann wurde ich von grinsenden jungen Leuten darauf hingewiesen: »Sehen Sie da drüben, die Leute mit den Aktentaschen, das ist die Stasi.« Was sollte aus einem Staat werden, der doch zum guten Teil auf Furcht aufgebaut war, sobald die Furcht nachließ und einer ironischen Distanzierung Platz machte?

Auch meine Kontakte zu den Kirchenleitungen zeugten vom Wechsel der Stimmung. Die Bischöfe, aber auch ein Kirchenverwaltungsmann wie Manfred Stolpe redeten jetzt von dem, was sie lange Zeit immer respektvoll den »Staat« genannt hatten, eher wie besorgte Eltern, jedenfalls mit einem Anflug von Mitleid. Sicher, »die da oben« waren etwas verwirrt, wie konnte man ihnen beibringen, was sie in ihrem eigenen Interesse tun könnten? Die Kirchenleitungen wollten nicht das Ende der DDR, wohl aber das Ende der Gängelung, der Schikanen, der Unfreiheit. Sie wären auf dem Weg der Reform verlässliche Partner gewesen. Aber »die da oben« wussten alles besser.

Nicht nur waren die Senioren des Politbüros nicht mehr regierungsfähig, die Regierten hatten es satt, die Untertanen mediokrer Funktionäre zu sein. Sie spürten die Unsicherheit der Männer, die begannen, um ihre Macht zu bangen. Aus all dem fügte ich ein Bild der DDR zusammen, das die Abgeordneten des Bundestags offenkundig verblüffte. Da kam ein Sozialdemokrat, der im Bonner Hofgarten für die Friedensbewegung geworben und umstrittene Gespräche mit kommunistischen Intellektuellen gewagt hatte, einer, der ganz sicher nicht als Kalter Krieger bekannt war, und schrieb die Herrschenden in der DDR als seriöse Gesprächspartner einfach ab, gab zu verstehen, dass sie ihre Chance vertan hatten und die Tage ihrer Herrschaft gezählt waren und dass er selbst nicht mehr mit ihnen reden wollte.

Unmittelbar vor mir, auf einem viel zu kleinen Stuhl, saß im engen Bonner Wasserwerk Helmut Kohl, erst mürrisch abweisend, nach fünf Minuten aufmerksam, dann unsicher, ob er sich dem Beifall anschließen sollte, und schließlich offenkundig aufgekratzt. Es hatte etwas gehört, das er nicht erwartet hatte. Er gratulierte als Erster. Immerhin hatte er noch gestern Reformen in der DDR gefordert, also die Leute im Politbüro noch sehr ernst genommen. Und nun dies!

Die Kritik kam diesmal von links. Harry Ristock, eines der prägenden Mitglieder des linken Parteiflügels, den ich sehr schätzte, war verblüfft und verärgert. Egon Bahr meinte, so könne nur jemand reden, der mit denen da drüben nicht mehr reden wolle. Damit hatte er recht: So war es. Ich fand, es sei Zeit, nicht mehr mit denen zu reden, die sich selbst als ernstzunehmende Politiker disqualifiziert hatten, dafür aber mit denen, die dabei waren, sie abzulösen. Egon Bahr, den ich für einen der großen Diplomaten des 20. Jahrhunderts halte, dachte in Staaten. Dass hier ein Staat dabei war, sich aufzulösen, war in seinem Weltbild nicht vorgesehen.

Natürlich war man in Ostberlin konsterniert. Und so rankten sich dort bald allerhand Spekulationen um meinen Namen. Hatte dieser scheinbar so wohlwollende Entspannungspolitiker immer schon böse Absichten gehabt? Waren die ganzen Gespräche, die es ohne ihn nicht gegeben hätte, nur eine Falle, um die DDR zu destabilisieren?

Meine damalige Antwort ist bis heute dieselbe geblieben: Nicht die Gespräche haben die DDR destabilisiert, auch nicht das gemeinsame Papier, das sogar einen Ausweg hätte aufweisen können. Destabilisiert hat die DDR eine unfähige Führung, die mit der Wirklichkeit nicht zurechtkam, die sorglos Hoffnungen geweckt und sofort wieder enttäuscht hat. Ich habe schließlich eine Führungsmannschaft abgeschrieben, die nicht einmal das notwendigste Handwerkszeug politischer Führung zu handhaben verstand. Mein Part in diesem Spiel war nur, dass ich beim Namen nannte, was viele spürten. Dass ich aus dem Versagen der kommunistischen Führung die Konsequenzen zog, wohl als einer der Ersten. Ja, ich habe die SED-Führung tatsächlich abgeschrieben. Aber ich habe es nicht gerne getan.

Man kann darüber streiten, was die wichtigen, was die weniger wichtigen Gründe für das Ende der kommunistischen Herrschaft in der DDR waren. Es mag der begrenzte Blick des Beteiligten sein, wenn ich meine, die tölpelhafte Art, wie die SED-Führung in dem gemeinsamen Papier Hoffnungen geweckt und enttäuscht hat, gehöre zu den wichtigen. Vor allem meine ich, das Wunder der friedlichen Vereinigung ohne einen Schuss aus einer der Millionen Maschinenpistolen, die in der DDR bereitlagen, habe damit zu tun, dass am Schluss das Politbüro sich auch auf die Mitglieder der Partei nicht mehr verlassen konnte. Viele hätten sich auf die andere Seite geschlagen, wäre auf die offenkundig friedfertigen Leipziger Kerzenträger geschossen worden.

Schließlich hatten die vielen deutsch-deutschen Gespräche und Verhandlungen gezeigt, dass auch der Klassenfeind ein menschliches Gesicht hat und dass der Sieg dieses Klassenfeindes für die Verantwortlichen in der DDR wohl eher die Pensionierung als den Galgen bedeutete.

Ja, ich hatte Träume

Zu den Etiketten, die mir in den siebziger Jahren an die Baskenmütze geklebt wurden, gehörte auch das des Traumtänzers. Ich habe mich nie gegen solche Prädikate gewehrt, nicht versucht, ihnen zu widersprechen oder gar sie zu widerlegen. Ich wusste, dass dies für die Meute der Jäger nur ein Beweis dafür sein konnte, dass das gehetzte Wild blutete. Und das wäre wohl ein Anreiz gewesen, die Jagd bis zum bitteren Ende fortzusetzen.

Auch wenn ich über solche und ähnliche Schmähkritik nie geredet habe, nachgedacht habe ich doch. Und fast immer irgendeinen Bezug zur Wirklichkeit gefunden. Auch in diesem Fall.

Ja, ich hatte Träume, gerade in den frühen siebziger Jahren. Es waren zwei, von denen der eine ein Angsttraum, ein Alptraum war, der andere ein Traum der Hoffnung, derjenigen nämlich, dem Angsttraum zu entkommen.

Als ich lernte, die Welt mit den Augen des Ökologen zu sehen, war ich für die deutsche Entwicklungshilfe verantwortlich. Wohin sollte das führen, was man Entwicklung nannte? Dazu, dass Chinesen oder Inder so leben konnten, wie wir bereits lebten? Dabei kam ich, wie andere auch, zu der Einsicht, die ich 1971 in dem Büchlein *Wenig Zeit für die Dritte Welt* so formulierte:

Niemand kann sich ein Indien vorstellen, wo die 1000 Millionen Menschen, die um die nächste Jahrhundertwende dort leben dürften, mit 250 Millionen Personenautos durch die Gegend fahren. Das wäre westeuropäischer Standard. Im Augenblick gibt es in Indien eine halbe Million Autos, und diese reichen aus, die Luft in indischen Großstädten unerträglich zu machen. Natürlich wird Indien sich industrialisieren, aber eine Industriegesellschaft nach dem Modell der unseren von 1970 kann wohl nicht sein Ziel sein.

Von China wagte ich damals gar nicht zu reden. Unter Mao Tse Tung wollte es ja den Weg westlicher Industrieländer gar nicht gehen. Inzwischen tut es dies, und zwar mit verblüffendem Erfolg. Die deutsche Automobilindustrie ist stolz darauf, wie viele der reich gewordenen Chinesen mit einem BMW oder einem Mercedes zeigen, wer sie sind. Wenn die Wachstumsrate in China nur noch sieben und nicht mehr elf Prozent beträgt, fallen in Deutschland die Aktienkurse.

Waren unsere Ängste also unbegründet, töricht, dumm? So jedenfalls verhalten wir uns. Wenn dann allerdings der weltweite Kohlendioxyd-Ausstoß, den wir im Blick auf den Klimawandel eigentlich halbieren müssten, jedes Jahr wächst, obwohl er in Europa sinkt, wird deutlich, dass der böse Traum von 1971 so unbegründet nicht war.

Damit wären wir bei meinem zweiten Traum, der mich damals angetrieben und, wenn ich müde war, aufgerichtet hat: Ich hielt es für möglich, dass die Industrieländer, zumindest diejenigen in Europa, bis zum Jahr 2000 – also in drei Jahrzehnten gut nutzbarer Zeit – eine Form des Zusammenlebens, des Produzierens und Konsumierens fänden, die sich als lebbar erwies. Eine Form, die, wie die Engländer sagen, »sustainable«, eben durchhaltbar wäre. Und dieses Modell einer »nachhaltigen« Industriegesellschaft sollte es dann zumindest den »großen Tigern« erleichtern, einiges von dem zu unterlassen, das wir uns auf Kosten des Raumschiffs Erde geleistet hatten. Und wir, die Europäer, hätten ihnen sagen können: Seht her, was wir gemacht haben und wie wir vorgegangen sind. Ihr könnt euch unseren Umweg ersparen!

Im Rückblick erscheint diese Hoffnung, dieser Traum, unrealistisch. Aber ich sah die Veränderung im Bewusstsein der Menschen, die in den frühen Siebzigern vor sich ging, und hoffte, es könne noch dreißig Jahre so weitergehen. Die ersten Zweifel kamen mir 1973 durch die erste Ölpreiskrise und vor allem durch die Reaktionen, die sie auslöste: Als der Saft plötzlich etwas kostete, von dem die Industrieländer lebten, ging es nur noch um Ökonomie, um das trotzige »Weiter so!«. Was in dreißig Jahren sein möge, war eine Sorge von Traumtänzern. Und die mussten sich daran gewöhnen, dass die Menschen auf ihren Alptraum zusteuerten. Noch bei meiner Arbeit am Berliner Programm der SPD webte ich weiterhin am Stoff meines positiven Traums. Gegen Ende des Jahrhunderts wusste ich, dass mein Hoffnungstraum ausgeträumt war.

Die marktradikale Wende

In den letzten Jahren der Regierung Helmut Kohl war es für mich vor allem die Globalisierung der Märkte, die uns daran hinderte, das Notwendige zu tun. Dann wurde mir klar, dass nicht so sehr die Globalisierung unser Tun – und noch mehr unser Lassen – bestimmte, sondern eine Ideologie, die sich, verbunden mit der Globalisierung, inzwischen weltweit durchgesetzt hatte. Sie passte zur Globalisierung, sie förderte die Globalisierung, aber sie war doch etwas ganz Eigenes. Sie sollte auch da gelten, wo Globalisierung gar nicht möglich war. Wie man sie nennen soll, ist umstritten. Der meistgenannte Name war und ist »Neoliberalismus«. Aber so wurde auch eine Strömung genannt, die deutlich früher aufkam und weniger wirksam war. Daher ziehe ich die Bezeichnung »Marktradikalismus« vor.

Fachleute finden die Anfänge dieser Theorie, die sich zu dem auswuchs, was man in der ersten Hälfte des 20. Jahrhunderts eine Weltanschauung nannte, schon in den siebziger Jahren. Damals wurde allerdings in den Zeitungen die berühmte, vom Club of Rome in Auftrag gegebene Studie des Ehepaars Donella und Dennis Meadows, *Grenzen des Wachstums*, die 1972 erschienen, diskutiert, jedoch mehr im Feuilleton als im politischen Teil. Die Kernbotschaft war: Wir können noch vieles, aber nicht mehr so weitermachen wie bisher. Die Marktradikalen, zu Beginn der siebziger Jahre noch kaum hörbar, setzten dagegen ihre ganz und gar einfache, aber gerade deshalb elektrisierende Botschaft: Die Meadows sind unseriöse Unheilsboten. Ohne Wachstum läuft gar nichts! Für Wirtschaftswachstum allerdings sorgen nicht die Regierungen, sondern die Märkte. Und sie schaffen umso mehr davon, je weniger sie von der Politik gegängelt werden, je freier sie sind. Also: Entfesselt endlich die Märkte, und ihr werdet Wachstum in Fülle haben, heute, morgen und übermorgen.

Als Instrumente dieser Entfesselung waren vor allem drei Methoden vorgesehen: Liberalisierung, Deregulierung und Privatisierung. Wo auch immer Wettbewerb denkbar war, sollte er möglich werden. Was die Staaten, ihre Parlamente und Regierungen anging, so konnten sie zwar behilflich sein bei der Durchsetzung aller drei Aufgaben, insbesondere der Privatisierung, ansonsten konnten sie nur stören, wenn sie meinten, sie seien klüger als die Märkte.

Zwar waren es zwei konservative Regierungen, die sich in den achtziger Jahren zuerst zum Marktradikalismus bekannten, die von Margaret Thatcher in London und die von Ronald Reagan in Washington. Aber die Botschaft ging an alle, schließlich war es politischer Konsens, was 2003 Angela Merkel so ausdrückte: »Ohne Wachstum ist alles nichts.« Auch Sozialdemokraten waren ansprechbar. Sie wollten ja eigentlich den Graben zwischen Reich und Arm langsam zuschütten. Sie wussten: Wenn man die Leute nicht mehr mit Wachstum trösten konnte – nach dem Motto: »Ihr kommt alle einmal dran« –, wurde die Verteilung des Reichtums zum Thema. Aber eben: Das war gefährliches Terrain, entfesselte die Demagogen von rechts. Da war immerwährendes Wachstum doch bequemer. Immerhin war es in der Sozialdemokratie Finanzminister Hans Eichel, der die Steuern und vor allem den Spitzensatz der Einkommensteuer deutlich senkte.

In Deutschland war die marktradikale Welle zum ersten Mal spürbar geworden, als im September 1982 Otto Graf Lambsdorff, der Wirtschaftsminister der Regierung Schmidt/

Genscher, seinen als »Wendepapier« berühmt gewordenen Brief an den Kanzler schrieb, der das Ende dieser Koalition ankündigte und in dem Lambsdorff auch drastische Kürzungen der Sozialleistungen als notwendig erachtete. Aber weltweit durchgesetzt hat sich diese Ideologie, die sich, übrigens wie der Marxismus-Leninismus, als Wissenschaft ausgab, erst nach dem Zusammenbruch der Sowjetunion, nach dem Ende kommunistischer Herrschaft in Europa. Wenn die Kommunisten daran zugrunde gegangen waren, dass sie den Markt durch politische Entscheidungen und deren bürokratische Ausführung ersetzen wollten, dann musste doch wohl das Gegenteil richtig sein: Warum nicht die Politik durch den Markt ersetzen? Offenbar war der Markt wirklich klüger als die Politik.

Da Menschen gerne das Gegenteil des Falschen für richtig halten, wurde in Deutschland das Deregulieren und Privatisieren erst in den neunziger Jahren, also nach der Wiedervereinigung und dem Kollaps der Sowjetunion, zur Mode. Vor allem die Kommunalpolitik war davon betroffen. Städte, sogar solche mit sozialdemokratischem Bürgermeister, verscherbelten ihre Stadtwerke oder ihren kommunalen Nahverkehr mit demselben Eifer, mit dem sie inzwischen versuchen, ihre Entscheidung von damals rückgängig zu machen. Landtage freuten sich, wenn sie ein paar veraltete, ohnehin nicht mehr angewandte Gesetze für ungültig erklären konnten.

Widerspruch gegen diese Mode wurde bald gefährlich, im besten Falle war er wirkungslos. Das erfuhr ich, als ich einmal zu sagen – genauer zu schreiben – wagte, natürlich müsse man immer wieder Regulierungen, auch Gesetze abschaffen, die einmal einen Sinn hatten, inzwischen aber nur noch hinderlich seien. Aber Deregulierung als Prinzip ziele auf die Abschaffung des Staates, der nun einmal die Aufgabe habe, für das Zusammenleben von Menschen Regeln zu finden und zu setzen. Man denke nur an den Straßenverkehr. Plötzlich war ich für besonders dem Mainstream dienstbare Journalisten ein hoffnungslos verstockter Staatsideologe.

Was mich am meisten umtrieb, war die Rolle der Politik in dieser marktradikalen Ideologie, die für manche schon zum selbstverständlichen geistigen Rüstzeug geworden war. Wenn der Markt immer klüger war als die Politik, dann war wohl die Regierung die beste, die am wenigsten tat und den Markt weder störte noch behinderte. Umso mehr freute ich mich, dass in der rot-grünen Regierung die Energiewende gelang, dass damals ein einzelner Abgeordneter, Hermann Scheer, das geniale Gesetz zu den erneuerbaren Energien anregen und durchsetzen konnte, das dem Energiemarkt einen neuen Rahmen gab und von vielen Staaten übernommen wurde. Es war so wirksam, dass nach Scheers frühem Tod sogar Gutwillige fürchteten, es gehe alles zu schnell und der Strompreis steige zu rasch. Natürlich wäre dieses Bremsmanöver nicht nötig geworden, hätte man die erneuerbaren Energien dem Markt überlassen. Aber dann hätten sie sich gegen die konventionellen Energien, gegen Kohle, Öl, Gas oder Atomenergie, im ganzen 21. Jahrhundert nicht durchgesetzt.

Für die Marktgläubigen wäre dies kein Unglück gewesen. Und die Älteren unter ihnen hätten dies auch nicht büßen müssen. Das hätten sie ihren Enkeln überlassen. Für Marktradikale ist, ganz nach der bereits erwähnten und bis heute verbreiteten Lehre der Tea Party in den USA, Ökologie nur ein linker Trick, die Märkte zu gängeln.

Für mich blieb die verwunderte Frage, wie es möglich war, dass die Notwendigkeit von Politik ausgerechnet in einem

Augenblick bestritten wurde, als ganz neue und unausweichliche Aufgaben auf sie zukamen. Nie war Politik mehr und dringender gefragt als im 21. Jahrhundert. Natürlich fordern alle Epochen ihre Entscheidungen und Weichenstellungen. Aber seit den frühen siebziger Jahren war etwas Entscheidendes klargeworden, das uns an einen Wendepunkt gebracht hatte und eine Chance barg. Erstmalig wussten wir: Wir können so nicht weiter wirtschaften, und dies aus mehr als einem Grund. Das unveränderte »Weiter so« war für uns versperrt, weil die Ressourcen zu Ende gingen, weil die Vergiftung der Böden sich rächte, weil die Erde sich erwärmte, der Meeresspiegel stieg. Und die Frage, ob und wie es trotzdem weitergehen sollte, war nicht an den Markt, sondern an die Politik gestellt. Politik musste diese Aufgabe begreifen, sie definieren und vieles in die Wege leiten, das Ärger und Widerstand wecken musste. Sie würde wie seit jeher mit verschiedenen Interessen konfrontiert werden, diese auf demokratische Art überwinden und dann, nicht ohne neue Gesetze, den Weg freimachen für eine Politik, die sich vor Enkeln und Urenkeln verantworten ließ.

Und genau in diesem historischen Moment kamen die Marktradikalen und übten mit uns den – anstandswidrig pervertierten – Choral ein: »Wer nur den lieben Markt lässt walten und hoffet auf ihn allezeit ...« Sie sorgten dafür, dass Politik nie sorgloser missachtet und zynischer verachtet wurde als im 21. Jahrhundert. Ihre offenkundigen Versäumnisse wurden kaum beachtet, das Notwendige bekam den Ruch des Lächerlichen. Da Politik nicht wenig genug tun konnte, gab es auch keine Versäumnisse, es sei denn bei Privatisierung und Deregulierung. In Deutschland wurde der Marktradikalismus getragen von der FDP, den Wirtschafts-

verbänden, den meisten Universitäten und der Wirtschafts-
presse. Aber auch auf CDU/CSU und – weniger stark – die
SPD hat er eingewirkt.

Ob Politik gut oder schlecht ist, wird an den Wachstums-
prozenten – meist sind es nur Promille – abgelesen, und niemand wehrt sich dagegen. Wenn nun, womit sogar konservative Denkfabriken rechnen, das Wachstum in den »alten«
Industrieländern ausläuft, hat dann die Politik versagt? Ist
dann endgültig bewiesen, dass Politik nichts vermag? Oder
muss sich Politik auf eine neue Tatsache einstellen und sich
selbst verändern?

Was bedeutet in diesem Kontext Sozialpolitik? Für ortho-
doxe Marktradikale ist sie ein permanentes Vergehen am
Markt, gefordert und gefördert von sentimentalen »Gutmenschen« – ein Ausdruck, der erst in der marktradikalen Epoche aufkam und zum politischen Kampfbegriff wurde. Da
diese »Gutmenschen« zudem nicht einmal in der Lage seien,
sich darin einig zu werden, was soziale Gerechtigkeit bedeute,
sei mit diesem Begriff auch nichts anzufangen. Nur die
Marktradikalen haben einen klar definierbaren Begriff von
Gerechtigkeit: Gerecht ist, was der Markt ergibt. Wenn der
Markt für einen ungelernten Arbeiter eben nur vier Euro die
Stunde bietet, für einen führenden Banker aber das Fünfhun-
dertfache, dann hat der Markt seine guten Gründe, und damit ist es auch gerecht. Das war für mich verständlich, aber
gegen zweitausend Jahre europäische Geschichte. Sogar der
Versuch, über Steuern einen gewissen Ausgleich zu erreichen,
findet keine Gnade. Im Gegenteil: Die progressive Einkommensteuer haben die »Chicago Boys«, die Heilsboten aus
den USA, im einst kommunistischen Osteuropa abgeschafft
und durch die Flat-Tax ersetzt, die den Hilfsarbeiter mit dem-

selben Satz besteuert, wie den Milliardär. In Deutschland haben sie es zum Glück erfolglos versucht.

Dass man ganz ohne Staat auskomme, ohne Polizei, ohne Justiz, ohne Verwaltung, behaupten auch die Marktradikalen nicht. Aber wo auch immer Staatsaufgaben sich privatisieren lassen, muss dies geschehen. In den USA gehören dazu auch Staatspflichten, die mit dem Gewaltmonopol eines jeden Staates zu tun haben: Gefängnisse und Sicherheitsdienste nicht nur da, wo die Polizei zu schwach ist, sondern auch zur Unterstützung der Armee. In den Vereinigten Staaten, wo das Waffentragen jedem Bürger zusteht, hat es dieses Gewaltmonopol praktisch nie gegeben. In Europa sehr wohl.

Europäer, auch Deutsche, von Guido Westerwelle über Friedrich Merz bis Wolfgang Clement, fanden interessant, was in Amerika geschah, sogar nachahmenswert, aber zugleich gab es in Europa eine aktive Minderheit, die noch wusste, was ein Staat ist und wozu es ihn gibt. Daher ist der Versuch, Gefängnisse zu privatisieren, gescheitert. Immerhin hat ein Land wie Baden-Württemberg seine Bewährungshilfe und seine Gerichtshilfe an eine österreichische Firma verkauft. Die grün-rote Regierung in Stuttgart korrigiert dies nun. Auch in Deutschland hat die Zahl der Polizisten abgenommen, während die privaten Sicherheitsdienste zur Boombranche wurden. Nicht einmal allen Sozialdemokraten war verständlich zu machen, dass es keinen ungerechteren Staat gibt als den, der die innere Sicherheit zu einer käuflichen Ware verkommen lässt, die einige sich leisten können, die Mehrheit nicht.

Ich hielt den Marktradikalismus schon deshalb für eine Katastrophe, weil er alles erdrückte, was in den frühen siebziger Jahren an neuem Denken aufgekommen war. Und ich unterstützte die Regierung Schröder/Fischer auch in der Hoffnung, sie könne so etwas wie eine Alternative zum marktradikalen Credo bieten. So habe ich 1998, kurz vor dem Regierungswechsel, versucht, gegen die marktradikale Welle anzuschreiben. Wenn ich das Buch heute wieder lese, meine ich, es sei vielleicht mein bestes gewesen. Aber es war auch das erfolgloseste. 1998 war das Jahr, in dem die Deutschen Helmut Kohl abwählten. Sie fanden, es gehe ihm nur noch um Macht der Macht willen, mehr falle ihm nicht ein. Vielleicht war ihnen auch der triumphierende Marktradikalismus unheimlich geworden, den Kohl zwar nicht erfunden, aber doch zugelassen hatte. Jedenfalls hatte es die erste rot-grüne Bundesregierung unter Gerhard Schröder mit einer ziemlich einhellig marktradikalen Öffentlichkeit zu tun. Von hundert Professoren der Volkswirtschaft predigten 95 die Lehren von Friedrich August von Hayek oder Milton Friedman, den, wenn man so will, akademischen Vätern des Neoliberalismus. Die Wirtschaftsteile fast aller Zeitungen waren in den Händen ihrer Schüler. Was eine Reform ist, wurde in aller Stille neu definiert. Dienten zu Brandts Zeiten Reformen häufig dem Ausbau des Sozialstaats, so war jetzt auch dessen Abbau eine Reform. Dass in einer Epoche, in der die massenhafte Herstellung von Gebrauchsgütern weniger schwierig ist als ihr Absatz, der Sozialstaat auch eine ökonomische Funktion hat, stimmte plötzlich nicht mehr. Nun stellte der Sozialstaat ein Wachstumshemmnis dar. Steuersenkungen waren immer gut, insbesondere, wenn sie zu robusten Streichungen im Haushalt führen mussten. Der Staat konnte nicht schlank genug sein, und wenn er schwindsüchtig wurde, gab es immer private Unternehmen, die alles besser machten.

Ich wusste von Gerhard Schröder, wie eine Regierung sich

fühlte, wenn sie jeden Morgen in der Zeitung lesen musste, die Bundesrepublik sei das Schlusslicht Europas geworden, am wenigsten Wachstum, viel zu viele Arbeitslose. Und warum? Weil sie sich um »Reformen« drückten, die eigentlich schon unter Kohl fällig gewesen wären. Die Umfragen zeigten, dass die Bürgerinnen und Bürger es ähnlich sahen.

Eine Mitte-Links-Regierung musste in einem solchen Umfeld in unsichere Gewässer geraten, sogar wenn sie sich intern einig war. Wenn aber der Kanzler eher zur Vorsicht riet und auch Steuersenkungen nicht ausschloss, während der Finanzminister sich stark genug fühlte, sogar international eine Wende durchzuboxen, stand das Haus in Flammen. Und wenn dann noch der Finanzminister ein Narziss und also nicht teamfähig war, musste das kommen, was mit dem Rücktritt Oskar Lafontaines 1999 geschah.

Ich verstand sehr wohl, was den Saarländer umtrieb, aber ich fand es noch wichtiger, dass Rot-Grün nicht eine Episode, eine unbedeutende Störung würde. Ich fand, dass diese Regierung das Beste war, das Deutschland anzubieten hatte. Ich wollte, dass die Regierung Schröder/Fischer mindestens zwei Legislaturperioden durchhielt. Darum habe ich ihr sogar da geholfen, wo ich meine Zweifel hatte.

Sie wird durch drei Leistungen in die Geschichte eingehen: erstens durch die Energiewende, die es immerhin wagte, die Märkte wieder in eine dienende Funktion zu bringen und das Primat der Politik zu demonstrieren. Zweitens durch das harte Nein zum Irakkrieg. Je mehr Zeit verstreicht seit der unseligen Intervention des jüngeren Bush, desto deutlicher wird, dass dies einer der dümmsten, verrücktesten Kriege der neueren Geschichte war. Der Plan des amerikanischen Präsidenten, im Irak erst mit Bomben und Raketen eine Tabula

Rasa zu schaffen und darauf dann eine weltweit ausstrahlende Musterdemokratie zu errichten, zeigt, dass dieser Präsident eine geradezu kindliche Vorstellung von Geschichte hatte und daher, wenn die Klügeren in der Administration ihn gewähren ließen, das Chaos anrichten musste, das heute da herrscht, wo einmal ein irakischer Staat war, kein erfreulicher, aber immerhin ein Staat. Dass Schröder – zusammen mit Jacques Chirac – den Mut hatte, hart und ohne Umschweife nein zu sagen, bleibt sein Verdienst. Angela Merkel hätte so etwas nie gewagt.

Es stimmt übrigens auch nicht, dass Gerhard Schröder sich erst im Wahlkampf 2002 zum – damals in Deutschland populären – Nein entschlossen hätte. Mein 75. Geburtstag fand im Dezember 2001 statt. Bei einem Essen in Berlin, das Schröder aus diesem Anlass gab, sagte er mir: »Wenn die Amis den Irak angreifen, sind wir nicht dabei.« Da mein Geburtstag nun einmal in den Dezember fällt, kann ich dies sicher datieren: acht Monate vor Schröders öffentlicher Festlegung.

Was die dritte Leistung angeht, die Agenda 2010, so muss ich zuerst eingestehen, dass ich nie ein sozialpolitischer Experte war. In den SPD-Fraktionen des Bundestages und der Landtage gab es immer Kollegen und vor allem Kolleginnen, die über Renten oder Sozialhilfe so gründlich Bescheid wussten, dass ich, hätte ich mich damit befasst, im Vergleich zu ihnen immer ein Anfänger geblieben wäre. Also überließ ich ihnen in solchen Dingen auch die Entscheidungen. Daher wurde mir die eine oder andere Härte in dem Gesetzespaket der Schröder-Regierung erst später klar. Einiges darin wäre wohl auch vermeidbar gewesen, hätte der Kanzler nicht das Arbeitsministerium demselben Wolfgang Clement übertragen, den er gleichzeitig zum Wirtschaftsminister ernannte.

Schon Konrad Adenauer hatte für das Arbeitsministerium Hans Katzer, einen Gewerkschafter berufen, Willy Brandt hatte Walter Arendt in seine Regierung geholt, Helmut Kohl Norbert Blüm. Unter diesen Ministern gewöhnten sich die Beamten dieses Hauses an ihre Kontrollfunktion: Sie fanden heraus, was die verschiedensten Gesetze für Arbeitnehmer bedeuteten, verlangten notfalls Korrekturen und setzten sie oft auch durch. Clement war vor allem Wirtschaftsminister, aber er entschied auch für das Arbeitsministerium. So fehlte zum ersten Mal dessen Kontrollfunktion. Dass die Agenda 2010 mehr Sprengstoff enthielt, als Schröder bewusst war, hängt mit seinen zwei verhängnisvollen Personalentscheidungen zusammen: Die eine, die Schröder bald korrigierte, war, den politisch unbedarften Manager Bodo Hombach ins Kanzleramt zu holen. Die andere, Wolfgang Clement zum Superminister zu machen. Er passte wirklich eher in die FDP.

Mein Verhältnis zu Gerhard Schröder war nicht ganz einfach und hatte zu tun mit einer ziemlich nebensächlichen Bemerkung des bereits erwähnten Philosophen und Pädagogen Eduard Spranger, die ich 1949 in meiner Tübinger Studentenzeit aufschnappte. Spranger, damals schon jenseits der Pensionsgrenze, hielt sich streng an sein Manuskript. Ich passte immer dann besonders auf, wenn er ausnahmsweise davon abwich und etwas zum Besten gab, was mit seiner Lebenserfahrung zu tun hatte. So hat der preußisch disziplinierte Wissenschaftler einmal laut gedacht: Wenn ein Kind zu viel Vitalität, zu viel Energie habe, sich zu viel vornehme, über die Stränge schlage, für Eltern und Lehrer schwierig werde, sei ihm das immer lieber, als wenn es sich schon deshalb einordnete, weil es zu schwach, zu antriebslos, wohl auch zu phantasielos sei, um Ärger zu machen. Aus zu viel Energie lasse sich etwas machen, aus zu wenig kaum. Beim Juso Gerhard Schröder wusste ich nicht so recht, ob ich seine Vitalität, seine Energie, seinen Ehrgeiz, sein fröhliches Selbstbewusstsein bewundern oder beargwöhnen sollte. 1989, bei meinem vorzeitigen Ausscheiden aus dem Präsidium der SPD, musste ich zum ersten Mal ihm gegenüber zwischen beidem, Bewunderung und Argwohn, Position beziehen. Es gab zwei Bewerber um meine Nachfolge, einer davon war im Vorstand gut vernetzt, der andere war Schröder, der damals vor einer Landtagswahl in Niedersachsen stand. Ich entschied mich für Schröder und trat offen für seine Wahl ein. Wir hatten nicht so viele junge Leute von diesem Kaliber, auch wenn er mir manchmal etwas unheimlich war. Schröder wurde – ziemlich knapp – gewählt, übrigens ohne dass er sich bei mir bedankt hätte. Nun gut, immerhin gewann er seine Wahl. Er war mit der Zukunft beschäftigt, ich gehörte eher zur Vergangenheit. So war das eben. Ich war immer noch gespannt, ob Spranger recht hatte. Dankbarkeit konnte man lernen, Energie und politisches Gespür nicht. Da ich nicht mehr im Präsidium war, kam ich selten nach Bonn, später genauso selten nach Berlin, und verlor manchen persönlichen Kontakt, auch den zu Schröder. Als er fast zehn Jahre später, 1998, Kanzlerkandidat war, lobte ich ihn, wie sich dies gehört, nicht mehr, nicht weniger. Interessant wurde unser Verhältnis erst, als Schröder von seiner Partei verlangte, das Eingreifen deutscher Kampfflugzeuge im Kosovo gegen die serbische Armee – und auch gegen zweifelhafte Milizen – zu billigen. Der Parteitag, auf dem er diese Forderung durchsetzen konnte, fand im April 1999 in Bonn statt. Ich hatte an diesem Abend eine Veranstaltung in Bielefeld. Der letzte Zug, der mich rechtzeitig von Bonn aus dorthin bringen könnte, stand fest. Ich war kein Delegierter, aber schließlich erklärte ich mich bereit, »in die Bütt« zu gehen, falls ich rechtzeitig aufgerufen würde. Das geschah.

Was würde der Erhard Eppler sagen, der zwei Jahrzehnte zuvor nichts von den Pershings gehalten, im Bonner Hofgarten geredet hatte? Was ich zu sagen hatte, war einfach: Wer Bomben wirft und überdies nie genau weiß, wen sie treffen, macht sich schuldig. Wer zusieht, wie Hunderttausende, in diesem Fall albanische, Kosovaren vertrieben und dabei Hunderte getötet werden, nur damit ein anderes Volk, in diesem Fall das serbische, ihre Dörfer und Städte übernehmen kann, macht sich auch schuldig. Ich war überzeugt, dass wir auch darüber zu entscheiden hatten, was in Europa künftig möglich und was nicht mehr möglich sein durfte. So fand ich, das Zusehen würde mich noch mehr bedrücken.

Dann verschwand ich so schnell zu meinem Zug, dass ich erst am nächsten Tag erfuhr, dass Schröder gewonnen hatte. Seit diesem Tag lernte ich einen für mich neuen Schröder kennen. Als ich wieder zu Hause war, lag da ein Brief von ihm. Die Art, wie er diesmal Danke sagte, berührte mich. Der Ton passte so gar nicht zu einem von Ehrgeiz zerfressenen *political animal*. Ich beobachtete ihn aus der Ferne genauer und befand, er werde deutlich reifer. Das Amt machte ihn nicht überheblich, arrogant, sondern nachdenklicher, vielleicht sogar bescheidener. Das Amt, das er gewollt hatte, verlangte von ihm, wie von allen anderen, die es innehatten, mehr, als er zu bieten hatte. Er merkte es. Da reichte ein solides Selbstbewusstsein allein nicht mehr aus.

In der Folge lernte ich Schröder kennen als konzentrierten Zuhörer, der mir sagen konnte: »Das hast du aber vor zwei Jahren anders gesagt.« Ich bewunderte seinen Mut, nicht nur als es um den Irak ging, auch bei der Agenda 2010. Hier war einer, der sich nicht durchwurstelte und dies als pragmatisches Regieren feiern ließ, sondern einer, der den Mut hatte, seiner Überzeugung zu folgen, auch wenn dies das Ende seiner Karriere bedeuten konnte.

Ich freute mich über die – offenbar solide, belastbare – Männerfreundschaft zwischen Schröder und Putin. Wenn er mit dem russischen Präsidenten im Schlitten spazieren fuhr, freute sich der 17-jährige Soldat der großdeutschen Wehrmacht: Das war mehr, als er 1945 zu hoffen gewagt hatte. Und ich bin sogar sicher, dass die Geschichtsbücher für den jungen Soldaten und den alten Putinversteher mehr Verständnis haben werden als die Medien 2015.

Auch als keineswegs sentimentalen, aber liebevollen Vater seiner Adoptivkinder lernte ich ihn kennen. Das Väterliche hatte er sicher erst lernen müssen, aber der reifere Schröder wurde auch ein guter Vater.

An dem Abend, der seiner Karriere ein Ende setzte, saß ich neben ihm im Willy-Brandt-Haus in Berlin. Die Hochrechnungen, die anfänglich wenig Gutes verhießen, wurden immer besser, es bestand die realistische Chance, dass es auf ein Patt hinausliefe. Der Rotwein – er war wirklich gut – beflügelte den Optimismus, seinen und meinen. Schließlich verließ Schröder den Raum, um zur Elefantenrunde zu gehen. Ich wollte bleiben, am Fernsehschirm beobachten, wie er sich schlug. Und so sah ich ziemlich fassungslos, wie der Realist Schröder die Realität doch so falsch einschätzte.

Dass der Exkanzler Gerhard Schröder sich nicht in irgendeine Studierstube zurückziehen würde, auf irgendeinen Lehrstuhl oder auf die Rolle eines Kommentators, wussten alle, die ihn auch nur oberflächlich kannten. Er musste etwas tun, etwas bewegen, ob er Kanzler war oder nicht. Er hatte das Macher-Pathos vermieden, das mir 1974 in der Regierung Schmidt auf die Nerven gegangen war. Aber er wollte etwas machen. Und dagegen war nichts einzuwenden.

Dass dies auch Wladimir Putin so sah und ihm schließlich dringlich den Vorsitz im Aufsichtsrat eines russisch-deutschen Unternehmens anbot, fand ich eher erfreulich. Dass er ihm das Ja für deutsche Verhältnisse etwas zu früh abgerungen hat, dürfte er inzwischen selbst einsehen. Trotzdem: Die deutsch-russische Partnerschaft war Schröder wichtiger als die Kommentare der deutschen Medien. Es gibt nicht wenige Deutsche, die nach allem, was im Jahr 2014 das deutsch-russische Verhältnis mehr abgekühlt hat, als nötig war, froh sind, dass da noch ein Vollblutpolitiker übrig ist, der im äußersten Notfall nach Moskau fliegen kann.

Ich habe schon in Zusammenhang mit Willy Brandt davon gesprochen: Seit geraumer Zeit beurteile ich Menschen, die sich in die Politik wagen, danach, ob sie in diesem harten, zehrenden Geschäft deformiert werden, der *deformation professionelle* unterliegen, einer Deformation, die sich bis ins Physische bemerkbar machen kann, oder ob sie es, zumindest von einem bestimmten Zeitpunkt an, zustande bringen, in diesem Geschäft, vielleicht sogar durch dieses Geschäft, reifer zu werden, großzügiger, nachdenklicher, weniger eitel, toleranter, humorvoller, weniger nachtragend.

Wenn ich Gerhard Schröder in die zweite Gruppe einreihe, ist dies natürlich auch mit solchem Respekt verbunden. Der Schröder von 2005 war nicht mehr der von 1998. Der von 2009 oder gar 2013 wäre wohl ein souveräner Kanzler gewesen.

Von guter Nachbarschaft

Wäre die Weltgeschichte ein gewissenhaftes Amtsgericht, so wäre die Epoche des Marktradikalismus pünktlich im Jahre 2008 zu Ende gegangen. Die Bankenkrise widerlegte so ziemlich alles, was die Marktradikalen gepredigt und getan hatten. Die Märkte regelten und stabilisierten sich nicht selbst. Die Marktteilnehmer verhielten sich nicht immer rational. Hochbezahlte Banker hatten mit Milliardenbeträgen Papiere gekauft, die sie selbst nicht durchschauten, deren Risiken sie zwar nicht einschätzen konnten, deren Zinsen jedoch für sie und ihren nächsten Bonus ausschlaggebend waren. Das Ergebnis ist bekannt: Der bislang verachtete Staat musste mit dem Geld der Steuerzahler die Banken retten. Es klingt wie eine zynische Randbemerkung, aber man muss es sich noch einmal deutlich vor Augen führen: Die Banken gaben einander keinen Kredit mehr, wenn der Staat ihn nicht garantierte! Der Staat, der doch nur stören konnte, musste plötzlich als Garant für die Rückzahlung agieren.

In Deutschland durfte sich eine Große Koalition mit der Bankenkrise und ihren Folgen herumschlagen. Und sie hat dies, Peer Steinbrück sei Dank, auch tapfer und erfolgreich getan. Sie hat sich an Lord Keynes erinnert und mit Staatsgeld die Wirtschaftsflaute überwunden, welche die Bankenkrise hatte auslösen müssen. In anderen Ländern, nicht nur denen Europas, lief dies ähnlich: Der Staat rettete mit viel Geld die Banken, dann, mit noch mehr Geld, die Konjunktur. Schließlich funktionierten – und verdienten – die Banken wieder, aber die Staaten hatten sich so verschuldet, dass die Besitzer von Staatsanleihen unruhig wurden. Würden die Staaten ihre Papiere ordnungsgemäß verzinsen und vor allem korrekt zurückzahlen können? Bei einigen Ländern, darunter Deutschland, waren die Zweifel sehr gering, bei anderen sehr hoch. So wurde aus der Bankenkrise die Staatenkrise. Man redete nicht mehr über die Banken, sondern über die Staaten, ihre Regierungen und vor allem ihre Schulden. Seit der ersten Ölkrise 1973 hatten Regierungen dürftige Wachstumsraten aufgepäppelt, indem sie Geld ausgaben, das sie noch nicht hatten, übrigens mit voller Billigung der Wirtschaftsweisen, jedenfalls zumindest ohne ihren Tadel. »Ohne Wachstum«, wir erinnern uns, »war doch alles nichts.«

Was von alledem zählte, war, dass man nun wieder da weitermachen konnte, wo man durch die Bankenkrise hatte aufhören müssen: bei der Kritik am Staat und an der Politik. Nicht mehr das Marktversagen war das Thema, sondern das Staatsversagen. Die marktradikale Welt war wieder in Ordnung.

Das alles vollzog sich langsam, schleichend, aber unaufhaltsam, gefördert von denen, die Grund hatten, ihre Blamage zu vertuschen, und die sehr gut wussten, wer vom Marktradikalismus profitierte.

Vielleicht gehört es zu meinen Schwächen, dass nichts mich mehr zu Leistungen motiviert als der Zorn. So habe ich das großzügige Angebot der *Süddeutschen Zeitung,* in der Kolumne »Außenansicht« von Zeit zu Zeit meine Sicht der Dinge darzustellen, häufig genutzt, um meinen Zorn in vernünftige Argumente umzuwandeln. Das tat ich auch am 6. September 2011, unter der provokanten Überschrift: »Durch Versagen zur Macht«. Die Marktradikalen hatten sich immer auf das Leistungsprinzip berufen: Leistung wird eben belohnt, Versagen bestraft. Und nun geschah das Gegenteil: Weil die Staaten für den Leichtsinn der Banker einstehen und sich verschulden mussten, waren sie von den Finanzmärkten noch abhängiger, die Finanzmärkte noch mächtiger geworden. Dass Regierungen nun um das Vertrauen der Märkte werben, ja betteln mussten, hatte nicht mit ihrem Versagen zu tun, sondern mit ihren Leistungen. Die offenkundige Dominanz der Finanzmärkte war der Lohn für ihr katastrophales Versagen. Für die Politik schuf sie Zwänge, die sich als Sachzwänge verkaufen ließen.

Die Frage, ob nun als Sachzwang wiederkehren soll, was als Verheißung allgemeinen Glücks unverkäuflich geworden ist, kann man heute mit Ja beantworten. Vor allem Angela Merkel hat dies verstanden. Sie besteht darauf, dass die europäischen Staaten ihre Finanzen »in Ordnung bringen«. Die Rezepte dafür – keine Steuererhöhungen, nur Haushaltskürzungen, die vor allem die kleinen Leute treffen – stehen im marktradikalen Lehrbuch. Wenn dabei die Verkehrsinfrastruktur verkommt – das sollen ihre Nachfolger regeln. In Deutschland hat nur die FDP nicht begriffen, dass der Marktradikalismus als Glücksverheißung nicht mehr verkäuflich ist. Sie hat immer noch mit Steuersenkungen für sich geworben, als die meisten Deutschen schon spürten, dass sie einen leistungsfähigen Staat brauchten. Das muss die FDP der Rösler und Brüderle büßen, vielleicht mit ihrem Untergang.

Das, was der ausgewiesene Ökonom Colin Crouch »the strange non-death of Neoliberalism« nannte, wobei er offenbar wusste, warum er nicht von »survival«, dem Überleben sprach, ist inzwischen eine anerkannte Tatsache, ein Stück Geschichte, das mich belastet, das manchmal sogar die Freude an meinen charmanten Urenkeln trüben kann. Nondeath, Nicht-Tod, ist keine geläufige englische Formel, sondern ein erfundener Ausdruck, der sagen soll: Es war kein natürliches Überleben, aus eigener Kraft, sondern ein verhinderter Tod, verhindert von den Kräften, die davon profitieren. Crouch sieht in diesen Kräften den rücksichtslosesten Kapitalismus, den wir bisher erlebt haben. Die davon profitiert haben und nun die Macht dazu hatten, haben diesen Tod nicht zugelassen.

In einem früheren Kapitel habe ich die Frage gestellt: Wie ist es möglich, dass sich im zweiten Jahrzehnt des 21. Jahrhunderts eine Enquete-Kommission des Bundestages – und dies auch noch erfolglos – mit Themen wie Wachstum, Wohlstand und Lebensqualität beschäftigte, über die vierzig Jahr zuvor, also in den Siebzigern, schon sehr viel gründlicher nachgedacht worden war? Die Antwort lautet: weil die marktradikale Welle ab den achtziger Jahren alles erst überschwemmte und dann wegschwemmte, was ihr im Weg stand. Und dem Marktradikalismus stand alles im Weg, was besorgte Frauen und Männer damals für nötig hielten, damit ihre Enkel und Urenkel noch menschenwürdig würden leben können.

So hat die Menschheit vier Jahrzehnte verloren. Durch den seltsamen Nicht-Tod des Marktradikalismus wird es mindestens ein halbes Jahrhundert werden.

Erleichtert wurde dies dadurch, dass sozialdemokratische Parteien in den Marktradikalismus verwickelt waren, noch mehr dadurch, dass sie nie einen wirklich attraktiven Gegenentwurf vorgelegt haben. Dass die deutschen Wähler von den Marktradikalen genug hatten, haben sie 2013 durch die Abwahl der FDP bewiesen. Aber obwohl es für die meisten Einzelforderungen der Sozialdemokraten klare Mehrheiten gab, hat nur jeder vierte Wähler sie gewählt, 2009 und 2013. Das mag mit der Popularität einer Kanzlerin zu tun haben, die auch ihre – für Südeuropa katastrophale – Europapolitik im Blick auf ihre deutschen Wähler durchgesetzt hatte. Aber eigentlich sollten alle, die sich Wahlen stellen, inzwischen wissen, dass Wähler nicht aufgrund von Einzelforderungen entscheiden, sondern aufgrund von werthaltigen Gesamtentwürfen.

Willy Brandt wusste, warum er einmal sein Ziel so formulierte: »Wir wollen ein Volk der guten Nachbarn sein, nach innen und nach außen.« Was schlechte und was gute Nachbarn bedeuten, wussten alle Deutschen, die das Wahlalter erreicht hatten. Und sie wussten auch, dass ein guter Nachbar gute Chancen hat, gute Nachbarn zu bekommen. Natürlich muss man bereit sein, auszuhelfen, wenn beim Nachbarn das Salz oder das Salatöl ausgegangen ist; man kann Schulkinder zum Essen einladen, wenn die Mutter im Krankenhaus liegt, man kann ihnen sogar ein paar Blumen mitgeben, wenn sie wieder nach Hause kommt. Dafür kann es dann passieren, dass, wenn nebenan der Pflaumenbaum geschüttelt werden muss, einiges davon vor auch vor die eigene Haustür gestellt wird.

Die Sozialdemokraten haben nicht versucht, eine Gesellschaft zu skizzieren, in der die gegenseitige Hilfe, Rücksicht auf die anderen wichtiger sind als der Wettbewerb um den kleinen Vorteil. Sie haben den Marktradikalismus nicht da bekämpft, wo seine größte Schwachstelle liegt: an seinem Menschenbild, seinem Gesellschaftsbild, seiner Moral. Dabei hätte dies viele Wähler einer christlichen Partei eher berührt als – berechtigte – Einzelforderungen wie der Mindestlohn. Die hätte man einbauen können in ein Bild einer anderen Gesellschaft.

Meine Skizze einer solchen anderen Gesellschaft kann man in dem Buch mit dem scheinbar widersprüchlichen Titel *Eine solidarische Leistungsgesellschaft* nachlesen. Das darin entworfene Bild zeigt, dass wir eine Leistungsgesellschaft auch als Gesellschaft begreifen können, in der Leistung und Solidarität so miteinander verbunden sind, dass auch Solidarität eine Leistung ist. Sicher, für einen Wahlkampf ist dies zu umständlich und zeitraubend. Ich hätte mich gefreut, hätte jemand anders eine »wahlkampftauglichere« Idee gehabt. Aber es kam nichts, außer dem dilettantischen Versuch, das »Wir« gegen das »Ich« auszuspielen, der dann abgebrochen werden musste, weil die Formel bereits durch ein Unternehmen belegt war. Und so hat mich auch das Wahlergebnis 2013 nicht überrascht. Dass ein anderer Wahlkampf eine Chance gehabt hätte, zeigte das Aus für die Freidemokraten. Nein, die reine Erfolgsgesellschaft, die Gesellschaft für die Erfolgreichen, wollten die Deutschen nicht mehr. Auch Frau Merkel nicht? Oder doch? Welche Gesellschaft will sie wohl? Und welche die Sozis? Eine mit Mindestlohn und höheren Steuern für die Reichen. Und sonst? Mehr Bürokraten? Da wählt man doch das geringste Risiko.

Bin ich ein Intellektueller?

Intellektuelle in der Politik, darüber kann man in den Feuilletons der großen Zeitungen gescheite, manchmal vergnügliche Analysen finden. Bin ich ein Intellektueller? Einer, der sich in die Politik verirrt hat? Als Intellektuelle gelten meist Schriftsteller, Erzähler, selten Lyriker, aber auch Soziologen oder Philosophen mit und ohne Professorentitel, nicht zuletzt auch die Feuilletonredakteure, die uns die Welt der Intellektuellen nahebringen.

Intellektuelle können sich auf ganz unterschiedliche Weise

in die Politik mischen. Sie können damit Aufsehen erregen, dass sie plötzlich mit einer ausgefallenen These überraschen wie etwa der Philosoph Peter Sloterdijk mit dem Vorschlag, es den Betuchten doch selbst zu überlassen, wie viel Steuern sie bezahlen wollen. Solche Interventionen sind amüsant, aber ungefährlich, jeder weiß, dass diese Intellektuellen gar keine Lust haben, die Hebel in die Hand zu bekommen, von denen aus man solchen Unfug praktizieren könnte.

Sehr viel ernster zu nehmen ist es, wenn ein Philosoph wie Jürgen Habermas sich über längere Zeit ein Thema vornimmt, das ihn umtreibt. Bei Habermas ist es vor allem Europa, die europäische Gemeinschaft. Auch Politiker nehmen ernst, was er für die richtige, was für die falsche Europapolitik hält. Dass er in seiner oftmals nicht nur für Politiker nicht sofort eingängigen Sprache bleibt, ändert nichts am Gewicht seiner Einwürfe und Richtungsangaben. Dass er einmal eine meiner Wahlreden in Bayern angehört hat, verstand ich als Auszeichnung. Dass er daran nichts auszusetzen hatte, als Höflichkeit.

Noch ernster zu nehmen war das, was etwa Günter Grass praktizierte: nicht nur ein gelegentlicher Einwurf, eine wohl überlegte Analyse, eine Bekundung von Respekt oder Empörung, sondern das offene Einstehen für einen Politiker – und seine Politik. Grass wagte sich für Willy Brandt und seine Politik in das politische Getümmel. Er ergriff Partei, wohl wissend, was ihn dabei an Anfeindungen und Gemeinheiten erwartete. Grass wollte, dass Brandt Kanzler wird und Kanzler bleibt. Er wollte nicht über den Dingen schweben als weiser Ratgeber, er wollte ein politischer Citoyen sein, etwas bekannter als andere, aber nicht ohne Leidenschaft.

Der Schritt des Intellektuellen in die Politik ist kein einfacher. Es ist nicht leicht, von der Frage: »Was ist wahr?« umzuschalten auf die Frage: »Was ist richtig?« Sicher, ehe man entscheiden kann, was richtig ist, muss man auch in der Politik Informationen prüfen, ob sie stimmen, also die Wirklichkeit wahrheitsgemäß beschreiben. Aber auch wenn einige solcher Informationen unsicher, fragwürdig sind, kann die Entscheidung, die man auf ihrer Basis trifft, richtig, hilfreich, zweckmäßig sein. Und umgekehrt: Sogar wenn man sich auf nachprüfbar eindeutige Fakten stützt, kann die Entscheidung sich als falsch erweisen. In der Politik leben heißt, mit diesem Dilemma zu leben.

Und dann wäre da noch die ganz eigene Zeitmessung in der Politik. Wer in der Sitzung einer Parlamentsfraktion länger als drei oder gar fünf Minuten redet, erregt Missfallen. Schließlich sind alle froh, wenn die Sitzung nur drei und nicht fünf Stunden dauert. Da liegt noch viel zu viel Post, und für den Abend ist noch eine Besprechung geplant. In der Politik, zumal im engeren Führungskreis, gilt das knappe, eindeutige Votum.

An dieser Klippe scheitern viele Intellektuelle, die ganz andere Zeitdimensionen gewohnt sind. Nur der Intellektuelle, der schon in den Medien etwas gilt, kann sich sogar im Kabinett lange, belehrende Reden leisten. Das erinnert mich noch einmal an Karl Schiller, der so lange sprach, bis sein Vorgänger im Amt und spätere Schatzminister, Kurt Schmücker, sich zu einem – im Kabinett ganz ungewöhnlichen – Zwischenruf aufraffte: »Sind wir hier in einer Volkshochschule?« Schiller, von dessen Scheitern schon die Rede war, scheiterte auch, weil seine zeitraubenden Vorlesungen als Ausfluss seiner Eitelkeit galten.

Einer der interessantesten Intellektuellen, die zugleich Universitätsprofessoren waren, war meines Erachtens der

Kommunikationswissenschaftler und Vollblutpolitiker Peter Glotz. Dass er blitzgescheit und hochgebildet war, merkte jeder, der sich auch nur fünf Minuten mit ihm unterhielt. Dass er sich in allen einschlägigen Feuilletons und den wichtigsten Zeitschriften auskannte, dass er alle Bücher, die dort Aufsehen erregten, entweder gelesen oder selber geschrieben hatte, wussten alle, die einmal mit ihm diskutiert hatten. Er konnte im Kreise der anerkannten Intellektuellen durchaus mithalten und trotzdem als Bundesgeschäftsführer der SPD sehr praktische Arbeit leisten, sich auch im politischen Umfeld behaupten. Inzwischen muss man konstatieren: Ein neuer Glotz ist nicht in Sicht. Vielleicht ist diese Verbindung von politischem Alltag mit intellektueller Diskursfähigkeit nicht wiederholbar.

Peter Glotz verstand sich selbst als Intellektueller, ich mich nicht. Eine Dissertation über Zeitgenossen Shakespeares? So etwas hatten viele Abgeordnete hinter sich. Ein starkes Bedürfnis, das eigene Tun zu verstehen, zu reflektieren und einzuordnen? Das war zwar nicht allgemein üblich, aber auch nicht außergewöhnlich. Dass ich die *Zeit* nicht nur lange gelesen, sondern oft auch für sie geschrieben habe? Damit hatte Marion Dönhoff mir einen Gefallen getan. Wichtiger war vielleicht, dass mein Haller Deutsch- und Lateinlehrer, der bereits erwähnte Gerhard Storz, mich zu einem sprachlich sensiblen Menschen gemacht hatte. Das hat sich bis in mein Verhalten als Abgeordneter ausgewirkt. Ich hörte so manchen Rednern, gleich welcher Fraktion, nicht länger als fünf Minuten zu: Wenn ich fand, in diesem Politdeutsch sei nichts Neues sagbar, ging ich Post diktieren. Aber ein bewusstes Verhältnis zur Sprache macht nicht gleich einen Intellektuellen aus.

Wenn ich früher als andere ökologisch dachte – und fühlte –, kam das nicht daher, dass ich mehr als andere gelesen, sondern dass ich im Südteil der Erde die Naturzerstörung erlebt habe, von der ich hier bereits erzählt habe. Das war ein Vorgang, der mich als ganzen Menschen packte, meine Art zu sehen, Mitleid zu empfinden, oft wirklich zu leiden. Und wenn ich von jeder Außenpolitik verlangte, dass sie dem Frieden diene, dann nicht, weil Pazifisten mich überzeugt hätten, sondern weil ich noch immer den kleinen Soldaten der Großdeutschen Wehrmacht sehr gut in Erinnerung habe.

Einen politisch engagierten, weit über die Grenzen seiner englischen Heimat hinaus wirksamen Intellektuellen habe ich ein Jahr nach meiner Wahl in den Bundestag kennengelernt. Wir sind Freunde geworden – und bis heute geblieben. Er hieß David Cornwell und war damals Second Secretary bei der britischen Botschaft in Bonn. Er sollte fünf frisch gewählte SPD-Abgeordnete begleiten, welche die britische Regierung nach London eingeladen hatte, damit sie britische Demokratie lernen. David sprach perfekt Deutsch, akzentfreier als ich, und er sorgte dafür, dass unser Besuch reibungslos ablief, obwohl einer der fünf Kollegen gelegentlich nicht verhehlen konnte, dass er als Staatsanwalt gelernt hatte, Menschen zu befragen. David und ich harmonierten vom ersten Tag an, und so erfuhr ich auch, dass er, der Diplomat, frühmorgens vor Dienstbeginn, Spionageromane schrieb, unter dem Pseudonym John le Carré. Sein Welterfolg mit dem *Spion, der aus der Kälte kam* war damals noch nicht auf dem Markt. Dass David für den Geheimdienst tätig war, konnte ich vermuten, nicht wissen.

David Cornwell war – und ist – nicht nur ein Meister der

englischen Sprache mit einem Wortschatz, der an Shakespeare erinnert, er war – und ist – ein durchaus politischer Mensch mit ausgeprägten Überzeugungen, denen keine Partei gerecht wird. Alle seine Spionageromane, mit ihren Figuren, die im Gedächtnis bleiben, haben, wenn man sie zwei Mal liest, auch eine politische Botschaft.

Politisch wurde David dadurch für mich wichtig, dass er mein Interesse für Programm und Ideen korrigierte. Noch in London sagte er zu mir nach einem heiteren Gespräch: »Erhard, politics, that's ninety percent people and ten percent ideas! – Erhard, Politik, das sind zu neunzig Prozent Menschen und nur zu zehn Prozent Ideen!« Es hat ein halbes Jahrhundert gedauert, ehe ich ihm ganz recht geben konnte.

Meine Freunde waren immer kluge, nachdenkliche Leute, aber selten Intellektuelle. Ich hatte eine Schwäche für Menschen, die ganz und gar anders waren als ich. Ich bewunderte Männer wie Georg Leber, obwohl ich selten mit ihm einig war. Das hatte auch der *Spiegel* bemerkt, und als er in einer Nummer diesen katholischen Gewerkschafter niedermachen und von mir Zündstoff bekommen wollte, hörte er nur Vorteilhaftes: dass dieser handfeste, in manchem eher konservative Politiker mehr Mut habe als andere, dass man sich immer auf ihn verlassen könne, dass er nie mehr rede als nötig, aber dies präzise. Als dieser Mann, der nie studiert hatte, nachher bei der Truppe der beliebteste Verteidigungsminister wurde, hat mich das nicht überrascht. Ich wäre kein guter Verteidigungsminister geworden.

Oder Holger Börner, auch er Gewerkschafter und ein Mann klarer Worte, zupackend, offen, eindeutig, volksnah. Als ich ihn eines Tages – er war damals hessischer Ministerpräsident – als Wahlkämpfer erlebte, machte ich ihm ein

Kompliment und fügte hinzu, es falle mir auf, dass er nie etwas begründe, sondern einfach sage: So ist es. Holger konnte sich kaum halten vor Lachen: »Weißt du, den Dicken glaubt man's, die Dünnen müssen's erst beweisen!« Dabei war Börner keineswegs fettleibig, sondern groß, kräftig und inzwischen gut gepolstert. Ich war jedenfalls kleiner, schmaler, dünner. Und vielleicht hatte er sogar recht.

Mir gefiel es in der SPD, weil die meisten ganz anders waren als ich. Ein Austrittsgrund aus der Partei wäre für mich gewesen, wenn alle so gewesen wären wie ich. Und ich gab auch offen zu, Leute wie Holger Börner oder Kurt Beck könne die Partei nie genug haben, aber von meiner Sorte verkrafte sie höchstens zwei oder drei.

Nein, ich war nie ein Intellektueller. Nichts zog mich in ihre Kreise, mich zog's in meinen Garten, und als ich keine täglichen Pflichten mehr hatte, meine Zeit einteilen konnte, schrieb ich zwar immer wieder etwas, eine Rezension, einen Artikel, ein Buch, aber was den Beruf anging, sagte ich jedem: Ich bin jetzt im Hauptberuf Gärtner.

Als seinerzeit Michail Gorbatschow den leicht senilen hohen Herren der SED zu bedenken gab, wer zu spät komme, den bestrafe das Leben, gab es gute Freunde, die mich lächelnd fragten: Und wer bestraft solche, die zu früh da sind? Darüber wusste ich tatsächlich Bescheid: Es waren die Parteifreunde, nicht alle, aber viele, ein großer Teil der Medien, und natürlich die politischen Gegner, so ziemlich alle.

Dieses frühe Aufspüren von Themen hat jedoch mit Intellekt wenig zu tun. Ich nenne es einfach »die Nase«. Eine gute Nase kann auch eine Bürde sein. Es gibt schlechte, schlimme, unerträgliche Gerüche, auch in der Politik. Und eine Nase für das, was kommt, zwingt, darüber zu reden, es anderen zu sagen, ihre Meinung zu erfahren, Widerspruch herauszufordern und zu ertragen. Die Nase ist nicht vom Intellekt gesteuert, und sie lässt sich auch nicht steuern. Man muss ihr folgen, sie lässt einen nicht in Ruhe.

Diese Nase gibt aber auch Sicherheit. In den frühen siebziger Jahren, als die meisten Intellektuellen, übrigens auch Peter Glotz, die aufkommende, sich vorantastende Ökologiebewegung für eine rasch vorbeigehende Mode hielten, habe ich keinen Augenblick daran gezweifelt, dass sie sich durchsetzen würde. Ich war mir sicher, dass die Spötter in zehn, vielleicht schon in fünf Jahren anders reden würden. Solche Sicherheit gibt auch Kraft. Als ich am 17. Juni 1989 das Ende der SED-Herrschaft ankündigte, dachte ich keinen Augenblick darüber nach, was ich sagen sollte, wenn dies nicht geschähe.

Der astreine Intellektuelle scheut langfristige Bindungen. Der geistige Diskurs, der mit immer neuen Themen, immer neuen Zeitströmungen zu tun hat, braucht Offenheit. Deshalb ist in solchen Kreisen die Mitgliedschaft in einer Partei nicht üblich, oft sogar verpönt. Ich bin nun fast sechs Jahrzehnte Sozialdemokrat, bin genauso lange aktives Mitglied meiner evangelischen Kirche und, nebenbei, noch ein paar Jahre länger verheiratet.

Die Spannungen zwischen dem, was ich für richtig hielt, und dem, was meine Partei beschlossen hatte, waren manchmal sehr gering, etwa in Willy Brandts Regierung, und manchmal schwer erträglich. Aber im Rückblick waren sie auch fruchtbar. Sie förderten die Selbstkritik, sie erzwangen die Selbstprüfung, auch das Verständnis für die gegensätzliche Position. Nicht zuletzt führten sie mich an den Punkt, an dem ich entscheiden konnte: Musst du dir dies antun? Oder kannst du auch dann noch in den Spiegel blicken, wenn du den Mund hältst? Und nun, am Ende eines langen, reichen Lebens, kann ich hier nur noch einmal feststellen: Meine Partei hat mir nicht mehr zugemutet als ich ihr. Wenn meine Partei dies auch so sieht, dass also ich ihr nicht mehr zugemutet habe als sie mir, bin ich zufrieden. Die Spannung zwischen der freien Person und den Institutionen, ohne die eine Gesellschaft nicht auskommt, gehören zu *conditio humana*. Ich wollte ihr nicht ausweichen.

Nicht zu *conditio humana*, sondern zum Leben in der Politik gehört das, was die Familie auszuhalten hat. Wer sich ganz auf die Politik einlässt, auf den Meinungsstreit, auf die unausweichlichen Machtkämpfe zwischen den und innerhalb der Parteien, ist permanent überfordert, ohne dass er einen gangbaren, verantwortbaren Ausweg aus dieser Überforderung finden könnte.

Leidtragende ist die Familie. Zuerst die Ehefrau. Meine Frau hat vieles klaglos ertragen, und ich kann ihr nicht oft genug danken. Heute denke ich viel über meine Rolle in der Familie nach. Was bedeutet es, dass ich im Rückblick meine, ich sei ein besserer Großvater gewesen, als ich ein Vater war? Bedeutet es nur, dass ich für die sechs Enkel eher Zeit hatte als für die vier Kinder? Warum faszinieren die fünf Urenkel den Alten? Ich hatte immer eine Schwäche für Kinder, auch ganz kleine Kinder. Das begann mit der kleinsten, 12 Jahre jüngeren Schwester, die ich gefüttert und gewickelt habe. Und dann die erste Tochter, als ich in Schwenningen Schul-Meister werden wollte, dann, drei Jahre danach, die zweite. Sie hatten noch einen Vater beim Mittagessen, manchmal am Abend, wenn sie ins Bett mussten, oft auch dazwischen, wenn sie mir am Waldrand auf Langholzstämmen balancieren durften. Der einzige Sohn wurde geboren, als ich 1961 – nach einigem Zögern – zur ersten Fraktionssitzung nach Bonn gefahren war. Er und seine drei Jahre jüngere Schwester haben den Vater viel zu selten gesehen. Nicht, dass dieser Vater sich dann keine Mühe gegeben hätte, aber er war eben sehr oft nicht da, wenn die Kinder ihn gebraucht hätten. Und müde, wenn er heimkam. Das hatte Folgen. Sie waren der Preis für ein politisches Leben. War das, was mein politisches Leben bewirkt hat, diesen Preis wert? Das müssen andere entscheiden. Ich jedenfalls hätte mich zeitlebens als Feigling gefühlt, hätte ich mich damals, als Fritz Erler mich provozierte, verweigert. Hätte ich dann ein besserer Vater sein können?

Wahrscheinlich nicht. Ich war nun einmal ein politischer Mensch. Ein politischer Mensch, der nur zusieht, wie andere Politik machen, ist vielleicht kein Feigling, aber sicher auch kein glücklicher Mensch. Und auch das hätte die Familie büßen müssen.

Die drei Politiker, die mich geprägt haben, mussten alle unterschiedlich lange Leidenszeiten durchstehen, ehe sie anerkannt wurden. Ein Offizier, ein Verwaltungsbeamter, ein Angehöriger der Justiz, sie alle haben so etwas wie einen Anspruch auf Karriere. Ein Politiker hat nicht nur keinen Anspruch auf Karriere, der Politiker hat normalerweise gar keine Karriere, er hat nur eine Biographie.

Fritz Erlers Biographie war von Zuchthaus und Konzentrationslager geprägt, später sogar von einem französischen Internierungslager für Altnazis, weil er als – von den Franzosen eingesetzter – Landrat nicht zusehen wollte, wie deutsche Kriegsgefangene zur Fremdenlegion gezwungen wurden.

Gustav Heinemann stieg in der neu gegründeten CDU rasch auf, zum Oberbürgermeister von Essen, dann zum Jus-

tizminister in Düsseldorf und schließlich 1949 zum Bundesinnenminister. Schon ein Jahr später, nach dem Bruch mit
Adenauers Politik, wurde er für sieben Jahre in Bonn zur Un-
person, an der auch Hinterbänkler ihre schmutzigen Stiefel
abreiben konnten. Erst als die SPD ihm die Gelegenheit bot,
in der ersten Großen Koalition als Justizminister lange aufge-
schobene Reformen durchzusetzen, wurde er in der deutschen Öffentlichkeit anerkannt, so dass auch die FDP bereit
war, ihn zum Bundespräsidenten zu wählen.

Und der junge Willy Brandt hatte erst einmal zwölf Jahre
Emigration zu überstehen, ehe er sich mühsam seinen Platz
in der Berliner SPD erkämpfen konnte. Und nachdem er
zweimal als Kanzlerkandidat gescheitert war, fand er sich an
einem neuen Tiefpunkt wieder. Erst als er nicht mehr Kanzler werden wollte, wuchsen ihm die Kräfte zu, Kanzler zu
sein.

Ich war nicht ohne Ehrgeiz. Aber ich wusste immer, dass
ein Politiker jederzeit stürzen kann, wenn er abgewählt wird
oder wenn er nicht bereit ist, sich anzupassen. Wenn er sagen
muss: »Mit mir geht das nicht.« Dadurch, so weiß es Max
Weber, unterscheidet sich der Politiker vom Beamten. Wer
die Laufbahn eines Beamten wählt, weiß, dass es da immer
jemanden geben wird, der sein Vorgesetzter ist, ihm also Wei-
sungen geben kann. Wer in die Politik geht, hat es auch fast
immer mit Menschen zu tun, die mächtiger sind als er, vielleicht auch erfahrener oder gar klüger. Er weiß, dass er gut
daran tut, nicht in jeder Kleinigkeit eine Tragödie zu sehen.
Er stellt sich darauf ein, einiges einzustecken, nicht alles glei-
chermaßen ernst zu nehmen. Aber er weiß auch, dass es einen
Punkt gibt, an dem man sich entscheiden muss: Kann ich das
(mit)verantworten? Widerspricht dies nicht allem, was ich

gewollt und – natürlich vor unzähligen Zeugen – auch gesagt habe?

Mein Ehrgeiz hatte zudem eine natürliche Grenze: Ich wollte nie Kanzler werden. Nicht, weil ich mir nicht zugetraut hätte, eine Kabinettssitzung zu leiten oder eine unpopuläre Entscheidung zu treffen. Ich wusste, wie der Terminkalender Brandts aussah. Ich wusste auch, dass gegen meine Migräneanfälle nichts half außer zehn bis zwölf Stunden Schlaf. Es war schon schwierig genug, mit dieser Schwäche, für die kein Arzt Abhilfe finden konnte, ein Ministerium oder eine Landtagsfraktion zu führen. Wenn ein fremder Regierungschef den Kanzler besuchen wollte, durfte nichts passieren, was dieser als Missachtung verstehen musste. Nein, ein Kanzler muss immer fit – oder schwerkrank – sein. Mein Freund Jochen Vogel wäre ein exzellenter Kanzler geworden. Aber um Kanzler zu werden, braucht man ganz andere Gaben als für das Kanzlersein.

Natürlich habe ich politisch nur wenig von dem erreicht, was ich mir vorgenommen hatte. Aber dieses wenige reicht aus für eine gewisse Dankbarkeit. Ich habe mich, wie andere auch, oft geirrt. Aber da, wo meine Nase rechtzeitig oder vorzeitig künftig Notwendiges roch, blieb dies nicht ohne Wirkung.

Im Rückblick sind die Rollen, die ich zu spielen hatte, nicht so wichtig: Bundespolitiker, Landespolitiker, Außenpolitiker, Entwicklungspolitiker, Ökologe, Friedensbewegter, Vorsitzender eines SPD-Landesverbandes oder der Grundwertekommission. Was zählt, ist die Einwirkung auf unsere Gesellschaft. Und die blieb noch erkennbar, als ich kein Mandat, auch kein Amt in der Partei mehr hatte. Sicher, andere müssen entscheiden, was davon hilfreich war, was nicht. Aber dass ich über ein halbes Jahrhundert die Chance hatte, gehört zu werden, ist Anlass zu Dankbarkeit.

Dankbar bin ich auch dafür, dass ich nie gezwungen wurde, gegen meine Überzeugung zu handeln. Wo es Konflikte gab, ist kein Groll geblieben. Ich habe keinen Grund zu klagen und noch weniger Grund anzuklagen. Als ich, 18-jährig, den Krieg überlebt hatte, wusste ich noch nicht, was Demokratie ist. Jetzt, wo ich auf die neunzig zugehe, wird mir klar, dass es die deutsche Demokratie war, die mir ein Leben erlaubt hat, auf das ich dankbar zurückblicken kann. Vielleicht kann dies ein paar junge Menschen ermutigen, auf ihre Weise dieser Demokratie zu dienen, auch wenn dies – und das zeigt mein Bericht – immer auch ein Wagnis bleibt.

VERMÄCHTNIS

Vielleicht ist Vermächtnis ein zu großes Wort für diese letzten Seiten. Aber ich habe auf meine alten Tage nicht nur manches zu erzählen, ich habe immer noch einen politischen Willen. Ein Wille, den ich dem Leser nicht vorenthalten möchte.

Wieder 1914?

Im Hochsommer 2014 erinnerten sich die Europäer an den Beginn des Ersten Weltkriegs, an jene Urkatastrophe, ohne die der Rest des blutigen 20. Jahrhunderts kaum denkbar gewesen wäre. Mit der begeisterten – später hasserfüllten – Zustimmung ihrer hochzivilisierten Völker fanden die Regierungen Europas vier Jahre und drei Monate keinen Ausweg aus einem Wettbewerb des Tötens. Die Nationalismen hatten sich so ineinander verkeilt, dass erst das Eingreifen der Vereinigten Staaten die Mittelmächte resignieren ließ. Kein Wunder, dass aus diesem Massenmorden kein tragfähiger Friede entstehen konnte.

Das Nachdenken darüber, einhundert Jahre danach, zeigt, dass die Europäer dazugelernt haben. Auch die Opfer der jeweils anderen Seite wurden betrauert und geehrt. Das Entsetzen kam ein Jahrhundert zu spät, aber es kam.

Nur die Parallelen zur Gegenwart waren allzu simpel und daher für eine bessere Politik nicht brauchbar. Ja, auch 2014 wurde überall geschossen, gemordet, sogar geköpft und gefoltert: In Syrien, im Irak, in Palästina, in Mali, im Südsudan, in der Zentralafrikanischen Republik, nicht zuletzt in der östlichen Ukraine. Und überall nannte man dieses Morden Krieg, wie 1914. Und doch gab es 2014 keine einzige Auseinandersetzung, zu der die 1914 geläufige Bedeutung von »Krieg« gepasst hätte. Krieg, das war das militärische Kräftemessen zwischen (mindestens) zwei souveränen Staaten. Einen solchen Krieg gab es 2014 auf der ganzen Erde nicht. Vernichtende Gewalt entsteht im 21. Jahrhundert nicht, wie 1914, weil selbstbewusste Nationalstaaten sich zu viel zutrauen. Heute wird gemordet, weil immer mehr Staaten zerfallen, zu schwach sind, ihr Gewaltmonopol im Innern zu behaupten. Die Gewaltmittel konzentrieren sich nicht mehr bei den Staaten, sie privatisieren sich, jenseits der Staaten und gegen die Staaten.

In Syrien setzte Präsident Baschar al-Assad seine Armee nicht gegen eine andere, fremde ein, sondern gegen syrische Demonstranten, von denen einige wohl auch schon Waffen trugen. So entstand ein Bürgerkrieg um die Macht in Damaskus, aber dabei blieb es nicht. Die verschiedensten Gruppierungen mit unvereinbaren Zielen kämpften gegen den Machthaber Assad, aber immer häufiger auch gegeneinander, denn die einen wollten einen muslimischen Gottesstaat, die anderen eine demokratische Republik. Das Ergebnis: ein Gewaltchaos ohne Friedenschance. Der sogenannte *regime change*, den die USA wollten, fand und findet nicht statt. Und das Gewaltchaos mit seinen Millionen Flüchtlingen kann auch die erste, keineswegs nur »regionale« Weltmacht nur hilflos kommentieren, nicht beenden.

Im Irak sollte der *regime change* durch einen klassischen, na-

türlich völkerrechtswidrigen Krieg erreicht werden. Die iraki-
sche Armee wurde besiegt, aufgelöst, der Diktator gehängt.
Aber die geplante Musterdemokratie des George W. Bush gelang nicht. Dafür bekam der Islamische Staat (IS) seine Chance,
und das Gewaltchaos im gesamten Raum wurde perfekt. Und
wieder ist die Militärmacht Nr. 1 hilflos. Ihre Jagdbomber werden von den Feinden Amerikas in Damaskus und Teheran
gern gesehen. Sie bombardieren – und dies mit mäßigem Erfolg – die Feinde der Feinde. Kein Zeugnis für kluge Politik.
Hat man in Washington schon begriffen, dass im 21. Jahrhundert die Gewalt von zerfallenden Staaten ausgeht?

Wo zwei ganz und gar verschiedene Vorgänge mit demselben Wort benannt werden – in diesem Fall ist es das Wort
»Krieg« –, haben es die Analytiker in den Auswärtigen Äm-
tern schwer. Nicht mehr übermütige Staatschefs, sondern
staatsferne Milizen, staatsfeindliche Rebellen, kriminelle
Banden, konfessionelle Fanatiker lösen die Gewalt aus, befeh-
den sich gegenseitig und gleichzeitig die Reste staatlicher
Macht. Das gilt inzwischen auch für Pakistan, sogar für Nige-
ria, natürlich für Afghanistan und sogar für einen Nachbarn
der USA, Mexiko, wo Drogenkartelle es schaffen, sich gegenseitig abzuschlachten und sich nebenher Polizei und Armee
vom Hals zu halten.

Warum zerfallen gerade in den ersten Jahrzehnten des
21. Jahrhunderts so viele Staaten? Zu Zeiten des Kalten Krieges waren es die beiden Supermächte, die in ihrem Revier für
Ordnung sorgten, damit die jeweils andere nicht Fuß fassen
konnte. Seit es die zweite Weltmacht nicht mehr gibt, die
ideologische Konfrontation zu Ende ist, hat die erste Weltmacht andere Sorgen. Zum andern haben die Marktradikalen, nicht nur in Amerika, den »schlanken Staat« propagiert

und ihn mit ihrem Werkzeug, dem Internationalen Währungsfonds (IWF), auch erzwungen. Das führte vor allem im Südteil der Erde, wo die Staaten meist jung, unfertig und verletzlich waren, dazu, dass sie ihre einfachsten Pflichten gegenüber der Bevölkerung nicht erfüllen konnten: sauberes Wasser, elektrisches Licht, irgendwo eine Polizeistation, für jedes Dorf eine Lehrkraft. Viel weniger konnte auch ein Warlord nicht leisten, der dem Staat zu Leibe rückte. Der schlanke Staat magerte zusehends ab, und die vernachlässigten Menschen suchten anderswo Hilfe, was sie zu Spielbällen und Opfern privatisierter Gewalt machte.

Wenn im 21. Jahrhundert vor allem der zerfallende Staat gesetzlose Gewalt entbindet, dann wird der Staat selbst zu einem Wert, nicht jeder Staat, aber doch jeder, dem es gelingt, alle physische Gewalt (*violence*), auch die eigene (*force*), einer Rechtsordnung zu unterwerfen. Natürlich ist der sicherste Weg dorthin erfolgreiche Demokratisierung. Aber dass in einem Land – mehr oder minder korrekte – Wahlen abgehalten werden, beweist noch lange nicht, dass sich daraus ein funktionierender Staat oder gar ein Rechtsstaat ergeben muss.

Die Ukraine

Im Westen wird die Ukraine als ein Nationalstaat wie jeder andere behandelt. Das ist sie nicht. Ihr Staat ist sehr jung, durch den Zerfall der Sowjetunion entstanden. Er wurde nicht von der Bevölkerung erkämpft, sondern war, wenn man so will, plötzlich da: Als Boris Jelzin die russische Föderation aus der Sowjetunion herauslöste, mussten die übrigen Teile der Union sich selbst helfen, also souverän werden.

Die Ukraine greift also auf keine gewachsene politische Kultur zurück. Die erste Chance einer Stabilisierung wurde vertan, als Präsident und Ministerpräsidentin ihre gemeinsam errungene Macht in persönlichen Streitigkeiten verspielten. Das Parlament wird, wenn es hart auf hart geht, bis heute handgreiflich. Dem Mangel an staatlicher Autorität entspricht ein Maß an Korruption, das auch für osteuropäische Verhältnisse erstaunlich ist und Investoren abschreckt. Dass ein gewählter Präsident, Wiktor Janukowytsch, im entscheidenden Moment einfach verschwand, hat mit seinem Anteil an der allgemeinen Korruption zu tun.

Für den einigermaßen informierten Beobachter war rasch klar, dass die vom Maidan erzwungene Regierung Arsenij Jazenjuk, die am ersten Tag schon der NATO beitreten und die Sprachgesetze – auf Kosten des Russischen – ändern wollte, in weiten Teilen des kulturell gespaltenen Landes auf Widerstand stoßen musste, auch ohne jede Einwirkung von außen. Dass die immer noch sehr durchlässige ukrainische Grenze zu Russland zur NATO-Ostgrenze werden sollte, war für die Millionen Menschen, die Russisch sprechen und sich teilweise auch als Russen fühlen, nicht hinnehmbar.

Daher waren es nicht russische Regimenter, vielmehr war es die ukrainische Polizei, die in Donezk oder Lugansk zur Abspaltung ganzer Regionen beitrug. Dass die Krimbevölkerung ihre eigene Meinung hatte, war vorauszusehen. Allerdings auch, dass hier die russischen Interessen unmittelbar ins Spiel kommen würden. Konnte die russische Schwarzmeerflotte auf Dauer von der Gnade eines NATO-Staates abhängen? Konnte ein russischer Präsident, gleich welcher, dies zulassen?

Im Westen war der Schuldige für die Ukrainekrise rasch

gefunden: der russische Präsident Putin. Er hatte Russland, als der Maidan triumphierte, schon seit zwölf Jahren regiert, mit harter Hand dem chaotischen Riesenreich wieder eine staatliche Ordnung aufgezwungen, was ihm den Respekt der Mehrheit seiner Mitbürger eintrug. Er hatte sich um Kontakte zum Westen bemüht, vor dem Deutschen Bundestag eine beachtliche Rede gehalten, mit Gerhard Schröder eine Freundschaft geschlossen, die geblieben ist, auch wenn Putin heute in den deutschen Medien meist die Rolle des undurchsichtigen Bösewichts spielt.

Hitler hatte nach zwölf Jahren Regierungszeit fast ganz Europa erobert und wieder verloren, Millionen geopfert oder umbringen lassen, bevor er sich selbst umbrachte. Als Putin zwölf Jahre – direkt oder indirekt – an der Spitze Russlands gestanden, die Politik Russlands bestimmt hatte, galt er in Deutschland zwar als reichlich autoritärer Präsident, der kein »lupenreiner Demokrat« im westlichen Sinne sein wollte, aber als ein Außenpolitiker mit Augenmaß. Was hat in so kurzer Zeit dazu geführt, dass sogar der deutsche Bundespräsident am Jahrestag des deutschen Überfalls auf Polen uns alle ermahnte, gegenüber Putin nicht zu vergessen, was gegen Hitler richtig gewesen wäre?

Lässt man einmal die simple These von der medienbedingten Gehirnwäsche beiseite, so bleiben drei Erklärungen: erstens, was die Ukraine angeht, die Verwechslung eines bestenfalls werdenden Staates mit einem konsolidierten europäischen Nationalstaat. Zweitens: die Deutung einer energischen und teilweise erfolgreichen Defensive als eine von langer Hand vorbereitete, noch längst nicht beendete Aggression. Was das erste Missverständnis angeht, so rührt es wohl daher, dass noch heute instabile, zerfallende Staaten in Deutschland kein verinnerlichtes Thema sind. Das zweite Missverständnis hat wohl damit zu tun, dass die Ukraine verglichen mit Russland eindeutig das schwächere Land ist. Also entsteht schnell der Eindruck, der Konflikt sei von demjenigen ausgegangen, der der Stärkere ist.

Drittens erscheint manchem Deutschen der Ukrainekonflikt als eine Auseinandersetzung zwischen Diktatur und Demokratie. Aber glücklicherweise ist die »gelenkte Demokratie« in Russland noch keine Diktatur eines Willkürherrschers, und leider sind die herrschenden Kräfte in Kiew und der Westukraine keineswegs durchweg Demokraten, aber fast alle ausgewiesene und manchmal fanatische Nationalisten. Hass auf ein anderes Volk hat noch nie die Demokratie befördert. Das gilt heute für Russland wie für die Ukraine.

Dazu kommt wohl, dass die Korrespondenten der westlichen Zeitungen sich vor allem in der Ukraine und den osteuropäischen Ländern aufhalten, in denen die Furcht vor Russland – aus verständlichen Gründen – das politische Denken bestimmt, unabhängig davon, was eine nüchterne Analyse ergeben könnte.

Dass die Regierung Jazenjuk vom ersten Augenblick an versucht hat, alles, was sie selbst in Teilen der Ukraine ausgelöst oder versäumt hat, dem bösen Feind anzulasten, wird wohl aus einiger Entfernung leichter erkennbar als von Lemberg oder Kiew aus. Bleibt immerhin die Frage, warum ein Jazenjuk in seinem unbändigen Hass Behauptungen aufstellen konnte, die wohl im Berliner Auswärtigen Amt nicht nur Kopfschütteln provoziert haben, ohne dass die meisten professionellen Beobachter dafür ein Wort der Kritik fanden. Wenn Herr Jazenjuk, immerhin Ministerpräsident der Ukraine, verlauten ließ, Putin wolle den dritten Weltkrieg auslösen, daher müsse man eine zweitausend Kilometer lange Mauer an der Nordgrenze der Ukraine bauen, wenn er darauf bestand, dass die Ukraine im Kriegszustand mit Russland sei, dann war dies manchmal eine Notiz, nie einen Kommentar wert. Immerhin begann die harte Gangart in Moskau in dem Augenblick, als dieser Jazenjuk, dessen Draht nach Washington schon gut funktionierte, noch ehe er in Brüssel anrief, die vom Maidan erzwungene Politik in Kiew bestimmte.

Der Ukrainekonflikt wurde vom ersten Tag an begleitet – und verschärft – durch einen Propagandakrieg, der von russischer Seite reichlich plump und daher wenig überzeugend, vom Westen sehr viel weniger abstoßend, dafür wirksamer und erfolgreicher geführt wurde.

Großmächte – und Präsident Obama hat Russland den Status einer »regionalen Großmacht« gnädig, aber auf Distanz bedacht, zugestanden – haben nicht nur seit jeher ihre Einflusszonen, sie pflegen auch ihre roten Linien zu ziehen, deren Überschreitung ihr aktives, notfalls militärisches Eingreifen auslösen muss. Die Bündnispartner der USA haben lernen müssen, dass die Führungsmacht der NATO es für ihr gutes Recht hält, ihre Partner in ihrer Einflusszone auszuspionieren, auch wenn dies deren Souveränität missachtet und damit auch internationales Recht. Das Russland, das nach Auflösung der Sowjetunion übrig blieb, hatte nicht die Macht, rote Linien zu ziehen. Es musste zusehen, wie – entgegen mündlichen Zusagen wichtiger Politiker – die Ostgrenze der NATO bis an die polnische Ostgrenze vorrückte. Dass ein Beitritt der Ukraine zur NATO für Russland eine zumindest gefühlte rote Linie überschreiten würde, wusste man im Westen spätestens seit der zornigen Putin-Rede auf der 43. Münchner Sicherheitskonferenz 2007. Der Westen hätte sich darüber im Klaren sein müssen, dass in dem kulturell ge-spaltenen Land, als das die Ukraine sich selbst erlebt, der Weg in die NATO keineswegs Konsens war. Das bedeu-tete – in einem längst nicht konsolidierten Staat – die Gefahr der Abspaltungen, und zwar auch ohne russisches Eingrei-fen.

Eine Assoziierung der Ukraine an die Europäische Union konnte, musste aber nicht, die rote Linie der Russen über-schreiten. Gedacht als Vorbereitung der NATO-Mitglied-schaft würde sie ganz sicher die Überschreitung der Linie bedeuten. Akzeptabel kann sie werden, wenn sie zugleich mit der russischen Regierung ausgehandelt wird, vielleicht sogar flankiert mit ähnlichen Abmachungen mit Moskau. Viel-leicht kann man sich in Moskau auch kaum vorstellen, dass die Europäische Union all die Opfer bringen wollte, die nötig wären, ein Land von der Größe der Ukraine allein – und ge-gen Russland – zu sanieren. Darüber wird in Europa wohl-weislich nicht gesprochen. Jedenfalls kam der Präsident der Europäischen Kommission, José Barroso, gar nicht auf die Idee, einmal nach Moskau zu fliegen, vielleicht begleitet von zwei Außenministern, und mit der russischen Regierung zu reden. Manches, was zu Beginn der Krise aus Moskau zu hö-ren war, klang daher wie ein Weckruf: »Hallo, liebe Leute, es gibt uns noch!«

Gegenüber dem ukrainischen Präsidenten Janukowytsch versuchte es Putin nicht mit Drohungen, sondern mit attrak-tiven Angeboten, etwa beim Ölpreis. Das wirkte, versam-melte aber auf dem Maidan die unterschiedlichsten Demons-tranten, von linken Demokraten bis zu fanatischen, teilweise faschistischen Nationalisten. Erst als der Vermittlungsver-such der Außenminister Frankreichs, Polens und Deutschlands gescheitert war und der – noch in Kiew verbliebene – harte Kern der Maidanbewegung die Regierung Jazenjuk erzwungen hatte, schaltete Moskau auf Konflikt. Das spricht nicht für eine ausgefeilte, langfristige Offensivstrategie.

Soll die Ukraine in die NATO aufgenommen werden, müssen alle NATO-Staaten zustimmen. In jedem einzelnen, ganz besonders in den wichtigsten NATO-Staaten auf dem europäischen Kontinent, Deutschland und Frankreich, wohl auch in Italien, wird es darüber harte Diskussionen geben. Sie werden nicht darüber geführt werden, ob die Ukraine, wenn sie will und kann, eine Demokratie nach europäischem Muster aufbauen darf – dafür gibt es auch andere Wege als die NATO-Mitgliedschaft. Die Frage wird vielmehr sein: Kann es im 21. Jahrhundert, wenn sich neue Machtblöcke bilden, europäische Sicherheit ohne oder gar gegen Russland geben? Kann Europa es sich leisten, Russland in ein – offenbar gar nicht gewünschtes – Bündnis mit China abzudrängen, so dass die polnische Ostgrenze die Grenze zu Eurasien wird?

Oder wollen wir uns daran erinnern, wie gerade wir Deutschen Beifall klatschten, als Michail Gorbatschow – ohne den wir die Einheit nicht bekommen hätten – vom Europäischen Haus redete? War uns da nicht klar, dass der Russe Gorbatschow damit ein Haus meinte, in dem auch Platz sein sollte für sein Volk? Tatsächlich haben wir, nachdem wir hatten, was wir wollten, daran wenig oder gar nicht gedacht.

Wenn es um den NATO-Beitritt der Ukraine geht, sind auch die deutschen und die amerikanischen Interessen nicht identisch. Die USA haben nichts dagegen, wenn die Europäische Union sich – aus Furcht vor Russland – an die Vereinigten Staaten klammern muss. Europa – und in seiner Mitte Deutschland – muss ein Interesse daran haben, dass die

Grenze der künftigen Blöcke nicht am Bug, sondern irgendwo in Sibirien verläuft.

Wenn ich Wert darauf lege, dass die russische Politik des Jahres 2014 nicht als Ausdruck einer ausgefeilten Strategie der Eroberung verstanden werden sollte, sondern eher als defensive Antwort auf den erkennbaren Versuch der NATO, sich bis nach Zentralrussland auszudehnen und damit die rote Linie Russlands zu ignorieren, dann geht es mir nicht darum, einen Politiker reinzuwaschen, der immerhin lange Zeit als rational und bedächtig agierender Außenpolitiker gegolten hat. Dass Wladimir Putin, zumal wenn er sich in die Ecke gedrängt fühlt, einen Durchsetzungswillen entwickelt, den andere für Rücksichtslosigkeit halten müssen, sei gerne zugegeben. Aber ich möchte eine Dämonisierung dieses Politikers verhindern. Dämonen – und in diese Kategorie gehört Hitler – kann man nur bekämpfen und, wenn man Glück hat, niederringen. Mit ihnen zu verhandeln, wie das in München 1938 geschah, verbietet sich. Das ist also der Grund, warum der Titel »Putinversteher« nicht zu dem gehört, worüber ich mich schäme. Wer Putin mit Hitler vergleichbar macht, hat sich, ob er das zugibt oder nicht, mit dem nächsten Krieg bereits abgefunden.

Verantwortliche Politik besteht zu einem beträchtlichen Teil aus dem Bemühen, die Leute zu verstehen, die anders denken und handeln als ich. Wo schon das Verstehenwollen und das Verstehen – das übrigens nicht gleichzusetzen ist mit Verständnis – als Delikt abgehandelt werden, ist dies ein Zeichen politischer Unkultur, das in der deutschen Demokratie des 21. Jahrhunderts keinen Platz haben dürfte. Wer nicht verstehen will, kann nur hassen. Und dass in der deutschen Öffentlichkeit der Hass wieder Einzug hält, überrascht und beunruhigt mich. Otto von Bismarck war kein Demokrat. Und er konnte hassen, auch als Innenpolitiker. Aber außenpolitisch hatte er die Fähigkeit, sich in die Haut der Kontrahenten zu versetzen, sie zu verstehen. Das beschränkte nicht sein Urteilsvermögen, es war dessen Fundament.

Wer Putin dämonisiert, kann keinen Ausgleich mit Russland wollen, keinen Versuch, für Russland und die Ukraine in geduldigen Verhandlungen ihren respektablen und respektierten Platz in Europa zu suchen und schließlich auch zu finden.

Mit den Terroristen des IS wird es keinen Frieden geben können. Was sie sich zum Ziel gesetzt haben, ist nicht verhandelbar. Sie sprechen nur die Sprache der Gewalt, und sie wollen nur die Sprache der Gewalt verstehen. Europa wird im 21. Jahrhundert damit genug zu tun haben. Und bisher erweisen sich sogar die Vereinigten Staaten als reichlich hilflos.

Wo wir es mit der privatisierten und oft auch fanatisierten Gewalt des 21. Jahrhunderts zu tun bekommen, können wir Bundesgenossen brauchen. Auch russische. Für Europa eine Friedensordnung mit Einschluss Russlands zu schaffen, war vor zwanzig Jahren leichter als 2015, aber es ist nach wie vor möglich, weil auch die Russen lieber mit den Europäern Handel treiben, als gegen sie zu rüsten.

Das braucht Zeit. Aber es gelingt nur, wenn wir diese Zeit nutzen. Zuerst einmal dazu, verbal abzurüsten. Dazu gehört auch, unversöhnliche Hasstiraden, woher sie auch immer kommen, als solche zu benennen und zu verurteilen.

Dann könnten wir uns mit einem sehr praktischen Gedanken beschäftigen: Ist die Ukraine überhaupt zu sanieren, wenn nicht die Europäische Union und Russland zusammenarbeiten? Dann dürfen sich die Europäer nicht denen in Kiew anschließen, für die ein Ja zur Ukraine das Nein zu Russland einschließt.

Jetzt geht es um nichts weniger als darum, das europäische Haus so fertigzustellen, dass es den Gefahren des 21. Jahrhunderts gewachsen ist. Behandelten die Europäer Russland als einen Delinquenten, der erst zu Kreuze kriechen muss, wäre sogar dann alles verloren, wenn Wladimir Putin tatsächlich zu Kreuze kröche. Das so gedemütigte Volk der Russen würde wohl so unberechenbar wie das Volk der Deutschen, das sich von Versailles gedemütigt fühlte. Der nächste Präsident könnte wirklich dem Bild entsprechen, das heute von Putin gemalt wird.

Wer Putin vor die Wahl stellt, entweder um Verzeihung bittend nach Brüssel oder Berlin zu pilgern oder sich widerwillig mit China zusammenzutun, bereitet eine europäische Zukunft vor, in die ich meine Enkel und Urenkel nicht hineinwachsen lassen möchte. Ein Europa, das sich einem übermächtigen eurasischen Block konfrontiert sieht, müsste sich dauerhaft an die Rockschöße der Vereinigten Staaten klammern, die im Laufe des Jahrhunderts wahrscheinlich von ganz anderen Sorgen in Anspruch genommen sein werden als den unseren.

Konstruktive Gespräche über ein europäisches Haus, das Russen – und natürlich auch Ukrainer – mitbewohnen, werden möglicherweise nicht so sehr da scheitern, wo heute noch geschossen wird, sondern da, wo nie geschossen wurde: auf der Krim. Nachdem Russland offenbar keine Einwände dagegen vorbringt, dass die Verwaltungsbezirke Donezk und Lugansk sich selbst verwalten dürfen als Teile der Ukraine, ist es immerhin denkbar, dass eine innerukrainische Lösung gefunden wird.

Schwieriger wird es bei der Krim. Als der sowjetische Diktator Chruschtschow, selbst Ukrainer, die Krim der Ukraine schenkte, hat man das in Deutschland kaum zur Kenntnis genommen. Und wenn man die Deutschen heute fragen würde, wohin die Krim gehört, würde wohl eine Mehrheit sagen: Das ist mir egal. Das sollen die Leute dort entscheiden. Die haben das sogar getan. Sie haben, in einem Taumel nationaler Begeisterung, mit 97 Prozent für den Anschluss an Russland gestimmt. Das klingt verdächtig, ist es auch. Die Krimtartaren haben zum Beispiel nicht mit abgestimmt. Aber niemand behauptet, unter internationaler Kontrolle wären es weniger als 50 Prozent gewesen.

Sollte man die Bewohner – vielleicht sogar die von 2013 – noch einmal abstimmen lassen? Das wäre vernünftig. Aber leider sind beide Seiten dagegen. Die russische, weil sie die Krim zum unverhandelbaren Bestandteil Russlands erklärt hat, die ukrainische, weil sie mit einer Niederlage rechnen müsste. Aber kann jemand sich vorstellen, dass man die Krim noch einmal verschiebt, ohne die Bewohner zu fragen? Verlangt das Frau Merkel? Hat sie vergessen, dass wir Deutschen uns vierzig Jahre lang nicht auf das Völkerrecht, sondern das Recht auf Selbstbestimmung berufen haben?

Die Weltgeschichte ist, das haben wir schon gesehen, kein Amtsgericht. Sie war es nicht, als die USA den Irak überfallen haben – mit Zustimmung von Angela Merkel, die damals glücklicherweise nur Oppositionsführerin war. Das Welt-Amtsgericht fehlt auch, wenn die Amerikaner uns so gründlich ausspähen, dass von Souveränität keine Rede mehr sein kann. Politische Fragen verlangen politische Antworten. Und wer den Bewohnern der Krim das Recht auf Selbstbestimmung nicht zugestehen will oder kann, sollte am Thema Krim nicht ablesen, wer zu den Guten und wer zu den Bösen der Geschichte gehört.

Weil im 21. Jahrhundert die Privatisierung der Gewalt zumindest bisher weiter um sich greift – von unten durch Banden und Milizen aller Art, von oben durch private Sicherheitsdienste –, werden die Stärke, die Solidarität und die Verlässlichkeit eines Staates immer weniger an der Zahl seiner Divisionen, immer mehr am Zustand seiner Gesellschaft gemessen werden. Eine politisch und sozial polarisierte, von Gewaltexzessen durchgeschüttelte Gesellschaft wird an Einfluss verlieren. Eine Gesellschaft, deren Staat, gegründet auf einen belastbaren Grundkonsens, nicht nur die Rechtsgleichheit garantiert, sondern auch dem sozialen Ausgleich dient und über ein leistungsfähiges Bildungssystem das kulturelle Niveau anhebt, kann, auch wenn sie nur wenige Millionen Menschen umfasst, einflussreich werden. Der Staat des 21. Jahrhunderts wird in dem Maß stark sein, in dem seine Bürgerinnen und Bürger sich dort zu Hause fühlen.

Konventionelle Kriege werden seltener werden, ganz einfach, weil am Ende auch die Sieger einer privatisierten Gewalt ziemlich hilflos gegenüberstehen. Insofern war der Irakkrieg ein Lehrstück. Auch im Ukrainekonflikt sind der russische wie der ukrainische Präsident am Ende weit weniger mächtig, als sie gerne wären. Nicht alle, die ihnen gehorchen sollten, sind dazu bereit. Deshalb hält ja auch kein Waffenstillstand. Wenn die nationalistischen Milizen der Ukrainer oder die eine oder andere Kompanie der Separatisten schießen wollen, lassen sie sich von niemandem daran hindern. Sie schießen.

Europa

Nicht einmal eine Dorfgemeinde funktioniert so, dass jeder und jede nur für sich selbst sorgt. Der Sozialstaat ist eine Folge der Tatsache, dass Menschen immer aufeinander angewiesen sind, auch und gerade in einer modernen Gesellschaft. Wichtige Sozialgesetze gehen in Deutschland zurück auf einen stockkonservativen Junker, Otto von Bismarck. Der mag auch taktische Hintergedanken gehabt haben. Aber konnte ein zivilisierter Staat zulassen, dass Millionen seiner Bürgerinnen und Bürger, denen die dürftig entlohnte Arbeit kaum Freizeit übrig ließ, im Alter auf der Straße landen und keinen Arzt bezahlen konnten? Jeder Staat trägt Verantwortung für seine Bürger, sogar wenn er dies nicht, wie die Bundesrepublik Deutschland, in seiner Verfassung festschreibt.

Wie ist dies bei einem Zusammenschluss von Staaten, die alle schon ihre eigene Form sozialer Sicherung geschaffen haben?

Natürlich wird sich dieser Zusammenschluss nicht gleich die Zähne ausbeißen mit dem Versuch, diese Sozialsysteme, die ja auch individuelle Rechtsansprüche schaffen, zu harmonisieren. Daher ist die Europäische Union tatsächlich keine Sozialunion. Aber das bedeutet nicht, dass die Europäer nicht vergleichen, was ein Industriearbeiter in Frankreich oder eine Krankenschwester in Dänemark erwarten können, wenn sie alt oder krank sind. Und natürlich wird auch verglichen, wo es Arbeit gibt und wo nicht, wo mehr zu verdienen ist, wo weniger.

Dass es Unterschiede gibt, empört zunächst niemanden. Dass die Niederlande ihre Bürger besser vor Armut schützen können als Bulgarien, hat mit beider Länder Geschichte zu tun. Von heute auf morgen lässt sich dies nicht ändern. Anders reagieren die Menschen darauf, wenn es in einem Staat von Jahr zu Jahr weniger Arbeitslose gibt, im andern immer mehr, wenn der eine, ärmere Staat immer höhere Zinsen auf seine Anleihen zahlen muss, der andere, reichere immer geringere, bis zu dem Punkt, dass er praktisch gar keine mehr zahlt; wenn der eine Staat seinen Exportüberschuss immer weiter ausbaut, während die meisten anderen deutlich mehr importieren müssen, als sie exportieren können; vor allem aber, wenn der wirtschaftlich stärkste Staat seinen Stolz auf den vorbildlichen Haushalt all denen kundgibt, denen es einfach nicht gelingen will, das Haushaltsdefizit unter die drei Prozent des BIP zu drücken.

Natürlich lässt sich dies alles sehr einfach erklären, nämlich so, wie die deutsche Regierung dies zu tun pflegt: Wir sind eben voll konkurrenzfähig, sparsamer, tüchtiger, wohl auch besser regiert und daher erfolgreicher als andere. Macht es wie wir, dann wird alles gut. Dazu gibt es den Wettbewerb, auch zwischen Staaten. Dass diese Erklärung nicht überall auf freudige Zustimmung stößt, versteht sich von selbst.

Der Wettbewerb, den die deutsche Kanzlerin preist, gleicht für die Südländer einem 100-Meter-Lauf, bei dem die Deutschen schon am Start 20 Meter Vorsprung haben. Ein Europa, in welchem die einen selbstzufrieden die schwarze Null in ihrem Bundeshaushalt feiern – vor allem, weil sie für ihre beachtliche Schuldenlast kaum mehr Zinsen bezahlen –, während die anderen nicht wissen, wann und wie sie ihrer jungen Generation wieder eine Chance bieten können, kann nicht funktionieren. Und wenn dann noch wahrheitsgemäß behauptet werden kann, dass die Perspektivlosigkeit der Jugend mit der Rosskur zusammenhängt, auf der vor allem der wirtschaftlich stärkere Staat unerbittlich besteht, weil das Land nur so »wettbewerbsfähig« werden könne, darf sich niemand wundern, wenn die Europäische Union von einer Chance zu einer Zwangsjacke wird und manche Gefühle wiederbelebt werden, die an 1945 erinnern.

Wettbewerb ist das Rezept der Marktradikalen für nahezu alles. So wie der *homo oeconomicus* mit allen seinesgleichen immer im Wettbewerb steht, so stehen auch Staaten im Wettbewerb miteinander, genauer: gegeneinander. Noch vor ein paar Jahrzehnten hatte man gesagt, die Griechen können – und müssen – nie so gute Autos bauen wie die Deutschen, so wie die Deutschen nie so gutes Olivenöl erzeugen können wie die Griechen. Und wenn die Griechen keine ordentliche Finanzverwaltung haben, dann müssen sie eine bekommen, die auch in der Lage ist, die Reichen und Mächtigen im Lande zum Steuerzahlen anzuhalten. Jetzt muss das Land der Griechen »wettbewerbsfähig« werden und kommt doch nicht aus seiner Misere heraus.

Wettbewerb, etwa innerhalb von Branchen, kann das Geschäft beleben. Wettbewerb zwischen Staaten, zumal wenn die Startchancen ganz verschieden sind, kann den Nationalismus, auch das nationale Ressentiment beflügeln. Eines kann er sicher nicht: eine Gemeinschaft zusammenführen, ein Gefühl der Gemeinsamkeit schaffen. Das kann nur die gegenseitige Hilfe, die Rücksicht der Starken auf die Schwachen, kurz: das, was man in Europa Solidarität nennt, die Verantwortung aller für alle und eben auch die Verantwortung der Starken für die Schwachen. Der Wettbewerb, zumal bei ungleichen Startchancen, treibt die Länder eher auseinander, Zeichen und Taten der Solidarität stärken den Zusammenhalt.

Wer dies nicht wusste, müsste es inzwischen gelernt haben. Die Bereitschaft, ein gemeinsames Haus Europa aufzubauen, nimmt ab, und zwar sowohl bei denen, die im Wettbewerb nicht bestehen können, als auch bei manchen Erfolgreichen, denen der nationale Egoismus nicht konsequent genug verfochten wird, die also finden, man gehe mit den Schwachen nicht hart genug um. Wenn man Europa auf das Prinzip des Wettbewerbs gründen will, ist beides ebenso verständlich wie beschämend. Dass wir praktisch eine Nord-Süd-Spaltung in der EU haben, verhindert nicht das Aufkommen einer deutschen Partei, die der Kanzlerin vorwirft, sie vertrete das nationale Interesse nicht konsequent genug.

Sollte man eines Tages herausfinden wollen, wann Europa aus dem Tritt kam, wo der Zeitpunkt liegt, von dem an die angeblichen oder wirklichen nationalen Interessen so dominierten, dass die Union in Gefahr geriet, dürfte man rasch fündig werden: Es geschah, als die Spekulanten sich ein Land nach dem anderen vornahmen, dessen Verschuldung die Anleger zweifeln ließ, ob ihre Staatsanleihen eine sichere Anlage seien. Die Zinsen, die diese Staaten begleichen mussten, stiegen in eine Höhe, die auch stärkere Länder überfordert hätte.

Damals begann die Diskussion über Eurobonds, also über Staatspapiere, für die alle Staaten der Europäischen Union gemeinsam haften sollten. Natürlich waren sie nie gedacht als einzige Form der Kreditaufnahme für alle Mitglieder der Union, wohl aber als zeitweise nötige Hilfe für die Opfer der Spekulation.

Die Diskussion wurde rasch abgewürgt durch die deutsche Kanzlerin. Sie sagte nicht das, was alle ihre Vorgänger höchst wahrscheinlich gesagt hätten, und zwar von Adenauer bis Schröder: »Eine interessante Idee, aber so weit sind wir noch lange nicht.« Sie hätten den Wunsch nach Eurobonds zum Motor für ihre Europapolitik gemacht: Wenn ihr gemeinsame Staatspapiere wollt, dann muss vorher viel geschehen, vielleicht bis hin zu einer koordinierten Steuerpolitik, von der die EU noch weit entfernt ist.

Diese Chance hat Frau Merkel bewusst vertan, indem sie urbi et orbi kundtat: »Nicht solange ich lebe«, was boshafte Kritiker so verstehen konnten, als halte sie sich für eine Kanzlerin auf Lebenszeit. Jedem war klar: Das wirtschaftlich stärkste Land wird nicht mitspielen, obwohl es – durch den Rettungsschirm – bereits für Schulden anderer Länder mit haftete. Es ging im Grunde nur noch um die vernünftigste Form einer gemeinsamen Haftung.

Wer führen will, muss vorangehen, nicht mit der Peitsche hinterdrein. Ein »interessant, aber« hätte sicher im Lauf der Zeit konkretisiert werden müssen, aber es wäre den deutschen Fiskus am Ende nicht teurer gekommen. Das schneidende Nein der Kanzlerin hieß: Wir sind eine Wettbewerbsunion, keine Solidargemeinschaft.

Aber weder ein gemeinsamer Staat noch eine Gemeinschaft von Staaten lässt sich auf den Wettbewerb zwischen den Teilen bauen – den es durchaus geben kann, gewollt oder nicht –, sondern nur auf das Einstehen der Teile füreinander. Dass dieser reichlich simple Tatbestand gerade am Beginn des 21. Jahrhunderts aus dem Blick geraten ist, hat mit der marktradikalen Welle zu tun. Aber das schließt auch die Chance ein, den Irrtum zu korrigieren.

Es war ja nicht so, dass in Deutschland Merkels Europapolitik überall für »alternativlos« gehalten wurde, auch nicht das Nein zu den Eurobonds für alle Ewigkeit. Aber ihre Kritiker – mit Ausnahme des tapferen Soziologen Ulrich Beck –

resignierten rasch, weil sie – nicht ohne Grund – fürchteten, als Verräter der nationalen Interessen in die nächste Wahl gehen zu müssen. Vielleicht finden die aktiven Europäer in Deutschland, die es in allen Parteien gibt, gerade dadurch zueinander, dass die Nationalisten in einer neuen Partei wirksam werden. Auch der islamistische Terror dürfte Europa näher zusammenrücken lassen.

Im Strom verzweifelter Flüchtlinge aus den zerfallenden und zerfallenen Staaten hat Europa noch einmal sein hässliches Gesicht gezeigt: das Europa der Wettbewerber, diesmal im Wettstreit um das Prädikat der hartherzigsten Aussperrung hilfloser Menschen. Dass nun ausgerechnet das Deutschland, das gegenüber Griechenland nur abstoßende Härte kannte, das Vorbild einer – von der Mehrheit gestützten und verlangten – Solidarität bietet, lässt hoffen. Vielleicht kann nur ein solidarisches Deutschland ein solidarisches Europa für alle attraktiv machen.

Ein Glück, dass Europa – wenn nicht alles täuscht – Zeit hat. Wenn es die Krisen der nächsten Jahre übersteht und nicht auseinanderbricht, wird man wohl in Ruhe darüber reden können, wer welche Last zu tragen hat, wie europäische Solidarität zu organisieren ist. Vielleicht wird man dann auch über etwas reden können, was bisher immer ausgeblendet wurde, weil eine Einigung darüber nicht denkbar war: das gemeinsame Ziel, die Frage, wie denn dieses Europa am Ende aussehen soll.

Dann besteht auch die Chance, dass Russland seinen Platz in Europa findet, ein Land, zu groß und wohl auch zu vielgestaltig, um Mitglied der Union zu werden, aber auch zu wichtig, um gar nicht gefragt zu werden, wenn es um die Sicherheit und den Zusammenhalt Europas geht.

Was soll aus Deutschland werden?

Seit Herbst 2014 haben die Deutschen, etwas erstaunt, verwirrt und vor allem verärgert, hinnehmen müssen, dass eine kleine Gewerkschaft, die, nimmt man ihren Namen ernst, nur die Lokomotivführer umfasst, durch immer neue und immer längere Streiks den Bahnverkehr lahmlegte. Millionen von Pendlern, Schülern und Reisenden wussten nicht mehr, wie sie an ihren Arbeitsplatz, in die Schule, zu ihrem Reiseziel oder wieder nach Hause kommen sollten. Dabei handelte es sich nicht um einen Streik, bei dem es vor allem um die Prozentzahl einer Lohnerhöhung ging, sondern um das Recht einer sehr kleinen Gewerkschaft, eben nicht nur für die Lokführer zu verhandeln und Tarifverträge abzuschließen, sondern auch für andere Bahnbedienstete, die mehrheitlich einer anderen Gewerkschaft angehören. Eine ironische Note bekam der Konflikt dadurch, dass die streikwütige Kleingewerkschaft im Beamtenbund zu Hause war, dem das Beamtenrecht normalerweise den Streik verbietet. Aber die Lokführer der Deutschen Bahn AG waren ja keine Beamten mehr.

Der Vorsitzende der Kleingewerkschaft trat auf wie das verkörperte gute Gewissen. Er pochte auf sein Recht, und die Arbeitsgerichte bestätigten ihm: »Ja, das ist dein Recht!« Natürlich hatte auch die Bahn das Recht, zwei unterschiedliche Tarifverträge für dieselben Bediensteten abzulehnen. Und die Millionen Pendlerinnen und Pendler, die ihre Monatskarte gelöst hatten, vertrauten auf ihr Recht, ohne Verspätung zur Arbeit zu kommen. Aber es galt das Recht des Stärkeren. Und da Züge (noch) nicht ohne Lokomotivführer fahren können, war ersichtlich, wer der Stärkere war. Schließlich ließ sich das Recht auf einen Besuch bei den Enkeln oder auf eine zeitige Heimkehr von der Arbeit nicht einklagen. Die Kleingewerkschaft hatte das Recht, über viele andere Rechte hinwegzugehen. Und das tat sie ausgiebig. Damit niemand übersah, dass es eben Gewerkschaften gibt, die Macht haben, und solche, die keine haben, nutzten auch die Piloten der Lufthansa gleichzeitig ihre Macht und streikten ebenfalls immer wieder. Ich erinnerte mich an viele harte Streiks, etwa der Metaller in Baden-Württemberg, die ich ausdrücklich unterstützt hatte, aber an keinen, dessen Anlass so fragwürdig und dessen Auswirkung so abträglich gewesen wäre. Wären solche Streiks in den frühen siebziger Jahren möglich gewesen? Wahrscheinlich nicht.

Sie entsprachen dem marktradikalen Credo: Wenn jeder für sich selbst sorgt, ist für alle gesorgt. Rücksicht auf Millionen anderer Arbeitnehmer? Etwas für sentimentale Gutmenschen. Es ist die perfekte Ich-Gesellschaft, die solche Streiks hervorbringt – und dann auch erdulden muss.

Ich nehme heute in Deutschland eine Gesellschaft wahr, in der Rücksichtnahme, Einfühlungsvermögen, Zuwendung zum anderen, zum Nächsten, Einfaltspinseln überlassen bleiben, die sich auch noch etwas darauf einbilden. Es ist das genaue Gegenteil dessen, was Willy Brandt mit der Gesellschaft der guten Nachbarn gemeint hat.

Wenn es stimmt, dass ein »Kollege« Claus Weselsky eben nicht 1972, wohl aber 2014 möglich war, wenn es also in Deutschland Zeiten gab, in denen einfach niemand auf die Idee kam, sich so zu verhalten, dann gibt dies Grund zur Hoffnung, dass dies eines Tages auch wieder nicht mehr möglich sein wird. Dafür spricht übrigens auch das erkennbare Erschrecken vor dem eigenen Tun, das Weselsky schließlich gepackt haben muss, als er plötzlich – und eigenmächtig –

einen Streik abgekürzt hat. Vielleicht hat er verstanden, dass er sich wie der schlechte Nachbar verhalten hatte, der nur an sein Recht denkt, wenn über Nacht der Wind das Laub von der Esche des daran schuldlosen Nachbarn auf seine sonst so sauberen Gartenwege geweht hat.

Dass Menschen zuerst einmal an sich selbst denken, zuerst einmal Verantwortung für sich selbst haben müssen, leuchtet ein. Wir alle haben zuerst einmal Durst, Hunger, Zahnweh, Prüfungsangst, Badevergnügen. Wir sind Individuen, vergnügt, depressiv, verschreckt oder verliebt. Eine Ideologie, die uns in unserer Ichbezogenheit rechtfertigen oder gar bestärken will, ist im besten Fall überflüssig. Im schlimmsten Fall sperrt sie uns in ein Ichgefängnis, das uns selbst so wenig guttut wie der Gesellschaft, deren Teil wir sind. Wenn der Apostel Paulus die Galater auffordert: »Einer trage des andern Last«, so weiß er sehr wohl, dass auch in einer Gemeinde, die seinem Rat folgen will, jeder und jede noch genug selbst zu schleppen hat. Aber er weiß auch, dass ein Mensch andere Menschen braucht, um Mensch zu werden, dass er nur in Gemeinschaft mit anderen seine Anlagen entfalten kann.

Das Ich, das zuerst einmal für sich sorgt, gibt es wirklich, niemand kann es leugnen, niemand sollte es verteufeln, aber niemand braucht es anzuspornen oder gar heiligzusprechen. Die in Europa wirksame Ethik, am eindeutigsten die christliche, verweist deshalb auf das Du, das Wir. Und jede Gesellschaft wird umso entspannter, erfreulicher, humaner, je mehr das Du gilt und dann auch das Wir. Wettbewerb zwischen Menschen ist oft nötig, ergibt sich manchmal ganz von selbst, kann Kindern sogar Spaß machen, wenn dabei keine ewigen Verlierer übrig bleiben. Aber als leitendes Prinzip menschlichen Zusammenlebens taugt er nicht.

Allenfalls der *homo oeconomicus,* auf den die marktradikale Lehre aufbaut, den es so aber auch nur in dieser Lehre gibt, lebt vom Wettbewerb, entfaltet sich im Wettbewerb. Der Mensch, wie er wirklich ist, kann sich auch im Wettbewerb bewähren, wenn er Menschen um sich hat, die den gerade Erfolglosen, den Verlierer auffangen und mit dem gerade Erfolgreicheren so feiern, dass er nicht abhebt. In einer im Kern kapitalistischen Wirtschaft – und eine andere ist nicht in Sicht – wird es immer genügend Wettbewerb geben. Wir brauchen nicht zu fürchten, dass er uns verlorenginge.

Konkurrenz wird es immer geben, solange es menschlichen Egoismus gibt. Und sie wird Menschen einmal zur Leistung antreiben, ein andermal als Verlierer verzweifeln oder als Sieger jubeln lassen. Aber als Leitprinzip einer Gesellschaft, als Grundform des Zusammenlebens taugt sie nicht. Genauer: Sie hat nur so lange ihre zweifelhafte Gültigkeit, wie die marktradikale Ideologie den Menschen zum *homo oeconomicus* reduzieren kann. Und auch das wird einmal überwunden sein.

Wer lange genug gelebt hat, wird auch in seinen Hoffnungen bescheiden. Aber die Hoffnung, dass die europäischen Gesellschaften, insbesondere die deutsche, die Folgen der marktradikalen Gehirnwäsche überwinden kann und überwinden wird, gebe ich nicht auf.

Es stimmt ja, dass die globale Konkurrenz schärfer wird, dass auch ein Land, dessen Maschinen und Autos einen guten Ruf haben, sich einer wachsenden Konkurrenz stellen muss. Ich habe schon kurz über das Thema Leistungsgesellschaft gesprochen. Und ja, es ist richtig, wir werden auch künftig eine Leistungsgesellschaft sein müssen. Genauer: Wir werden eine Leistungsgesellschaft werden müssen. Denn bislang sind wir etwas anderes: eine Erfolgsgesellschaft. Gefeiert wird der (oder die) Erfolgreiche, ganz gleich, wie der Erfolg erreicht wurde. Und abgehängt wird der (oder die) Erfolglose, ganz gleich, was sie geleistet haben. Krankenschwestern und Krankenpfleger etwa können durch einen Streik eben nicht, wie die Lokführer, die ganze Wirtschaft lahmlegen, was ihren Erfolg bei Tarifverhandlungen begrenzt. Die Alleinstehende mit drei Kindern, die putzen geht, leistet Unglaubliches, aber sie ist froh, wenn sie einen Monat ohne Schulden hinter sich gebracht hat. Ob der Börsenspekulant der Gesellschaft dienen oder schaden mag: Wenn er Erfolg hat, ist er der feine, bewunderte Herr.

Es verwundert nicht, dass es die Marktradikalen waren, die Erfolg, und zwar wirtschaftlichen Erfolg, mit Leistung gleichsetzten. Sie haben auch den »Leistungsträger« erfunden, den es vor vierzig Jahren noch nicht gab. Er muss bewusst erfunden worden sein, weil er sich nicht aus den Gesetzlichkeiten der deutschen Sprache ergibt. Wer auf Berge steigt, ist ein Bergsteiger, wer Kamine fegt, ein Kaminfeger, aber wer hat je eine Leistung getragen? Mit den Leistungsträgern waren Leute gemeint, die ordentlich verdienten, denen man aber nicht zu der Last, die sie mit ihrer Leistung bereits »trugen«, auch noch deftige Steuern aufladen durfte. Später wurde dieses Etikett auch herausragenden Fußballern angeklebt, was natürlich den Mannschaften nicht guttat. Wer zum Teufel war ein Leistungsträger? Und wer oder was waren die Übrigen? Was trugen sie? Fehlpässe? Jedenfalls verdienten sie ausreichend, um zu denen zu gehören, die ursprünglich Leistungsträger genannt wurden. Wenn es um Steuern geht, gehören sie immer noch dazu.

Ich möchte, dass meine Enkel und meine Urenkel, die ich

jetzt heranwachsen sehe, in einer Gesellschaft leben, in der Leistung, redliche Arbeit, auch solche für andere Menschen, anständig entlohnt wird und der finanzielle Erfolg, wenn er einmal das Zwanzigfache oder gar das Fünfzigfache eines Facharbeiters übersteigt, auch entsprechend besteuert wird.

Ob Länder in Asien oder Amerika den Marktradikalismus überwinden können, weiß ich nicht. Vielleicht wollen sie es gar nicht. Dafür spricht die Macht der Tea Party in den USA des 21. Jahrhunderts. Wo schon das Bemühen, allen Bürgern eine Krankenversicherung zu verschaffen, als Attentat auf die Freiheit bekämpft werden kann, steht eine – übrigens durchaus respektable – Geschichte dem heute Notwendigen im Wege.

In Europa, wo man zweitausend Jahre lang die Geschichte vom barmherzigen Samariter erzählt und die Sozialpolitik in den Hospitälern der Städte des Mittelalters begonnen hat, stand in jeder Ethik, nicht nur der christlichen, das Du vor dem Ich. Dieses Erbe ist auch heute wirksam, und irgendwann wird es stärker sein als das, was da am Ende des 20. Jahrhunderts vom Atlantik über die Nordsee nach Europa geweht wurde. Dann werden Linke und Wertkonservative zusammenwirken.

Damit dies möglich bleibt, muss Europa bei allen westlichen Gemeinsamkeiten seine Eigenständigkeit wahren. Ein Militärbündnis wie die NATO steht diesem Vorhaben nicht im Weg. Ein Freihandelsabkommen (TTIP) mit den USA kann dies sehr wohl tun. Deshalb geht es beim TTIP nicht nur um die Frage, ob dabei ein – übrigens minimales – Wachstum entsteht, zumal niemand weiß, worin dieses Wachstum dann bestünde. Es geht darum, dass dieses Europa, wenn es gemeinsame Formeln zwischen Portugal und Finnland, den Niederlanden und Rumänien sucht, nicht auch noch nach den

Vereinigten Staaten schielen muss. In meiner Lebenszeit hat, warum auch immer, Nordamerika stärker auf Europa gewirkt als dieses vielstimmige Europa auf Nordamerika. Was aus den USA kam, galt in Europa meist als Fortschritt. Das wäre in einer – marktradikal konzipierten – Freihandelszone nicht anders. Ich möchte, dass die Europäer selbst bestimmen, was sie für Fortschritt halten und was für gesundheitsschädlich, ökologisch unsinnig oder gar für Tierquälerei.

Und die Sozialdemokraten?

Beinahe sechs Jahrzehnte lang habe ich in der deutschen Sozialdemokratie gewirkt, mit sehr verschiedenen Aufträgen, die letzten zwei Jahrzehnte sogar ganz ohne Auftrag. Als ich 1956 eintrat, hatte sich die Partei schon daran gewöhnt, dass sie ernsthafte Chancen nur in den Kommunen und in einigen Bundesländern hatte, dass aber die Macht im Bund besetzt war von einer anderen Partei, der, wenn sie die absolute Mehrheit verfehlte, immer mindestens ein gefügiger Partner zur Verfügung stand. Noch unmittelbar nach der Bundestagswahl 1965 klagte ich in der *Zeit* über die Hofnarrenrolle der Sozialdemokratie.

Die endete dann, als sich für alle herausstellte, was Konrad Adenauer immer schon wusste: dass nämlich aus dem Wirtschaftsminister Ludwig Erhard nur ein miserabler Kanzler werden konnte. Es war der Vorsitzende des Finanzausschusses, Otto Schmidt aus Wuppertal, den die Leser schon kennen, der mir einmal klagte: »Der Kanzler hat verfügt, dass keine Vorlage für ihn mehr als zwei Schreibmaschinenseiten umfassen dürfe. Wir haben uns, knurrend, damit abgefunden. Aber jetzt merken wir: Er liest auch das nicht.«

Gegen Ende des Jahres 1966 fand man auch in der Union, dass dieser Kanzler mit seinem Latein am Ende sei. So kam es zur Großen Koalition und damit zur Regierungsbeteiligung der Sozialdemokraten. Ich war zuerst dagegen, ein Beispiel dafür, dass ich mich oft geirrt habe, vor allem, wenn es um die richtige Taktik ging. Von 1966 bis 1982 haben wir regiert, erst als Juniorpartner der Union, dann haben wir die Kanzler gestellt. Und wir haben die Republik verändert. Jetzt konnten die Deutschen im Westen zwischen zwei offenkundig regierungsfähigen Parteien wählen. Die 40-Prozent-Marke war für die SPD zeitweise nicht die obere, sondern die untere Grenze.

Seit ihrer Niederlage bei der Bundestagswahl 2009 kann meine Partei nur noch damit rechnen, dass jeder und jede Vierte für die Sozialdemokratie votiert. Das ist ein Absturz, den diejenigen Mitglieder am meisten empfinden, die sich noch erinnern, dass auch in schlechten Zeiten beinahe jeder und jede Dritte die Partei gewählt hat.

Jetzt wirkt sich aus, was innerhalb der Partei in den siebziger Jahren ausgefochten wurde. Die Ökologiebewegung hatte die Medien erreicht, war nicht mehr totzuschweigen. Politisch hatte sie nur in der SPD Fuß gefasst, von Landesverband zu Landesverband unterschiedlich, am stärksten in Baden-Württemberg und Schleswig-Holstein. Willy Brandt fand, dass das Soziale und das Ökologische sich bei gutem Willen verbinden ließen, daher ließ er Leute wie mich gewähren, neugierig, ob die Partei auch in den alten Industriegebieten dazu bereit wäre.

Für Helmut Schmidt – und keineswegs nur für ihn – war die Ökologie eine modische Angelegenheit, die bald vergessen sein würde. Kaum war er 1974 Kanzler, da wurde auf der Kabinettsklausur auf Schloss Gymnich alles zurückgedreht, was nach Ökologie roch. Mir war klar: Wäre ich nicht im Haushaltsstreit um den Einzelplan 23 (Entwicklungshilfe) bereits zurückgetreten, nach Gymnich hätte ich es spätestens tun müssen. Von nun an mussten Ökologen in der SPD immer damit rechnen, dass skeptische Bürgerinnen und Bürger zu Recht auf Worte und Taten des Kanzlers verwiesen und fragten, wer denn nun bei uns das Sagen hätte. Aber die Wirklichkeit hat gezeigt, dass der Kanzler sich täuschte, wenn er immer wieder beteuerte, diese Spinner kämen im Bund niemals über die Hürde der fünf Prozent.

Jedenfalls haben die Grünen sich inzwischen einen achtbaren Platz im deutschen Parteiengefüge erkämpft, und wenn sie wirklich für Union und SPD koalitionsfähig werden, könnte dies der interessanteste von allen werden.

Was die »Linke« angeht, so war ich keiner von denen, die 1990 öffentlich verlangt haben, die neu gegründete SDP, später SPD, solle beitrittswilligen SED-Mitgliedern großzügiger entgegenkommen. Ich war der Meinung, das müsse man der neuen Partei überlassen. Heute meine ich, man habe da einiges versäumt, was nicht mehr korrigierbar ist. Aber ich habe kein Recht, jemanden dafür zu tadeln. Dass die PDS keine ostdeutsche Regionalpartei blieb, verdankt sie wohl Oskar Lafontaine. Wahrscheinlich konnte nur er im Westen die Versprengten links von der SPD so sammeln, dass sie sich mit der PDS zu einer Partei zusammenschließen konnten. Dass er die Koalitionsfähigkeit der PDS dadurch nicht fördern, sondern vermindern würde, war ihm wohl klar. In der PDS saßen Leute, die etwas von dem retten wollten, was nach ihrer Meinung die SED hätte sein sollen, vor allem aber Praktiker mit Regierungserfahrung, wenn auch keiner demokratischen. Sich mit ihnen auf eine gemeinsame Landespolitik zu einigen, erweist sich als nicht übermäßig schwierig. Für eine bundespolitische Koalition dürfte der westdeutsche Teil der »Linken« der schwierigere sein. Was Lafontaine tatsächlich erreicht hat, ist, dass westdeutsche Wähler links von der SPD nicht mehr fürchten müssen, dass die Fünf-Prozent-Klausel ihre Stimmen unwirksam macht. Daran wird sich so rasch nichts ändern.

Die SPD wird also auch künftig mit zwei Konkurrenten rechnen müssen, die genau die Wählerschichten ansprechen, die man einst die »Brandtwähler« nannte. Wie kann sie trotzdem jeden dritten deutschen Wähler, jede dritte Wählerin erreichen?

Wenn ich es richtig sehe, haben in den letzten Jahrzehnten die Gründe, nicht SPD zu wählen, eher abgenommen. Inzwischen haben das aber auch die Gründe, sie zu wählen. Vermissen die Wähler wirklich nur unsere Wirtschaftskompetenz? Müssen wir nur nachweisen, dass wir die Wirtschaft nicht weniger gut fördern als andere? Es gibt bereits eine Partei, die es mit der Wirtschaft »kann« – und die Wirtschaft mit ihr. Die Vertreter der Wirtschaft sind inzwischen so anspruchsvoll geworden, dass sie alles für wirtschaftlich unverantwortlich erklären, was nicht voll in ihrem Interesse ist, was ihr Einkommen mindern könnte. Wer schon in einem Mindestlohn von 8,50 Euro den Beweis für mangelnde Wirtschaftskompetenz sieht, wird jede sozialdemokratische Politik als Gefahr für die Wirtschaft einschätzen.

Den größten Wahltriumph ihrer Geschichte hat die SPD 1972 errungen, nachdem der Politikstar, der allein für die Wirtschaftskompetenz der Partei stand, Karl Schiller, die Partei verlassen und zusammen mit Ludwig Erhard Wahlkampf gegen die Partei betrieben hatte, in die er übrigens

Jahre später wieder aufgenommen werden wollte – und auch, in aller Stille, wieder aufgenommen wurde.

Was auch immer 2009 gegen Peer Steinbrück, den Kanzlerkandidaten, vorgebracht wurde, dass er etwas von Wirtschaft verstand und die Bundesrepublik kompetent und mutig durch die Bankenkrise gesteuert hatte, wurde nicht ernsthaft bezweifelt.

Nein, eine erwiesene Wirtschaftskompetenz, die dann im entscheidenden Moment von der Lobby doch bezweifelt wird, ist nicht der Weg zu dem, was Friedrich Naumann die »Mehrheit links vom Zentrum« genannt hat.

Wenn die Wähler etwas mit der SPD von Anfang an verbanden, dann war es das Leitbild einer Gesellschaft, die gerechter, solidarischer und trotzdem frei, ja sogar freier als bisher sein sollte. Dagegen ließe sich viel einwenden: Das sei gar nicht möglich, das sei ein gefährliches Experiment. Aber was bleibt von der Sozialdemokratie, wenn dies nicht mehr ihr Markenzeichen ist?

Wenn Wissenschaftler heute, ohne auf Widerspruch zu stoßen, nachweisen können, dass die soziale Ungleichheit rapide zunimmt, dass eine ziemlich breite Schicht sich so abgehängt fühlt, dass sie gar nicht mehr wählen geht, wenn, was an Wirtschaftswachstum übrig bleibt, gar nicht bei denen ankommt, die bisher mit der Hoffnung auf Wachstum vertröstet wurden, dann kann die Union dies – vielleicht – ignorieren, die Sozialdemokratie nicht. Wenn ernsthafte Sozialwissenschaftler schon auf mittlere Sicht den sozialen Frieden gefährdet sehen, dann muss dies das Thema der Sozialdemokraten sein. Und zwar nicht nur in der Weise, dass sie den Wählern all die Zahlen ins Gedächtnis rufen, die zeigen, wie die Gesellschaft sich spaltet, dass sie vorrechnet, wie man im Vorstand eines Konzerns das Zweihundertfache eines Arbeiters verdienen kann.

Wichtiger ist, dass es der Partei gelingt, eine Gesellschaft zu skizzieren, die für alle, auch die dann vielleicht etwas weniger Reichen, angenehmer, freundlicher, weniger kalt und weniger gehetzt ist. Sie kann sich dabei auf die Studie *Gleichheit ist Glück* von Richard Wilkinson und Kate Pickett berufen. Aber sie muss dafür eine Sprache finden, die in der heutigen Politik nicht üblich ist und die trotzdem nicht sentimental klingt, eine Sprache, die an Werte erinnert, ohne pastoral zu wirken. Willy Brandt hat diese Sprache beherrscht, jedenfalls da, wo sie am Platz war. Er hat ja nicht gefordert: »Ihr sollt ein Volk der guten Nachbarn werden, nach innen und nach außen!« Sein »wir wollen« schloss alle ein, auch seine eigene Person – und niemand fand, dies passe nicht zu ihm. Wir könnten an dieses Wort anknüpfen, weil es alle verstehen, weil klar wird, dass wir die entspannte, freundliche, hilfsbereite Gesellschaft wollen, mehr Miteinander und weniger Wettbewerb. Weniger Ellbogen und mehr offene Arme. Weniger Druck und mehr Ermutigung.

Natürlich käme es nicht nur auf die Sprache an, sondern auch auf die Person, welche die Botschaft vermittelt. Sicher, die Willy Brandts wachsen nicht auf jeder Wiese. Aber eine solche Botschaft, die auch dem Väterlichen und Mütterlichen wieder einen hohen Rang einräumt, würde sehr wohl zu einer modernen Politikerin passen, die zwar die Härte des politischen Geschäfts aushält, aber doch etwas von dem ausstrahlen könnte, was ihr politisch vorschwebt.

Mit einem werthaltigen Gesellschaftsbild ließen sich auch die Millionen Frauen und Männer ansprechen, die zwar keine materielle Not leiden, sich aber von Zeitverträgen hingehalten und verunsichert, von rücksichtsloser Konkurrenz bedrängt und vom Abstieg bedroht sehen, Menschen, die sich, auch wenn sie Beachtliches leisten, in der Erfolgsgesellschaft zu den Verlierern rechnen.

Natürlich darf eine solche Gesellschaftsskizze nie in den Verdacht geraten, sie solle eine solide Politik der sozialen Gerechtigkeit ersetzen. Im Gegenteil, genau diese soll sie begründen und ermöglichen. Manches von dem, was die SPD seit Jahren fordert, lässt sich in ein solches Konzept einfügen, das durchaus belastbar ist: Es erträgt die politische Kontroverse nicht nur, es braucht und fördert sie auch. Aber ein Katalog von Einzelforderungen, darauf habe ich schon hingewiesen, überzeugt nur wenige.

Wenn es stimmt, dass die Sicherheit der Menschen in weiten Teilen der Erde vor allem von dem Terror bedroht ist, der sich in zerfallenden und zerfallenen Staaten einnistet, dann lässt sich ein solches werthaltiges Gesellschaftsmodell verbinden mit einem neuen Staatsverständnis, das imstande ist, die Staatsverachtung der Marktradikalen zu überwinden. Eine starke, stolze – und nebenbei teure – Armee hat, zumal uns Deutschen, weder Sicherheit noch Frieden gebracht, sondern in zwei Kriege geführt, deren Grausamkeit uns umso deutlicher wird, je weiter wir uns von ihnen entfernen. Dass wir eine tüchtige, gut ausgebildete und ausgerüstete Polizei und funktionierende Geheimdienste brauchen, um uns vor denen zu schützen, die sich mit dem Mord an Andersdenkenden das Paradies verdienen wollen, ist kaum zu bestreiten, birgt allerdings auch nicht die Gefahr des Krieges.

Das 21. Jahrhundert muss in eine andere Richtung denken: Was für alle erkennbar zum Glücksfall wird, ist der funktionierende Rechtssaat. Vielleicht lässt er sich durch eine sensible

Sozialpolitik zu so etwas wie einer schützenden Heimstatt ausbauen, in der jede und jeder sich frei bewegen und entfalten kann. Eben weil in weiten Teilen der Erde die Staaten keine Sicherheit mehr bieten können, dürfte das Bedürfnis danach stärker werden. Der marktradikale Minimalstaat ist nur für die wenigen attraktiv, die reich genug sind, um für ihre Sicherheit selbst zu sorgen und damit die Privatisierung der Gewalt voranzutreiben. Deshalb wird das Gewaltmonopol des Staates gerade für Sozialdemokraten ein wichtiges Thema werden. Denn es gibt keine ungerechtere Gesellschaft als die, in der die Sicherheit vor Verbrechen zu einer Ware wird, die nur wenige sich leisten können.

Wer dies einmal verstanden hat, weiß auch, dass im 21. Jahrhundert soziale Sicherheit und innere Sicherheit zusammengehören. Beide gefährden nicht die Freiheit, sie dienen ihr. Beide zusammen lassen Bürgerinnen und Bürger heranwachsen, die nicht ängstlich um sich blicken, sondern selbstbewusst ihre Freiheit notfalls einfordern, auch die Freiheit, sich solidarisch mit anderen zusammenzutun.

Personenregister

Adenauer, Konrad 74 f.,
77–80, 89, 91, 109 f., 120,
122, 137, 142, 158, 269, 289,
311, 320
Albertz, Heinrich 155
Antretter, Robert 187
Apel, Hans 150, 168, 171 f.,
174, 179, 203
Appel, Reinhard 101
Arendt, Walter 172, 269
Assad, Baschar al- 294
Augustin (Kirchenvater) 60

Bahr, Egon 99, 157, 204, 209,
243, 254
Barroso, José 301
Barth, Karl 61–65, 99
Bassermann, Ernst 103
Bebel, August 103, 226
Bechert, Karl 111
Beck, Kurt 285
Beck, Ulrich 312
Benda, Ernst 135
Birkelbach, Willi 98
Birrenbach, Kurt 129

Bismarck, Klaus von 195, 197,
200
Bismarck, Otto von 33, 134,
195, 304, 308
Blachstein, Peter 98
Blücher, Franz 142
Blüm, Norbert 269
Bonhoeffer, Dietrich 195 f.
Börner, Holger 131, 284 f.
Boumedienne, Houari 152 f.
Bracher, Karl-Dietrich 55
Bracher, Theodor 55
Brakelmann, Günter 215
Brandt, Peter 207
Brandt, Willy 90, 99, 102, 122 f.,
130 f., 134 f., 138 ff., 151–
161, 173, 175 f., 178 f., 181,
185, 207, 209, 212 f., 216 f.,
220, 223–226, 232, 234,
238 f., 266, 269, 273, 278,
280, 286, 289, 315, 321, 325
Braun, Walter 94
Brenner, Otto 165 ff.
Brüderle, Rainer 276
Brüstle, Oskar 97

Bühringer, Heinz 186
Bush, George W. jun. 64, 267, 295
Byrnes, James F. 50

Cabot-Lodge, George 52
Carter, Jimmy 201 f., 205
Chamberlain, Houston Stewart 15
Chirac, Jacques 268
Chruschtschow, Nikita 306
Clement, Wolfgang 265, 268 f.
Cornwell, David (John le Carré) 283 f.
Crouch, Colin 276 f.

Dahn, Felix 14
Deile, Volkmar 208 f.
Dönhoff, Marion 119 ff., 210, 282

Eichel, Hans 260
Eichler, Willi 103, 215
Eisenhower, Dwight D. 87 f.
Elfers, Wilhelm 86 f.
Eppler, Hilde 11
Erhard, Ludwig 110, 115, 119, 137, 154, 320, 323
Erler, Fritz 90–93, 98, 108 f., 113 f., 121 f., 212, 232, 288
Eschenburg, Theodor 68

Falin, Walentin 205
Fetscher, Iring 214
Filbinger, Hans 181, 183, 190 ff., 218
Fischer, Joschka 234, 266 f.
Forstmann (Lobbyist) 116
Franke, Egon 132
Friedman, Milton 266
Friedrich, Bruno 216
Frommer, Max 85

Gabriel, Sigmar 106
Gauck, Joachim 72
Gemmingen, Gustav von 176
Genscher, Hans-Dietrich 172, 187, 206, 261
Gesell, Silvio 81
Gilg, Arnold 60 ff.
Glotz, Peter 225, 282, 286
Goebbels, Joseph 24
Gorbatschow, Michail 244, 248, 285, 302
Göring, Hermann 24
Grass, Günter 280
Greyertz, Hans von 59, 62
Grimmelshausen, Hans Jakob Christoffel von 45
Guardini, Romano 68
Guttenberg, Karl Theodor zu 135
Gysi, Klaus 200

Haak, Dieter 172
Häber, Herbert 239 f.
Habermas, Jürgen 236, 280
Häcker, Theodor 60
Hager, Kurt 127, 250
Hahn, Erich 242 f., 250
Hallstein, Walter 74
Hayek, Friedrich August
  von 266
Heinemann, Gustav 71, 73 ff.,
  79, 81–84, 107 ff., 113 f.,
  123, 130, 166, 212, 232, 288
Heuss, Theodor 68 ff., 75
Heuss-Knapp, Elisabeth
  (»Elly«) 69
Himmler, Heinrich 30, 91
Hitler, Adolf 9, 12, 17, 19 f.,
  22, 40, 43, 51, 88, 159, 303
Hölderlin, Friedrich 70 f.
Hombach, Bodo 269
Honecker, Erich 126, 240,
  246, 250 f.
Howe, Günter 111
Huonker, Gunter 173 f.

Jamal, Amir 149
Janukowytsch, Wiktor 297,
  301
Jaspers, Karl 119 ff.
Jazeniuk, Arsenij 297, 299 f.,
  302

Jelzin, Boris 88, 296
Jesus von Nazareth 65 f.
Jung, Volker 215

Kaiser, Carl Christian 244
Kant, Immanuel 102
Katzer, Hans 269
Keil, Wilhelm 7
Keller, Gottfried 56
Kennedy, John F. 52 f., 145
Kennedy, Ted 52 f.
Keynes, John Maynard 274
Kierkegaard, Søren 60, 65, 99
Kiesinger, Kurt Georg 72, 119,
  122, 133 ff., 156
Kissinger, Henry 52 f., 129
Kleist, Heinrich von 102, 170
Kohl, Helmut 158, 175, 207,
  247 f., 254, 259, 266 f., 269
Kontzi, Reinhold 26
Krause, Walter 186
Krautter, Horst 187
Krenz, Egon 250
Kühlmann-Stumm, Knut von
  122 f.
Kwizinski, Juli 205, 207, 248

Lafontaine, Oskar 205,
  226–229, 231–234, 267, 322
Lahnstein, Manfred 172
Lambsdorff, Otto Graf 260 f.

Lang, Ulrich 186
le Carré, John s. Cornwell,
    David
Leber, Georg 172, 284
Lenin, Wladimir I. 243
Leussink, Hans 173
Liebler, Else 96
Loderer, Eugen 167
Löwenthal, Richard (»Rix«)
    214, 217 f., 224, 238, 241
Luther, Martin 212
Lüthi, Walter 64

Maier, Hans 121
Malraux, André 72
Mann, Thomas 60
Marx, Karl 37, 215
Matthiesen, Klaus 216
Matthöfer, Hans 172
McNamara, Robert 53 f.
Meadows, Dennis 259
Meadows, Donald 259
Meermann, Hedwig 108 f.
Merkel, Angela 190, 260, 268,
    276 f., 279, 306, 309, 311 f.
Merz, Friedrich 265
Meyer, Conrad Ferdinand 94
Meyer, Thomas 216, 224, 241,
    245 f.
Mielke, Erich 235, 238
Miller, Susanne 215, 241

Minger, Rudi 60
Mochalski, Herbert 86
Möller, Alex 114, 151
Molotow, Wjatscheslaw 19
Moser, Max 63
Müri (Rektor in Tübingen) 63
Mussolini, Benito 16

Näf, Hanna 59
Näf, Werner 59
Nalepinski (Unteroffizier) 32
Napoleon Bonaparte 67
Naumann, Friedrich 10 ff.,
    68 f., 103 ff., 230, 324
Neubert, Harald 244 f.
Niebel, Dirk 144
Nitze, Paul 206 f.
Nyerere, Julius 148 f.

Obama, Barack 53, 300
Ovid 70

Pascal, Blaise 60
Paulus (Apostel) 102, 316
Petrow, Stanislaw Jewgrafo-
    witsch 211
Pickett, Kate 325
Pius XII. (Papst) 62
Posser, Diether 113
Putin, Wladimir 21, 88 f.,
    272 f., 298–301, 303 ff.

Raiser, Ludwig 196
Rapp, Heinz 214, 224
Rau, Johannes 113
Rauschnabel, Hans 25
Reagan, Ronald 205 f., 260
Rehbock, (Lobbyist) 116
Reinhold, Otto 127 f., 241 ff., 245 f., 251
Reißig, Rolf 243, 245 f., 251
Ribbentrop, Joachim von 19
Ristock, Harry 254
Rohde, Helmut 172
Röhm, Ernst 12 f.
Rommel, Erwin 7
Roosevelt, Franklin D. 52
Rösler, Philipp 276
Rummelspacher, Frieder 26 f.

Sachs, Hans 24
Schade, Kai Friedrich 135 f.
Schädelin, Albert 64
Schäfer, Fritz 72
Scharpf, Fritz 216, 224
Scheel, Walter 137
Scheer, Hermann 262
Scheu, Adolf 82
Schieler, Rudi 186
Schiller, Karl 54, 138 f., 151, 281, 323
Schlange-Schöningen, Hans 62

Schleicher, Kurt von 12
Schleiermacher, Friedrich 60
Schmid, Carlo 68, 70–73, 81, 98, 100, 155
Schmid, Lydia 72
Schmidt, Helmut 99, 121, 131, 150 ff., 160 ff., 168, 171 f., 174–179, 182, 187, 189 f., 201 f., 204, 206, 208 f., 260, 273, 321
Schmidt, Otto 115, 320
Schmücker, Kurt 281
Schmude, Jürgen 252
Schröder, Gerhard (CDU) 135
Schröder, Gerhard (SPD) 234, 266–273, 298, 311
Schüler, Manfred 170
Schumacher, Kurt 76, 81
Schütz, Klaus 153
Schwan, Gesine 216
Seidel, Helmut 127, 236–240
Senn, Gertrud 61
Senn, Kurt Wolfgang 61
Shakespeare, William 148, 282, 284
Sloterdijk, Peter 280
Späth, Lothar 186, 191 f., 239
Spranger, Eduard 68, 269 f.
Stalin, Josef 19, 40, 78–81, 84 f., 87 ff., 100, 205

Steinbrück, Peer 274, 324
Steinkühler, Franz 168
Sternberger, Dolf 57
Stetter, Lisa (geb. Eppler)
    45
Stoecker, Adolf 11
Stolpe, Manfred 253
Storz, Gerhard 55–58, 282
Strasser, Johano 215, 224, 241
Strauß, Franz Josef 121, 135,
    139, 154, 156
Stresemann, Gustav 81
Süskind, Wilhelm Emanuel
    57

Thatcher, Margaret 260
Thielecke, Helmut 75
Todenhöfer, Jürgen 146 f.
Truman, Harry S. 87

Vilmar, Fritz 216
Vogel, Hans-Jochen 172, 216,
    226 f., 229 f., 233, 252, 290

Weber, Josef 87
Weber, Max 176, 289
Wehner, Herbert 98–102, 196,
    232
Weinberger, Caspar 203, 205 f.
Weizsäcker, Carl Friedrich von
    145, 177, 187
Weizsäcker, Richard von
    195 ff., 200
Weselsky, Claus 315
Wessel, Helene 113
Westerwelle, Guido 265
Weyrosta, Claus 186
Wilhelm II. (Deutscher Kaiser)
    7 f.
Wilhelm II. (König v. Württem-
    berg) 7 f., 95
Wilkinson, Richard 325
Wirth, Joseph 86
Wischnewski, Hans-Jürgen
    130, 133

Zundel, Rolf 119

Bildnachweis

Archiv des Autors: 1–4, 29
British Official Photograph Crown Copyright: 5
Bundesbildstelle: 9, 13, 19, 27
Cecil W. Stoughton: 6
dpa: 10, 15, 16, 18, 22, 28, 30
J. H. Darchinger/Friedrich-Ebert-Stiftung: 14
Kurt Eppler: 17
ullstein bild: 7, 8, 12, 20, 21, 23-26
Walter Kuppel: 11

Quellen

Die im Buch verwendeten Zitate stammen aus den nachfolgend
aufgelisteten Quellen. Für die freundliche Genehmigung des Ab-
drucks bedanken wir uns bei den genannten Verlagen:

S. 46 f.: »Meine Kompanie…«: Erhard Eppler, *Als Wahrheit verordnet wurde. Briefe an meine Enkelin.* © Insel Verlag,
Frankfurt am Main und Leipzig 1994, S. 160 f.

S. 104: »Als einst Israel…«: Friedrich Naumann, *Freiheits-
kämpfe.* © Severus Verlag, Hamburg 2013, S. 188.

S. 227: »Niemand kann sich…«: Erhard Eppler, *Wenig Zeit für
die Dritte Welt,* 3. Auflage. © W. Kohlhammer GmbH,
Stuttgart 1971, S. 14.

Hans-Dietrich Genscher

Meine Sicht der Dinge

Im Gespräch mit
Hans-Dieter Heumann

Mit 16 Seiten s/w Abbildungen.
Gebunden mit Schutzumschlag.
Auch als E-Book erhältlich.
www.propylaeen-verlag.de

»*Dass die deutsche Einheit verwirklicht wurde, ist zum
großen Teil dem Geschick und der Beharrlichkeit Hans-
Dietrich Genschers zu verdanken.*« Henry Kissinger

Mehr als drei Jahrzehnte lang hat Hans-Dietrich Genscher die Geschicke Deutschlands maßgeblich mit-
bestimmt, nicht zuletzt die internationale Absicherung
der deutschen Einheit. Neben Helmut Schmidt ist er
heute der erfahrenste Staatsmann unseres Landes. Im
Gespräch mit Hans-Dieter Heumann nimmt er zu ak-
tuellen Fragen der Weltpolitik Stellung – zur Entfrem-
dung zwischen dem Westen und Putins Russland, zum
Zustand der transatlantischen Beziehungen oder zur
Zukunft der europäischen Einigung. Sein Buch ist ein
Appell an die Politiker Europas und der Welt, ihrer Verantwortung für eine friedliche, kooperative Weltord-
nung gerecht zu werden.

PROPYLÄEN VERLAG